Epistemological
Research

认识论研究：
文化视界及其他

陈建涛 著

中国社会科学出版社

图书在版编目（CIP）数据

认识论研究：文化视界及其他/陈建涛著．—北京：中国社会科学出版社，2017.7

ISBN 978-7-5203-0207-4

Ⅰ.①认… Ⅱ.①陈… Ⅲ.①认识论—文集 Ⅳ.①B017-53

中国版本图书馆 CIP 数据核字（2017）第 086595 号

出 版 人	赵剑英
责任编辑	田　文
特约编辑	齐　芳
责任校对	张爱华
责任印制	王　超

出　　版	中国社会科学出版社
社　　址	北京鼓楼西大街甲 158 号
邮　　编	100720
网　　址	http://www.csspw.cn
发 行 部	010-84083685
门 市 部	010-84029450
经　　销	新华书店及其他书店
印　　刷	北京君升印刷有限公司
装　　订	廊坊市广阳区广增装订厂
版　　次	2017 年 7 月第 1 版
印　　次	2017 年 7 月第 1 次印刷
开　　本	710×1000　1/16
印　　张	17
插　　页	2
字　　数	270 千字
定　　价	69.00 元

凡购买中国社会科学出版社图书，如有质量问题请与本社营销中心联系调换
电话：010-84083683
版权所有　侵权必究

自　序

韩愈讲，"闻道有先后，术业有专攻"。20世纪50年代出生的我有两个重要经历，都是托伟人邓小平同志的福而铭刻于心。一是参加"文化大革命"后首次高考，1977年入四川大学哲学系，1984年入中国人民大学哲学系，1990年入中共中央党校理论部，完成了从本科到硕士再到博士的全日制学历，成就了我人生中一段学术研究生涯。二是在南方谈话感召下，1993年博士毕业后我一头扎进深圳经济特区桥头堡罗湖区，从区委副主任科员起步开始新的职业生涯，经济特区的大环境和罗湖区的基层磨练让我不知不觉间从"读书人"蜕变成"经济人"，从"秀才"变成"硬汉"。2013年我曾出差北京，与中国人民大学时期的研究生同学聚会，许多同学都讲我去深圳丢掉学问蛮可惜的。在深圳20年了，同学见面仍不断提起我当年做学问的那些事，过去的学术生涯已然成为我人生的重要部分，值得我认真梳理珍重。

1987年我作为中国人民大学哲学系研究生，刚踏出校门就在《哲学研究》上发表论文，这开启了我登堂入室做学问的大门。从1987年至1995年发表论文43篇，其中国家一级核心刊物3篇，《新华文摘》全文转载6篇。我的博士论文是《认识论研究的文化视界》，答辩通过后曾拆开陆续发表16篇，其他27篇论文大体仍属于认识论研究范畴。现在把博士论文和从27篇论文中遴选出来的14篇集结冠名《认识论研究：文化视界及其他》出版，并对个别引文按新版本进行了校定。

从《哲学研究》首次发表论文至今整整30年，我从繁杂的事务中抽身出来，用心梳理早年的学术研究成果并集结出版，目的是希望这些研究成果能以历史文献方式保存下来，成为在我晚年生活中偶尔翻阅唤起温馨回忆、铭记人生经历的重要部分，向青春致敬，向母校感恩。

作者

2017年7月

目 录

导论 认识论研究的文化视界 …………………………………… (1)

第一部分
认识论研究的文化视界(博士论文)

第一章 传统认识论研究的科学视界 ……………………………… (5)
    第一节 科学视界确立的文化背景 …………………………… (5)
    第二节 科学视界的致思倾向 ………………………………… (7)
    第三节 科学视界的消解 ……………………………………… (13)

第二章 现代认识论研究的文化视界 ……………………………… (19)
    第一节 文化的界定 …………………………………………… (19)
    第二节 文化视界的界定 ……………………………………… (21)
    第三节 作为研究纲领的文化视界 …………………………… (28)

第三章 我在故我思 ………………………………………………… (42)
    第一节 传统与主体视界 ……………………………………… (42)
    第二节 语言、共同体与认识模式 …………………………… (55)
    第三节 交往实践与主体间性 ………………………………… (64)

第四章 回到生活世界中去 ………………………………………… (73)
    第一节 人的"生活世界" ……………………………………… (73)
    第二节 前科学、前概念与前逻辑 …………………………… (81)
    第三节 生活经验 ……………………………………………… (90)

第四节　意识形态 …………………………………………（98）

第五章　非形式合理性 ………………………………………（106）
　　第一节　合理性辨析 ………………………………………（106）
　　第二节　价值合理性 ………………………………………（108）
　　第三节　批判合理性 ………………………………………（115）
　　第四节　历史合理性 ………………………………………（120）
　　第五节　实践合理性 ………………………………………（127）

第六章　保持两极张力 ………………………………………（135）
　　第一节　保持两极张力的必要性 …………………………（135）
　　第二节　科学与非科学的互补关系 ………………………（138）
　　第三节　科学与艺术的会通 ………………………………（144）

第二部分
认识论研究的若干重要问题和理论向度（学术论文）

二十世纪科学认识中的主体创造 ……………………………（163）
论科学认识数学化的内在原因 ………………………………（172）
对爱因斯坦的"内在的完备"标准的再认识 …………………（185）
论客观相对性和主观相对性 …………………………………（197）
论理论对事实的超越性 ………………………………………（206）
考察前提知识的认识论意义 …………………………………（215）
消解逻辑经验主义的方略——预设前提 ……………………（219）
关于文化的一般规定 …………………………………………（222）
人、文化和价值 ………………………………………………（225）
人与自然的新对话及其文化内涵 ……………………………（231）
关于科学主义与人文主义的认识论思考 ……………………（238）
略论科学哲学化 ………………………………………………（243）
现代语言哲学观 ………………………………………………（250）
论符号的认识功能 ……………………………………………（258）

导论　认识论研究的文化视界

"视界"一词是用以描述认识活动和理解行为的文化背景特征或受语境束缚之特征的。人类的认识活动和理解行为既受文化共同体的制约，又受历史传统的制约，因而总是在确定的视界中进行的。"任何时候我们都是被关在我们的理论框架之中，即我们的预期框架、我们的以往经验框架、我们的语言框架中的囚徒。"[①] 当然，我们随时都可以超越某个视界，但那时我们会发现我们又进入另一个视界。

认识论研究乃是对认识活动进行认识，对理解行为进行理解，这种反思行为必须在确定的视界中进行，而这种视界不是由哲学家本人随意地加以选择的，它是由时代精神和主导文化形态所历史地给予的。也正因为如此，反思行为所需要的视界本身并未在自我意识水平上得到反思，这是认识论研究的一个特征。

现代哲学非常重视所谓"框架神话"，"范式""研究纲领""研究传统""理论框架""认识构架"等新概念不过是确认，对于人的认识来说，重要的不是你认识什么，而是你怎么认识，因为视界一旦确定，就已经决定了你能看到的世界将是怎样的。视界对于科学和哲学同样重要。科学革命根本上是视界的转换，同样地，认识论从传统形态向现代形态的演变和发展，也必须有一个视界的转换，其标志就是一种认识论研究的新视界之出现。

传统认识论或认识论的传统形态乃是把一种科学视界作为自己的分析构架、理论框架和研究纲领，这本身有其历史必然性。而现代认识论或认识论的现代形态则是以一种新视界——文化视界来确认自己，表明自己的

---

① ［英］波普尔：《科学知识进化论》，纪树立编译，生活·读书·新知三联书店 1987 年版，第 302 页。

现代哲学特征。这同样有其历史必然性。

一种新的视界就是一种新的选择。文化视界将为认识论研究提供如下可能。第一，提供新的思路。放弃由主体意识作为认识起点的传统取向，不是从"我思"入手，而是从"我在"入手，主体首先是"我在"，然后才是"我思"。"我思"本身是"我在"的一个存在方式。把认识本身作为人的历史存在方式和文化表现形式加以研究，用"我在故我思"代替"我思故我在"。第二，拓展新的领域。以往科学视界所限定的认识论研究领域由于文化视界的引入而扩展，从科学世界进到人的"生活世界"，科学世界本身成为生活世界的一部分，哲学反思得以贯彻到底，追溯到前科学、前概念、前逻辑。第三，确立新的价值标准。超越传统认识论的规范，把原来科学视界内视为不合理的东西合理化了，使"合理性"包容那些具有历史文化性质的所谓非理性，实际是"非形式合理性"。第四，找到解决二律背反的新方法。传统认识论中的一些二律背反若不超出原来的科学视界就不可能得到解决，因为产生这些二律背反的根源正是科学视界内提出问题和看待问题的方式本身。而在文化视界内一切都要重新审视，提出问题和看待问题的方式有很大不同，这样，传统认识论框架内不可解决的二律背反也将被解决。在文化视界内，"文化悖论"是一个基本事实，也是我们提出问题的出发点，而各种文化形式之间的功能统一性决定了"保持两极张力"之必要。

研究主题和研究纲领是统一的。认识论研究的新视界不仅规定着现代认识论的研究纲领，而且也涵盖着现代认识论的研究主题，并与之相吻合。实际上，"我在故我思""生活世界""非形式合理性"与"保持两极张力"乃是现代认识论的主题性范畴，现代哲学家们提出和表达新思想、新观念、新理论，总是以这样或那样的形式包含着这些主题性范畴的意义内核。譬如，"共同体""范式""传统""偏见""先见""前理解"等等明显具有文化人类学意义的概念范畴都包含着"我在故我思"的意蕴，即把认识本身作为人的历史存在方式和文化表现形式加以研究。因此，我们可以说，认识论研究的文化视界也表征着现代认识论的形态学特征。循着文化视界深入下去的认识论研究，将逐步改变认识论的原有形象，最终构建起现代认识论的体系大厦。

第一部分

认识论研究的文化视界(博士论文)

第一章 传统认识论研究的科学视界

第一节 科学视界确立的文化背景

首先需要指出的是，本文语境中的"传统认识论"特指西方哲学史上从本体论向认识论转向过程中逐步确立起来的认识论形态，它主要是以培根、笛卡尔、休谟和康德的哲学著作为代表。并且以一种科学视界作为其认识论研究纲领。

科学与科学视界不同。科学是表达和陈述研究对象的本质与规律的知识形态，科学视界则是依照科学意象和科学精神所体现的原则与标准衡量一切的价值形态；科学是对象性知识，科学视界则是反思知识本身的一种分析构架；科学是命题体系，具有非意识形态性特征，科学视界则是信念体系，具有意识形态性特征。从科学到科学视界的转化，必须经过文化形态的中介作用，以使科学意象和科学精神在主导的文化形态中自然而然地提升为一种文化理想。

人类的文化发展经历了三个大的阶段：神话般的信仰阶段、哲学反思的形而上学阶段和经验科学的实证阶段。在第一阶段，以神学为主，哲学从属于神学；在第二阶段，以哲学为主，科学从属于哲学；在第三阶段，以科学为主，其他文化都以科学为范例。当人类文明处于经验科学的实证阶段时，主导的文化形态必然是科学文化。

"文化形态"这一概念强调两点：（1）有一种形态学的关系，使一个文化的每一层面都统二为一；（2）任一文化要素都与其他文化要素并存且有一种相似。每一个文化都有自己所属的"形态"，它的政治学、经济学、哲学、艺术和宗教，仅仅是媒介物而已，这个形态经由它们将自身显现出来。在科学文化已经成为主导文化形态的时代，自然科学产生出种种科学模式，不但支配了人们的社会生活和日常思维方式，也支配了哲学、文学、艺术等。最突出的就是，艺术、诗成了技术分析的对象，什么主题、层次结构，什么表达、再现、技巧，所有的研究都变成了实质上是计算的认识。二十世纪初，当毕加索和布拉克创立抽象艺术时，罗素和怀特海划时代的《数学原理》亦面世，抽象艺术和符号逻辑的同时产生绝非巧合，而是科学文化的整体表现：抽象艺术崇尚结构的美学，恰如逻辑组成结构的科学，两者都热衷于定型和次序。

"凡在科学必须发音的地方，就到处可听到科学的声音"（伽达默尔语）。科学是一种相当特殊的文化，它在自己发展的道路上给人类精神创造了新的思维形式和新的自由，这种新的思维形式和新的自由，是任何别的文化所创造不出来的，而且在每一精神领域中，它们都可以作为重要方法来使用，从而为其他文化提供一个重要范例。因此，从启蒙时代以来，自然科学，尤其是自然科学赖以有效地获取知识的专门方法，一直被视为知识范型，而其他文化也必须依据这个范型来衡量。

面对自然科学，其他文化不得不为自己的合法性寻找证明，传统认识论从笛卡尔到康德再到罗素的整个发展，实际上是在对自然科学的自卫中被建构的。哲学家们是从自然科学作为已知的固定点的事实出发的，他们的问题与其说是从某种"更高的"立足点为科学辩护，不如说是表达新的哲学概念，这些新哲学概念是对科学发展的新情况作出的自我调整。康德在《未来形而上学导论》的第四十节相当深刻地指出了这一点："为了其自身的稳妥性和可靠性，纯数学和纯自然科学不需要一个像我们处理它们二者那样的演绎。因为前者依靠它本身的自明性，后者（虽然出自纯粹知性源泉）依赖于经验及其普遍证实：纯自然科学不能完全拒绝经验证据，经验证据是不可缺少的。因为，作为哲学，它决不能模仿数学，尽管它有全部的可靠性，所以，对这两种科学之需要进行探究，不是为了它们自身，而是为了另一种科学——形而上学。"康德对数学和自然科学的可能性的先天条件的探究，不是想要为这些科学提供一个另外的辩护，而是想依据这些科学的范例对形而上学重新诠释，建立一种科学的形而上学。正是康德式的哲学反思才构成传统认识论研究的科学视界。

第二节 科学视界的致思倾向

哲学史上，由"本体论研究"向"认识论研究"的转向是从培根和笛卡尔开始的，他们二人不仅确立了认识论研究的主题，也确立了认识论研究的科学视界。培根在他的《伟大的复兴》的开首写道："因而只剩下一条路——按照一种更好的计划使一切都从头另来，重新改造全部科学、艺术以及一切人类知识，把它们提高到一个合适的基础之上。"他还写道："心灵本身从一开始就不能任其为所欲为，必须每一步都有引导，就象机械所做的事一样。"笛卡尔在他的《方法论》中则决心："把我的思想安排得井井有条，先从最简单、最易于了解的事物开始，然后才能一步一步地上升到更复杂的知识"，并在每一点上"只有对我的心灵表现得如此清楚明晰，使我再也没有理由加以怀疑，才可能承认是'真的'"。[①] 培根和笛卡尔两人的语气尽管不同，但致思倾向却是一致的，这就是力图使知识在不容置疑的基础上通过一些不容置疑的方法步骤合乎逻辑地建构起来。这种致思倾向包含着基础主义、方法论中心主义和理性主义，传统认识论研究的科学视界就是通过基础主义、方法论中心主义和理性主义的致思倾向来贯彻和实现的。

1. 基础主义的致思倾向

基础主义有传统的和现代的两种形式，前者以培根和笛卡尔为代表，后者以分析哲学为代表。前者直接想为知识寻找到一个坚实的、不容置疑的、不可动摇的基础，后者则要为知识提供证明，包括什么是可能的，什么是不可能的，在什么范围内是合法的，在什么范围内是非法的。传统基础主义和现代基础主义表现形式虽有区别，但二者都有一个共同的特点，这就是坚信存在着某种永恒不变的知识基础。

哲学家们为什么要寻求一种永恒不变的知识基础呢？这是因为在近代，认为科学是由真的且已知为真的陈述所组成的绝对无误的信念，是理性思想中的主导传统，哲学关于知识与意见之间的基本区别，其主旨就是坚信知识必须建立在某种理由的基础上，即知识必须建立在某种合理论证的基础上。为了证明知识是绝对可靠的，必须有一个确认这种可靠性的权

[①] 转引自《自然辩证法通讯》1988年第5期，第17页。

威，这种权威必须是最终的，不是非推理的，而且它本身就构成知识，这种权威对古典经验论来说是通过观察得到的表述"确凿事实"的一类命题，对古典理性论者来说则是依靠理性直觉说明的最一般原理。它们被看作是自我证实的、因而不需要更多根据的知识基础。

基础主义的致思倾向在认识论研究中表现为三个方面：

（1）寻求一种拥有至上权威的特殊认识形式，这种特殊认识形式代表着人类若要获得知识、从事研究或取得经验就必须接受的那些东西，它们一旦对人显现，就强制着人的心灵去相信它们。柏拉图的理念、亚里士多德的纯形式、笛卡尔的天赋观念、洛克的简单印象、康德的先验范畴和黑格尔的绝对观念，都是一些拥有至上权威的特殊认识形式，它们本身就是真理，并因此而成为一切知识的基础。这种致思倾向总是表现为，力图从各种文化和认识要素中分离出一种更好的、更基本的、更优越的单一要素以确立一种绝对的参照系。

（2）寻求某种"意义不变性条件"，这种条件使知识成为知识，因而任何时候都是不可违背的。例如，康德认为，如果没有他所说的"直观形式"（空间和时间）与"思维形式"（因果范畴等），那么知识就不能存在，寻求知识就无从说起。而这种直观形式和思维形式不能被抛弃，甚至不能被修改，不论我们在自己的经验中可能作出何种发现。在现代西方哲学中，逻辑经验主义尤其表现出对这种"意义不变性条件"的渴求。逻辑经验主义纲领的核心是，通过理论与观察的区分来说明"理论术语"是如何以"观察术语"为基础并得到解释的。理论与观察的区分在逻辑经验主义纲领中具有三种哲学功能。其一，充当意义标准：一切有意义的概念或术语都是从经验中获得意义的；其二，充当评价标准：一切有意义的命题或陈述都要参照经验来判断其真伪、可接受性与不可接受性；其三，充当选择标准：一种"中性的观察"就为比较各种相互竞争的理论提供了共同的基础，依据这种比较，选择本身才是可能的。这三种哲学功能都以一种"意义不变性条件"为前提，即假定"一切未来的理论将必定以这样一种方式来表述，以使得它们在说明中的运用不影响所说的东西或要被说明的事实报导"。[①]

[①] [美]理查德·罗蒂：《哲学和自然之镜》，李幼蒸译，生活·读书·新知三联书店1987年版，第236页。

(3) 寻求确定性的标准，并把这种标准等同于某种既定的学科，不管它是数理科学还是经验科学。康德在《自然科学的形而上学基础》一书中指出："我们只有把那些具有必然的确定性的知识称作真正意义上的科学……只包括经验确定性的知识，不是一种间接意义上和精确意义上的科学……而且，我认为，在所有自然科学的特定领域中，我们发现只有数学才是真正意义上的科学。"[①] 寻求确定性标准的哲学动机是从一种单一的真理的理想出发，以便使这种真理理想成为唯一的标准，成为认识的唯一标尺。和经典科学的神话一样，基础主义者追求科学解释自然的唯一语言，追求科学所依据的唯一原则，他们否认科学观点的多样性，否认理论原则的多样性，反对人们在不同认识体系之间作出自由选择。

2. 方法论中心主义的致思倾向

方法论与方法论中心主义不同。方法论的宗旨在于为科学行为提供一种规范，就是要告诉我们，为了达到科学事业在认识上和实际上的目标，我们应该做什么或不应该做什么；方法论中心主义是哲学的一种文化理想，它根源于近代科学。把简单的自然过程用适当的实验剥脱出来，并把发现的定律用数学语言书写下来，这是近代科学创立的特殊方法，它为研究自然界开辟了一个无限广阔的天地，同时也首次使完全运用科学于对自然界的技术改造成为可能。近代科学的概念正是由此才同以往认识世界和解释世界的方法相区别，并因此而表现出自我确信。作为近代哲学之标志的自我意识的优越感就是同这种科学方法的自我确信相联系的，这在笛卡尔的著作中极明显地反映了出来。他的《方法论》赋予方法概念以一种新的统治一切的地位，而他的《精神指导诸规则》却把一种统一方法的思想看作是展示知识的一种新的思想形式。近代哲学的文化理想就是方法优先于事物的思想；凡具备方法上可知性条件的方能作为科学的对象。近代哲学家们都接受了这个认识论的前提，伏尔泰的《形而上学论》、达朗贝尔的《百科全书》序言、康德的《道德形而上学原理》《自然科学的形而上学基础》都力图阐明，研究形而上学的真正方法，是与牛顿引入自然科学，并取得了如此丰硕成果的方法相一致的。

方法论中心主义的致思倾向在认识论研究中表现在三个方面：

---

① 转引自［德］卡西尔《符号、神话、文化》，李小兵译，东方出版社1988年版，第69页。

（1）笛卡尔以来的整个认识论传统一直企图表明，存在着一种达到实在性的准确表象方法，这种方法不同于从"实践的"或"美学的"事物中取得一致性的方法，而要远为深刻和基础得多：它就是科学的范型，用以表征科学，一经被发现，就只是应用于产生知识，它本身不会根据这种知识而改变。I. 谢弗勒将这种方法论中心主义总结为："在理论的历史变化下面……［有］一种逻辑和方法的不变性，这种不变性将每一个科学时代与此前的科学时代联系起来，这种不变性不仅包括形式推理法则，还包括假说面对经验检验和被比较评价的那些标准"。[①]

（2）传统认识论奉行一个基本信条，即认为理性追寻的各种方法的整体，对人类活动的任何一个领域皆具备绝对的有效性，因而它赋予方法以一种统一的模式，让方法的合理性从单一的终极的基础上被推广到价值领域，并与一切社会文化相联系。十九世纪初，精神科学逻辑上的自我思考就是要把自然科学的方法模式推广到其他文化形式之中。"精神科学"这个词首先是通过穆勒《逻辑学》的德文译者而被采纳的，穆勒在其著作中试图附带地概述归纳逻辑运用于"道德科学"的可能性，对此德文译者就称为"精神科学"。赫尔姆霍茨首次对自然科学与精神科学作出区分，他强调精神科学有优越感的人道意义。然而，精神科学的逻辑特征却依然是一种从自然科学方法典范出发的推论。赫尔姆霍茨区分了两种归纳：逻辑的归纳和艺术本能的归纳，二者相应于两种科学：自然科学和精神科学。对赫尔姆霍茨来说，自然科学的方法典范不需要一种认识论的制约，因此，在逻辑上他就能一贯地去理解精神科学的研究方法。

（3）当代科学哲学家坚持标准的论证，把方法论作为"科学合理性的理论""分界标准"或"科学的定义"，用以区分知识与意见、科学与非科学、好的理论与不好的理论。他们提出各自的方法论模式，目的是用规则的绝对律令为科学史的合理重建提供一个理论框架。科学的历史是以规范方式加以选择和解释的事件的历史，什么构成科学哲学家的内部历史，这取决于他的方法论哲学。"因此，所谓确凿事实的发现及所谓归纳概括，构成了归纳主义者的内部历史。事实的发现，鸽笼体系的建立，及其被所谓更简单的鸽笼体系所取代，构成了约定主义者的内部历史。证伪

[①] ［美］L. 劳丹：《进步及其问题》，刘新民译，华夏出版社1990年版，第123页。

主义者的内部历史则突出了大胆的猜测，突出了据说内容总是不断增加的改进。尤其是成功的'否定的判决性实验'。最后，研究纲领方法论强调重要研究纲领之间长期的理论和经验竞争、进步的和退化的问题转换、以及一个纲领对另一个纲领的逐渐胜利"。①

3. 理性主义的致思倾向

几乎在每一种文明中都可以找到合理性，但是渗透到人类活动每一个领域的系统的理性主义，则是西方文明所特有的。市场机制（非个人性）、科层制度、形式法律、宗教世俗化等等都围绕着理性化这个核心，西方文明不同于其他文明的最一般特征，即是理性化或理性主义。按照韦伯的观点，近代欧洲文明的一切成果都是理性主义的产物，只有在合理性的行为方式和思维方式的支配下，才会产生出经过推理证明的数学和通过理性实验的实证自然科学，才会相应地产生出合理性的法律、社会行政管理体制以及合理性的社会劳动组织形式。正是在这样的社会文化背景下，理性问题成为近代哲学的核心，十七、十八世纪的哲学家们，各有其对理性一词的很不相同的解释，而且他们也是在许多不同的层次——例如本体论层次、认识论层次、伦理学层次和政治学层次——上设想和追求合理性的。笛卡尔、洛克、霍布斯、莱布尼茨、斯宾诺莎、休谟和康德都认为自己所从事的对世界的本质以及对关于这种本质的认识之探究遵循着某种可以被理性所承认的路线，并且使用着由理性所规定的方法。西方哲学中的理性主义传统就是德里达所谓的"逻各斯中心主义"。这种逻各斯中心主义的观点是，严格意义上的知识（认识）都必须有"逻各斯"，研究在现象背后并支配现象的逻各斯，才是哲学的最终目标。

理性主义的致思倾向在认识论研究中表现在四个方面：

（1）对于普遍性的渴望，相信和寻找共同的、一致的、本质的属性，以此作为理解任何事物的必要条件。理性显然同普遍性有一种直接关系，在理性占统治地位的地方，总是能取得一致的意见。这一点在那些以纯理性为对象的科学，如数学和逻辑学中表现得尤为突出。对理性的信仰总是表现为对于普遍性的渴望。理性主义者力图建立这样一种理想化的普遍语言，所有使用这种语言的有理性的人或对话共同体的成员将只有共同的规

---

① [英]伊·拉卡托斯：《科学研究纲领方法论》，兰征译，上海译文出版社1986年版，第163页。

则，共同承认按照这些规则进行的推理的有效性。理性主义者所追求的最高目标乃是，"最终抛弃所有的特殊性，创造出一个人类的文化，这种文化符合一个人类的思想，它对所有的人都是相同的。因此，也应由一种世界语言来代替许多民族的语言"。①

（2）追求一种"可公度性"。如果我们把各种实践文化活动看成是各种话语形式，那么寻求"可公度性"就是去发现一组适当的语词，使其他一切话语形式均应转译为该组语词，以达成绝对的一致。分析哲学的研究纲领是一种三重哲学方法：对哲学上有意义陈述的客观内涵的确定；对它们用日常语言表达的批判；对它们用一种恰当语言的翻译。它的核心就是把"纯粹思想的语言"（卡尔纳普）作为"完善的辞典"从事精确的翻译，以使一切有意义的东西都用"形式的说话方式"来表达。分析哲学家追求可公度性的根本目的是，要使所有文化认识形式都统而为一，完全依照科学的知识范型构造它们。正如卡尔纳普所说："物理主义语言是通用的。如果我们由于它作为语言的性质而采用物理学语言为……科学语言，那么一切科学都成了物理学。形而上学将作为胡说而被排除。各门科学都成了统一科学的组织部分。"②

（3）追求中性的永恒构架，按照这种构架，人们可以在各种认识类型中区分"理性的"与"非理性的"、"逻辑的"与"心理的"、"认识论的"与"社会学的"，并且可以在各种文化形式中区分出"科学的"与"非科学的"。二十世纪初，罗素的数理逻辑和希尔伯特的元数学纲领对哲学产生了巨大影响，它们使哲学家们相信，借助逻辑和元科学，就可以揭示出人类知识和科学事业中本质的和不可改变的东西。现代逻辑学把通常的逻辑与元逻辑加以区分，前者是用对象语言表述特定逻辑系统，后者则是应用于以对象语言表述的陈述的表达式之分析。根据这种区分，逻辑实证主义者认为，存在着"元科学"概念，像"证据""观察""理论""解释""证实"等等，它们的意义构成那些被看作是证据、观察、理论、解释、证实等等东西的识别性特征，与不断变化着的科学的特定内容完全无关。当人们理解了"元科学"概念，也就理解了什么是科学或科学的

---

① ［德］兰德曼：《哲学人类学》，阎嘉译，贵州人民出版社1988年版，第29页。
② ［英］卡尔·波普尔：《猜想与反驳——科学知识的增长》，傅季重等译，上海译文出版社1986年版，第383页。

本质。

（4）根据逻辑的可重建性和解释的演绎模式来确定认识的合理性。西方理性主义传统坚持一个认识论信念：理性就是逻辑，合理性就是逻辑上的可证明性或可辩护性。休谟认为，以往的哲学由于缺乏严密的逻辑论证，引起无休止的争辩，而"在这一切吵闹中间，获得胜利者不是理性，而是辩才"①。所以，要想"培养一种真正的哲学，以求消灭虚妄假混的哲学……只有精确的和正直的推论是唯一的万应的良药，它可以适合于一切人，一切性格"②。休谟否认归纳法的合理性，不是因为归纳法在人们的实际生活中不起作用，而是因为归纳推论得不到逻辑上的证明或辩护，所以是不合理的。当代西方正统的科学哲学坚持"发现领域"与"证明领域"的区别，认为发现领域是科学假说的起源、创造、产生，充满心理因素和社会政治因素，逻辑上不能重建，因而与认识论无涉；证明领域是科学假说的评价、辩护，从中可以找到理性上或逻辑上的重建模式，因而属于认识论。这样，认识论就被理解为合理的重建科学的一个方案，如赖兴巴赫所说："认识论只是从事论证设计工作"，"认识论研究的不是现实的过程，而是逻辑的代用品"。③

第三节 科学视界的消解

二十世纪以来，不确定性在各门学科中成为一种普遍的文化现象，科学视界中的基础主义、方法论中心主义与理性主义面临着深刻的危机。在逻辑学和数学方面，罗素的悖论和哥德尔的不完全性定理证明，逻辑不能完全形式化，数学无法在自身找到对自身的证明，逻辑和数学既不能证明它们的有效性，也不能证明它们的完满性。在自然科学方面，海森堡的不确定性原理证明，由于人的参与，仪器对被观察对象的干扰将是不可消除的，认识结果总是带有不确定性。在语言学方面，奎因指出语言的每一种使用，从最普遍和最日常的使用，到最复杂和最深奥的使用，都存在着某种形式和程度的不确定性因素，因此语言交流也会发生意义翻译的不确定

---

① ［英］休谟：《人性论》，关文运译，商务印书馆1996年版，第5—6页。
② ［英］休谟：《人类理解研究》，关文运译，商务印书馆1981年版，第15页。
③ 转引自《哲学译丛》1986年第4期。

性，人们无法从一套语言完全精确地掌握另外一套语言的意义。即使计算机的演算也不完全是确定性的。在计算机的演算中。基本数据总是在一定有限的量值内得到说明，这种量值引入了一种不可消除的解答错误，无论计算多么精确，这个错误都是不可避免的。

所有这些不确定性瓦解着传统哲学的研究纲领。怀特海写道："我的观点是，哲学思想的最终世界观不可能奠基于形成我们的特殊科学基础的精确陈述之上，……精确性是虚妄的。"① 这是一位参与奠定了现代逻辑学基础的数理逻辑学家晚年的悲剧性结论，然而却是发人深思的。现代很多思想家都经历了类似的历程，就连逻辑主义的开山鼻祖罗素在晚年回顾自己一生对确定性的追求时，也产生这样的慨叹："全部人类知识都是不确定的、不精确的和不全面的。"② 但是，应当看到旧的研究传统本身具有相对的稳定性，不会随着新的理论形态的出现而立即消失。一般而言，旧的研究传统只有在新的研究纲领产生之后才能从根本上瓦解。因此，真正消解传统哲学研究纲领的，不是作为现象形态的不确定性，而是作为哲学形态的新的研究纲领，尤其是整体论、语言哲学和解释学的研究纲领，它们表明科学视界中的基础主义、方法论中心主义与理性主义从逻辑上是不可能的和不必要的。

1. 整体论表明为知识寻求一种绝对的理性基础是不可能的

玻尔通过互补性原理首先表述了一种整体论的思想。按照互补原理，没有一种理论语言能把一个系统的物理内容表达无遗，各种可能的语言和对系统的各种可能的观点可以是互补的，它们都处理同一实在，但不能把它们约化为一种单一的描述。对同一实在的观点的不可约化的多样性，超越了任何单一的语言和任何单一的逻辑结构，因此追求知识的绝对确定的基础是不可能的。

奎因的整体论把整个科学看成是一个力场，它的边界条件是经验，接近中心区域的是逻辑、数学真理和某些非常普遍的科学原理。传统哲学强调分析语句与综合语句的区别。并认为一切先验知识属于分析语句，一切经验知识属于综合语句。唯理论把一种分析语句作为知识的基础，经验论

---

① ［美］希尔普：《怀特海的哲学》，都铎出版公司1951年版，第700页。
② ［英］罗素：《人类的知识——其范围与限度》，张金言译，商务印书馆1983年版，第606页。

则把一种综合语句作为知识的基础。奎因的整体论使这种僵硬的区别归于无效,先验与经验、分析与综合二者的界限在整体结构中已变得模糊。曾经设想是分析语句独具的组织功能,现在被看作是语句普遍具有的功能;而曾经设想为综合语句所特有的经验内容,现在则被看作是消融于整个体系之中的。这样,先验与经验、分析与综合二者中的任何一方都不能孤立地作为知识的固定不变的基础。

整体论是当代哲学的一个基本特征。海德格尔的"解释学循环"表明,理解的基础是部分与整体的辩证法——从整体确定部分,部分确定整体来确定意义的发生。德里达的"解构哲学"重视原始差异发生的过程,以此来说明整体意义的建立,换言之,用"无"的整体去说明"有"的分别、"有"的部分。库恩的范式包括科学发展过程中的一系列因素,其中有定律、理论、模式、标准、方法、模糊的直觉、明显的或暗含的形而上学信念等等,总之,任何能使科学完成某项任务的东西都可以成为范式的部分。同样,费耶阿本德赋予"高层背景理论"以足够的普遍性,他指出:下面"理论"一词的用法是广义的,包括日常信念(例如物质客体存在的信念),神话(例如关于永恒轮回的神话)、宗教信仰,等等,总之,任何关于事实的足够普遍的观点都可称之为"理论"。显然,"范式"和"高层背景理论"都是某种带有"整体性"的东西,它们抹掉了那些在各个孤立学科范围内形成的界限和标准。而把文化价值的、社会心理的和实践规范的各种因素综合为一个超逻辑、超理论的整体。

基础主义的研究传统致力于从各种文化认识形式中抽离出一种特殊的形式,作为"基础的"和"基本的"东西,而整体论却表明,我们不可能抽离基本成分,因为我们将永远不可能避免"解释学的循环",这就是,除非我们知道全体事物如何运作,否则我们就不可能了解一个别样的文化、实践、理论、语言或其他现象的各部分,而同时我们只有对其他各个部分有所了解,才可能理解整体如何运作。所以,问题不在于人类知识实际上是否有"基础",而在于当提出它有基础时是否有任何意义。

2. 语言哲学表明为知识确立一种普遍的方法论模式是不必要的

方法论中心主义之所以热衷于构造统一的方法论模式,是因为它坚信在各种认识活动之外或之上存在一种共同的元标准,依据它就能对各种认识活动的好与坏、优与劣作出评价。实际上,各种认识活动都拥有自己的规范体系,按照自己的内在逻辑运作,根本就不需要任何外在的标准来规范自己。对此，维特根斯坦的语言哲学作了深刻的阐明。

维特根斯坦早期曾试图借助逻辑形式来揭示日常语言的潜在结构，后来他完全抛弃了这种逻辑图式，不再把语言看作是划一的，也不再希望以逻辑语言去规范日常语言，而是把语言理解为是受固有的规范所指导的人类实践。"意义即用法"，在维特根斯坦看来，语言整个地参与构成社会生活的全部多样性的活动，认识一种语言就是认识用该种语言进行的实践活动或维持的"生活形式"。每一种语词都深深地嵌入"生活形式"的语境中。每一种生活形式都决定了相应的语言规则系统。这样，有多种生活形式，就有多种语言游戏，其中每一种都在它运用于其中的人类境况中被证明为正当的。特殊语言游戏就是其所是，它们有自己才有的规则，这是一个既成的事实。它们之所以有意义。是因为它们实际上就在起作用。维特根斯坦的语言哲学证明，语言本身具有内在的辩证法，不需要外在的逻辑体系来规范自己；语言已经包含了一种内在的逻辑体系，这种内在的逻辑体系是多元的。

伽达默尔反对一种普遍的方法论模式，特别指出维特根斯坦的语言哲学意义重大，他写道："当维特根斯坦指出语言任何情况下都是处在良好状态，这乃是一个重要的见解。……无论如何语言都在做它被期待做的事情（这即是发挥它的交往职能），语言从事工作不是像一种技术或一种工具那样为了达到与某人自己相一致，反之，它本身就是这种达于一致的过程的内容，甚至达于一点，形成一个共同的世界，在这一世界内我们互相言说某种可以理解的东西，……这就是我们人类生活的语言体制，它既不能由任何通信技术来代替，也不能由它们来排挤。"[①] 生活形式是必须接受的东西，亦即是被给予的东西，作为生活形式之表现的语言形式自然就无正确或错误之分。它们的好坏、优劣取决于它们如何达到自身的目的，因此，对它们进行评价必须转向实践的思考，语言形式的合理性是由实践评价的，无须求助于超实践的外在标准。

必须强调一点，维特根斯坦所说的语言并不是法语、德语、英语，也不是一种任意的习俗的符号和规则系统，而是人们谈到"科学的语言""艺术的语言""文学的语言""诗的语言"等等这种意义上的语言。这样，语言哲学就展示出一种文化的幅度，揭示出语言形式是比理性思维更

---

① 转引自《自然科学哲学问题丛刊》1985年第1期，第22页。

为根本和更为深刻的人类活动模式以及人与自然发生联系的存在方式。正因为如此，库恩的"范式"和伽达默尔的"传统"各自得出语言哲学问题是当代哲学的基本问题这样一种结论。事实上，与"范式"和"传统"相同的概念经常出现在当代哲学不同的思想流派当中，这是当代哲学的一个显著特征。例如，阿尔都塞的"问题框架"、福柯的"知识型"、海德格尔的"前理解结构"等等。所有这些范畴都力图说明，任何既定的言谈、表达方式、原文形式，都必须理解为依存于特定的视界，换言之，如果它需要正确理解，就必须理解它的视界。

由于视界是人的存在方式历史地给予的，所以对视界的理解本质上在于参与和熟悉"生活"，不在于"理论"；在于"经验"，不在于"方法论"；在于"辩证法"，不在于"模式化"。伽达默尔的《真理与方法》的主题是："在现代科学范围内抵制对科学方法的万能要求。……在经验所及的一切地方和经验寻求其自身证明的一切地方，去探寻超越科学方法论作用范围的真理的经验。"① 《真理与方法》这个书名是讽刺性的反语，因为解释学已经揭明，真理并不能由方法来加以保证。理解不是一个去获得关于先前给定的现实的永恒正确的认识问题，相反，理解作为人的存在方式本身是一个具体的发生。所以，伽达默尔原本计划把《真理与方法》定名为《真理与发生》。

3. 解释学表明为各种文化认识形式寻求一种可公度性既是不可能又是不必要的

自笛卡尔和康德以来，有关科学话语是正常话语，而一切其他话语都须以其为标准的假设，成了哲学研究的一般动机，每一种语言、思想、理论、诗歌、艺术和哲学将证明完全可以用纯粹科学的语词来表达。与这种理性主义的研究传统分道扬镳，解释学的根本特征就在于，放弃了对任何可公度性的追求，用"不可通约性"确认了各种话语都有其存在的合理性，并在各种话语之间建立起一种平等的对话关系。

"不可通约性"概念首先是由库恩提出来的，他在《科学革命的结构》一书中把自己的不可通约性考虑分为三种类型：其一，关于科学的基准及定义的不可通约性；其二，由于观察用语及理论用语的意义的改变而导致不可通约性；其三，由于范式的变化，科学工作者活动的"世界"

---

① ［德］伽达默尔：《真理与方法》，洪汉鼎译，上海译文出版社1999年版，第50页。

改变了，在这种意义上也是不可通约的。库恩明确地说，"不可通约性"就是不可翻译性，指的是没有公度性。因此，库恩的"不可通约性"概念确认，为诸科学理论之间的选择建立一个规则系统是不可能的，进一步说，任何试图去发现一个"合理的"人类话语的共同基础的努力必定是徒劳无益的。

解释学首先把这一点肯定下来，并用"效果历史"的概念深化了对不可通约性问题的认识。伽达默尔认为，文本在时间距离中的效应是其含义的重要成分，因为这种效应随着时代的不同而不同，所以它有着历史与传统。伽达默尔把这称之为"效果历史"。"效果历史"正是历史距离条件下发生的历史，它是距离的效果性。我们看柏拉图就与笛卡尔和康德看柏拉图不同，而我们当然是因为有了笛卡尔和康德之后才对柏拉图产生不同看法的。理性主义的可公度性理想追求绝对的一致性，而解释学的"效果历史"则强调距离、历史差异、文化疏离对于新的理解的积极意义，认为解释者与解释对象之间由文化传统、历史时代不同造成的张力与紧张关系，正是保持对话继续下去的条件。

这样，与理性主义的研究传统不同，解释学把各种话语之间的关系看作是某一可能的对话中各种线索的关系，这种对话不以统一着诸对话者的约束模式——一组标准的话语规则为前提，但在对话中彼此达成一致的希望绝不会消失，只要对话持续下去。对于理性主义来说，成为合理的，即去发现一组适当的语词，谈话的一切组成部分均应转译为该组语词；而对于解释学来说，成为合理的，就是放弃可公度性的要求，并希望学会对话者的行话，而不是将其转译为自己的语言。也就是说，解释学的目标是促进不同范式之间的对话，在进行对话过程中，调解和克服各学科或各学说相互间的分歧。解释学与理性主义的研究传统不同，它并不把一切人或一切学说之共通的普遍基础，即"可通约性"作为既定的前提，它的出发点倒是承认时代差距或文化差距造成的"不可通约性"。不是由于存在着可通约性的普遍基础才可能进行"对话"，相反，恰恰是以"对话"概念为前提。才能谈到"通约"的可能与不可能。正是"对话"这种基本性活动是一步步克服不可通约性因素的一个理解过程。

第二章 现代认识论研究的文化视界

第一节 文化的界定

"文化"这个概念具有一种独特的不确定性,一方面是因为文化本身具有多重意义和多重功能;另一方面是因为历史学、人类学、心理学、伦理学、美学、社会学和语言学等学科都在从事文化的研究,都给文化下了学科定义,并使定义的内容尽量接近本学科研究文化时所侧重的那个方面。在我们看来,只要不把"文化"概念的某一内容宣布为唯一可行而正确的,从而排斥所有其他表述,从不同侧面对文化作出多角度的理解是完全合理的。从哲学思维视角来看,文化的一般规定应当是下面几种规定的统一:

1. 人类学的文化规定:文化就是一个群体的成员共享的行为模式和总体生活方式。文化说明个人与自然,与他人,与自己"被人化的"关系的程度,由此文化不仅决定各种生活方式的类型,而且积极参与生活方式的形成、发展和变化的历史过程。活动标准、行为准则、认识模式和交往形式都构成人们的生活方式,而文化离开人们固定的、约定俗成的和富有成效的这些标准、准则、模式和形式就不能发生作用。所以,文化把任何一种社会和个人的生命活动环境的人的"品质"记录下来,并由此通过文化的基本要素、特征、方面的有机联系来维持作为某种完整性的群体和个人的生活方式。

2. 符号学的文化规定:文化是一种由象征符号体系所构成的东西。人类区别于动物的一个根本特征是他们创造了一个思想和语言的符号世界;人类不是生活在物理世界中,而是生活在符号世界中。语言、神话、宗教、艺术和科学都是符号世界构造的参与者,"它们是织成符号之网的不同丝线,是人类经验的交织之网。人类在思想和经验之中取得的一切进步都使这符号之网更为精巧和牢固。"① 文化由四种象征符号构成：第一，价值：将行为和目标分为各种等级的选择命题；第二，规范：与行为交往相关的价值观的特定表现；第三，信仰：关于世界如何运作的存在命题，起到为价值观和规范提供合法根据的作用；第四，表意象征：构成文化的任何层面，如十字架和国旗，常常直接代表了信仰，并隐含着价值和规范。因此，象征符号是内隐价值与意义和外显媒介与载体的统一体。

3. 价值学的文化规定：文化是具体化了的价值的领域；是按照这些价值改造过的人的本质及其环境。并非任何人类活动的产物都具有文化的意义，只有那些具有人的价值，即真、善、美的价值的活动产物才具有文化的意义。文化是受价值引导的生活，文化满足的不是人的生物需要，而是价值需要；价值需要决定文化共同体内的人对理性、感情体验和信仰的要求。每一种文化都会产生自己的价值体系，任何文化现象只能用它本身所从属的价值体系来评价；不同的人接受和采纳不同的价值体系，对同一事物可能作出不同的理解和截然相反的判断，因此没有一个适用于一切社会的绝对价值标准。

4. 工艺学的文化规定："文化"一词在词源学上意味着耕耘、操作。文化就是人作为主体作用于客体，将自己对象化于客体，从而将对象作为我的东西来占有的这种活动，同时也是活动的成果，而且是包含着这种活动和成果的过程。文化是人的本质力量对象化的存在方式，因而能和人本身发生对象性的关系，能在不同世代个体的历史联系中传递，并继续发展。在我们之先，就有历史所给予的文化，即作为所与的文化。我们使它发生作用，在这种文化的基础上构成作为活动的文化。作为所与的文化是作为活动的文化的前提，我们依靠活动产生一定的成果，在这个过程中构成作为成果的文化。作为前提（所与）的文化→作为结果（所产）的文化，这个过程是以活动为媒介，从所与到所产，从前提到结果。这样，作为过程的文化既是"人类历史的经常前提，也是人类历史的经常的产物和结果，而人只有作为自己本身的产物和结果才成为前提"②。

5. 信息学的文化规定：文化是所有非遗传性的信息的总和，以及这些信息的组织和保存方式。同动物仅仅依靠机体内遗传性质的代码不同，

---

① [德]卡西尔：《人论》，甘阳译，上海译文出版社1985年版，第33页。
② 《马克思恩格斯全集》第26卷第3册，人民出版社1974年版，第545页。

人是创造和使用文化代码的主体，人类创造文化代码的本质是给自身所处的外部世界赋予意义和价值，使之代码化和秩序化。文化活动包括科学、艺术和宗教活动领域，都是超知觉活动，活动目的是从感知经验的"噪音"中抽取层次越来越高的"消息"，也就是在变动不定的信息流中发现进一步理解的不变性质，以使经验变得更可理解。文化活动接收、处理和转换信息的代码是各种超感知——认识领域和理解形式，是超感觉的"思维结构"、"直觉"和"想象"等，因此，文化活动能够从环境中得到高层次的、更为丰富的信息。

第二节 文化视界的界定

就像科学视界不同于科学一样，文化视界也不同于文化。文化是人类生命活动的表现形式，这是一个事实问题，而文化视界是人们尤其是哲学家分析和解决问题的特定视角和视野，这是一个规范问题。文化视界是与科学视界相区别而表现自己特殊的规范价值的。宽泛地说，文化视界就是一种不同于科学视界的，以其新的研究主题和研究纲领为特征的哲学范式。规范只能在具体的运作中逐步显现自己，因而规范的界定将总是带有不确定性。譬如，库恩很早就提出了"范式"概念，但"范式"究竟包含哪些确定的要素内容，直到今天连库恩本人也未曾说清楚。对于库恩和其他科学哲学家们来说，重要的不是一种范式究竟是什么，而是一种范式实际上正在起作用，并支配着科学活动。文化视界的界定问题亦如是看待。

我们今天强调文化视界的重要意义，不是因为我们可以在科学视界与文化视界之间自由地作出选择，像换口味那样，随意性地变换视角，而是因为文化的本性和哲学的使命两者都要求我们不得不从科学视界转到文化视界上来。文化视界的确立有其逻辑必然性，这种逻辑必然性也就是文化视界的合理性，它本身就界定了文化视界。从文化的本性和哲学的使命来看，义化视界得以确立的逻辑必然性主要表现在三个方面：

1. 一种认识形式就是一种文化形式，认识论以认识为对象进行研究，最终要触及认识与文化的同一性，把一种认识形式当作一种文化形式加以考察。

一种认识形式就是一种文化形式，因为一种认识形式存在的合理性根源于一种文化的可能性，只有通过确定的文化形式，该种认识形式本身才能获得自身的表现形态，从而与其他认识形式相区别。科学所以是最成熟的认识形式，正因为科学首先是最发达的文化形式。马克思说："最一般的抽象总只是产生在最丰富的具体发展的地方，在那里，一种东西为许多东西所共有，为一切所共有。"① 前面关于文化的一般规定，在科学中表现得最充分，这说明文化与认识是同构的；从某种意义上说，文化就是认识，认识就是文化。

首先，科学表现文化的人类学规定。科学共同体作为一个"生态"群体，是在一定的内部结构和外部环境中进行智力创造活动的，虽然不同的共同体（如生物学家与物理学家）可能课题不同、目标不同、范式不同，但作为科学家的集合体，其成员往往只有共同的态度、共同的价值标准、共同的行为模式，而他们与人文学家之间的鸿沟则是一种精神气质上的、情感层次上的、文化心理上的鸿沟。因此，科学不仅是智力意义上的一种文化，而且是人类学意义上的一种文化。

其次，科学表现文化的符号学规定。科学的世界乃是一种特殊的符号世界。这一世界的特征有如下几点：第一，它逐渐地减少拟人化，逐渐消除那些归结为特定人类经验的特性，留下的仅是数学符号系统的独特性质；第二，科学的这种知识系统包含一些出乎人们意料的客观推论；第三，符号系统、算法从它一出现就显示出自主性，按照自身的内在逻辑演变、发展。由于这些特征，科学的世界是人类文化向一个新阶段发展的表现，展示出一种全新的文化境界。

再次，科学表现文化的价值学规定。一方面，科学作为追求真理的理性事业，必须受基本价值的引导。像客观性、可检验性、逻辑一致性乃是真理的客观要求，构成科学的价值承诺，只有在满足这些价值要求的条件下，科学事业才能顺利进行并富有成果。另一方面，科学是一个具有独特旨趣的社会体制，它没有意识形态，因为它没有一套必要的正式信仰，但是它却有一种精神气质来间接地规定着其成员的行为。普遍性、公有性、无私利性、有条理的怀疑和感情中立，构成科学精神的内核，只有在培养并维持这些科学精神的文化环境中，科学才能得到充分的发展。

然后，科学表现文化的工艺学规定。科学作为文化过程有什么特征

---

① 《马克思恩格斯全集》第46卷（上册），人民出版社1979年版，第42页。

呢？这个过程的特征是文化的，同时也是认识的和发展的。科学与下列三类现象有类似之处，但各自都在某一方面与科学不同。第一，个体从幼年到成年的认识发展：这一过程在认识与发展上类似于科学，但个体就是个体过程，而科学是文化过程；第二，各种非科学知识系统，如原始社会、古代和中世纪的世界观，某些现代哲学：在文化与认识上类似于科学，但它缺乏作为过程的科学内在固有的发展特征，因而有别于科学；第三，各种文化发展过程：在文化与发展上类似于科学，但它们主要与文化而不是与认识相关，因而也有别于科学。

最后，科学表现文化的信息学规定。科学从自然界中接收、组织、转换信息的文化代码是一种"理性结构"，这个结构赋予经验以逻辑的一致性，使人们用演绎的说服力来思考经验，使经验的认识不再表明偶然的相互关系。例如，因果性原则就既不能被观察，也不能被感知，而必须被理性地构造起来。"理性结构"用因果性的、数学的以及类似的"控制因子"来代替处于一定联系中的经验诸项，由此准确地处理感性材料，对其作最大限度的预测和控制。科学思维逐步进化的历史进程表明，"理性结构"成为科学的文化代码。在科学史中，总的趋势一直是从形成知觉完形系统（如火、水、空气和土等）发展到放弃这些完形系统，而这一过程是靠经验—理性方式构成的文体来完成的，如爱因斯坦所说，物理学是从概念上捕捉实在的一种努力。

既然科学本身也是一种文化形式，那么我们就不能把科学仅仅当作一种纯粹认识形式加以研究。实际上，科学发展到今天愈来愈显示其固有的文化本性：科学认识早已超出纯粹认识领域，而进入社会学、心理学和人类学等领域；当爱因斯坦宣布"概念是思维的自由创造"时，科学与艺术、文学、音乐等创造性活动正在接近，"带着诗意的感性光辉对人的全身心发出微笑"[1]。历来以科学为专门研究对象的科学哲学已带有更多的人文学特征，其中库恩的看法最具代表性。他认为，科学本质上是一种人文事业，科学不是由方法、逻辑、理性所串起来的东西，而是受一组特定的信念、价值、规则引导，而它们又是由共同体的生活形式所构成的。这样，"心理学家、社会学家以及最主要的人类学家的视角，终究是同哲学有关联的"（库恩语）。这说明，由科学视界转向文化视界根源于科学与

---

[1]《马克思恩格斯全集》第 2 卷，人民出版社 1957 年版，第 163 页。

文化的同一性。文化视界本身就是科学视界合乎逻辑的扩展，并包容了科学视界。

2. 文化是人的本质力量的自我确证，谁要谈论人，谁就要谈到文化，而谈到文化，就要谈到语言。认识论研究要贯彻主体性原则，必须把纯粹理性批判转变为文化批判和语言批判。

文化是人作为主体存在的现实基础。文化直接说明人本身，说明作为活动主体的人的发展程度，说明这一主体对于各种不同社会领域人类活动的条件和方法掌握的程度。对于人来说，掌握文化就意味着培养一种能力，使过去人类活动的成果"主体化"，揭示这些成果所包含的内容并使之成为"自己的东西"，使这些文化财富变成自己精神活动和实践活动的基础，成为自己本身发展的手段。文化既培养人，又是人自我表现和显示人类本质的形式。因此，"谁想知道什么是人，那么他也应该，而且首先应该知道什么是文化"（兰德曼语）。

文化也是生产，然而是特殊种类的生产，人以自己社会存在的一切完整性和全面性而成为这种生产的主要成果。人"生产出他的全面性"，乃是文化的本质。用马克思的话说，文化就是"培养社会的人的一切属性，并且把他作为具有尽可能丰富的属性和联系的人，因而具有尽可能广泛需要的人生产出来——把他作为尽可能完整的和全面的社会产品生产出来"①。人类文化的各种形态——语言、神话、宗教、艺术、科学等等都是人的本质的自我确证，一种"人的哲学"应当是这样一种哲学：它能使我们洞见人类文化各种形态的基本结构，同时又能使我们把这些形态理解为一个有机整体。正如怀特在《分析的时代》一书中所言："当我们一旦弄清楚学科之间没有明确的分界线，而且没有一门学科可以称得起认识分类表中占有一个唯我独尊的位置时，当我们弄清楚了人类各种经验的形式也和认识同样重要时；只有到那个时候才算打通最广义的、关于人的哲学研究的道路"。②

由于以上两个原因，认识论研究若要真正贯彻主体性原则，就必须确立一种文化视界。二十世纪初，西方哲学历经了"语言学转向"，它作为"认识论转向"的逻辑结果，本质上是由科学视界向文化视界的转换所决

---

① 《马克思恩格斯全集》第 46 卷（上册），人民出版社 1979 年版，第 392 页。
② [美] M. 怀特：《分析的时代》，杜任之译，商务印书馆 1981 年版，第 243 页。

定的。

众所周知，近代以来的西方哲学经历了一场"认识论转向"，而康德雄心勃勃的《纯粹理性批判》正是以宣称对人类"知识""理性"作了彻底的批判考察从而完成了这一转向。康德的《纯粹理性批判》可以归结为两种基本的思路：一是让"人性"成为人的认知可能的基础，一是让"理性"成为人的认知可能的根据。这两个思路的逻辑结果最终使"纯粹理性批判"转变为文化批判和语言批判。

按照第一个思路，康德把抽象的"我思""先验的自我"规定为"人性"，把一种逻辑学的人当作人的认知可能的基础，因而认识论被归结为解答"先天综合判断是如何可能？"的问题。这样，一方面，"人性"被抽象化了、逻辑化了，脱离了与人的文化世界的内在联系；另一方面，认识论仅仅研究数理科学，而人文科学则被排斥在外。但是，"人是文化的动物"，人类文化的各种形态都是人的本质的自我确证，因而是"人性"的内在规定。一种人的哲学不仅是一种科学哲学，同时也是一种艺术哲学、语言哲学、神话哲学……一句话，人的哲学归根结底不能不是一种人类文化哲学，只有人类文化哲学才能真正展示人性的广度和深度。此外，如果认识论只是研究数理科学的性质和条件，那么，不管我们给"认知"下一个多么宽泛的定义，它都只不过是人的心智得以把握世界的诸多形式之一。作为一个整体的人类精神生活，除了数理科学的认识形式外，还有神话、语言、宗教、艺术等认识形式，它们同样也都只有把特殊提高到普遍的功能，只不过它们获得普遍的方法与逻辑概念和逻辑规律决然不同而已。因此，认识论应当扩大，"扩大的认识论"是关于科学，同时也是关于一切文化原理的理论。这样，康德的"纯粹理性批判"必然地要转变为一种文化批判。

康德的"纯粹理性批判"还隐藏着另一种转变的可能性，这与第二个思路相关。康德确认先天的知性范畴和时空范畴是人的认知可能的根据，经验的对象本身是经验的主体所建立起来的，因此，必须区分现象与物自体。从某种角度看，康德的贡献在于他指明了"经验知识"的有限性，否定了那种以建立无限知识为目标的"形而上学"。康德是在理性（思想）范围内划定人认识世界的界限的。但是，思想本身要认识世界只能通过语言，而语言自身的特性又规定和阻滞着思想对世界的认识。语言的界限就是思想的界限，亦是人认识世界的界限。如果说康德的目的是为知识划定界限，那么他的纯粹理性批判就要转变为语言批判。

从康德的"纯粹理性批判"转变为文化批判和语言批判，乃是同一过程的两个方面。因为文化与语言是内在统一的：一方面，语言是文化的一种结果，由一种成员所说的语言是这些成员的文化整体的反映；另一方面，语言又是文化的条件，我们主要是通过语言来了解自己的文化的。因此，"语言学转向"本质上是文化批判和语言批判相互交融的过程。在这一过程中，文化批判以语言分析为手段，而语言批判则以文化考察为前提，二者相互促进，既加深了对语言的认识又扩大了对文化的研究，共同目的则是探索人的主体性在文化世界和语言世界中的实现方式。

3. 哲学不是为科学而存在，而是为整个人类文化所必需，哲学的文化使命决定了认识论研究要保持哲学固有的特色，必须跳出科学视界的狭隘界限，建立一种整合性思维，这实际上就是文化视界。

传统认识论的主要特征是，它完全停留在科学视界内，宁可凭借科学的方法论研究来把自己构造成严格的科学，而不愿朴素地受哲学冲动的左右。其最终结果是，逻辑实证主义掀起"拒斥形而上学"的运动，使哲学失去了存在理由；把认识论科学化，使之成为科学的副产品。逻辑实证主义的代表人物之一赖兴巴赫曾宣称："正如新哲学是作为科学研究的副产品而发生的，建立它的人们从专业意义上说也很难算是哲学家。他们是数学家、物理学家、生物学家或心理学家。他们的哲学是企图找到在科学研究中碰到的一些问题的答案的结果，这些问题是到那时为止所使用的技术手段所不能解决的，因此要求对知识的基础和最后目的进行重新考察。"[①] 今天，在许多哲学观点明显带有逻辑实证主义印记的文化氛围下，如果不首先搞清哲学的文化使命，认识论就会不自觉地按照科学的形象塑造自己，而无法实现哲学自身的文化功能。

哲学在人类文化中占有科学不可替代的特殊地位。康德认为，人们是无法学习哲学的，而只能从事哲学。这无非是认可哲学的非科学品格。从本源意义上看，哲学既具有人类学价值，又具有文化学价值。人类一开始便对非难它的原因、生存的秘诀，对美好事物的追求（在较晚时期则是对真理的追求）和永生的意义发生了兴趣。人类一直觉得有必要建立一个组织生命活动的参照系，以解释人类日常生活的缘由，这种必要性始终

---

① [德] 赖兴巴赫：《科学哲学的兴起》，伯尼译，商务印书馆1983年版，第98页。

是每个社会最基本的文化成分。哲学的不可枯竭的形而上学冲动就源于此。生活总是遵循一些有意义的文化模式，哲学思考系统地表述时代精神，给人们提供明确的信念、理想和价值目标，从而给生活以动力和指导。任何文化都是一种拥有一套价值和标准、目的和理想的有组织的文化。哲学是产生文化价值的最重要源泉之一，是给人类实践认识活动指明世界观方向和方法论根据的特殊源泉。因此，哲学与作为完整体系的文化有直接联系。人类生活中最令人困惑的问题，不是通过科学，而是通过"形而上学"的努力得到解答的，这些解答在科学意义上是"真的"或"假的"并不重要，有意义的是它们提供给我们的理想图式可以使我们更合理地组织我们的生活，以满足我们作为人的全部需要。在社会文化结构中，哲学已成为阐明、纯化和维持我们自己的完整的生活方式的不可或缺的文化形式，对任何民族来说，哲学既是文化成长的基本标志，又是群体和个体生活的自我矫正的基本条件。

人们对哲学的需要，不单是为了科学，也是为了他们自己；哲学的智慧与人们对值得追求的最终目标的思考有关，而这些目标则关系到生活质量的提高问题。真正的哲学原本就是形而上学、乌托邦与批判意识的三位一体。哲学强调实然与应然的区别，对事物穷根究底，探究终极问题，追求真、善、美的高度统一，这就是哲学的形而上学特征；设定"应然的"理想，并保持应然对实然的超越性，使哲学又具有乌托邦特征。然而，正是真、善、美的理念和应然的理想使我们保持活生生的形而上学质疑去揭示、审视和怀疑那些似是而非的东西，对各种现存事物采取批判态度。历史上，真正对人类文明产生了重大影响的哲学体系，无不是形而上学、乌托邦与批判意识的高度统一。柏拉图将理念世界与影像世界对立起来；亚里士多德将纯粹形式与质料对立起来；卢梭将普遍意志的本质实在与共同意志的经验世界对立起来，康德将本体界与现象界对立起来；黑格尔认为，人类不自觉地是世界精神"自我实现"的手段；马克思将"类的存在"与异化的人类对立起来，将"真实历史"与迄今所有存在的历史对立起来。逻辑实证主义者们拒斥形而上学，厌恶乌托邦（波普尔就指责马克思的历史决定论是乌托邦），这说明他们根本就不了解哲学自身的文化使命。应当看到，没有哲学对真、善、美的渴求，无论是自然科学，还是人文科学都会失去其稳定性和意味。因而，使哲学与各种专门科学联姻不仅出于一般的方法论要求，而且出于普遍的文化命运。

哲学的文化使命决定了哲学的功能是多元的，哲学不仅需要理性的思考，而且需要对世界的价值评价和审美体验，哲学除了是最高的认识论和方法论，还是最高的价值观和审美观，是这四者的有机统一和最高融合。因此，哲学视界包含一种超出专门科学界限的文化幅度，它并不满足于询问特殊文化领域的形式，并不满足于询问神话、宗教、语言、艺术和科学的结构。它越是深入到这些结构之中，整个问题就越是清晰和紧迫地摆在面前：精神文化的这个整体是什么呢？它的目标、目的、意义是什么呢？

哲学绝不能从一种单一的真理概念出发（如仅从科学的模式出发），以便它成为认识的唯一标尺。认识论研究的哲学视界否定单一的真理概念，把各种认识形式——科学的与非科学的、理性的与非理性的看作是人类掌握世界的不同方式，确认人类文化所构造的一切世界（神话的、艺术的、宗教的）都和科学的世界一样是实实在在的，是人类实际生活的一个部分，因而也都是人类积累下来的经验，是文化，是知识。认识论就是对这一切知识、经验作本质的、总的探讨，分析、批判它们的条件和形式。这样，认识论研究就必须超出科学视界的狭隘界限，扩展到整个人类文化领域中去。而要从科学视界的怪圈中跳出来，哲学家需要一种整合性思维，对科学文化与人文文化同等倚重，在客观与主观、理智与直觉、知识与价值之间保持必要的张力，善于在人类的各种主要活动和主要文化形式之间发现重要的类似之处和差别之点。而认识论研究的文化视界把文化悖论这一基本事实作为出发点，强调各种文化形式之间的功能统一性，这本身就是一种真正意义上的整合性思维。

第三节 作为研究纲领的文化视界

一种新视界就是一种新选择。对于哲学认识论来说，从科学视界转换到文化视界上来乃是一种哲学范式的格式塔转换，这既是研究主题的转移，又是研究思路的改变，其结果是为现代认识论确立一种新的研究纲领。"意义即用法"，作为研究纲领的文化视界是在实际地改变研究思路和更新研究主题的过程中确认自己的。具体地说，文化视界完全改变了传统认识论的研究思路，通过从表层到深层、从状态到过程、从硬件到软件、从原子到整体等一系列转换，确立了现代认识论全新的研究主题。

一 从表层到深层

在近代哲学的"认识论转向"中,笛卡尔的"我思故我在"命题起了相当重要的作用。"我思故我在"把自我意识当作认识的起点,因而就把认识仅仅理解为一种内在的精神活动。所以,传统认识论是思辨性的主体哲学,它从"我思"出发,倾向于把一切经验的、个人的和下意识的生活成分抽象到思想、观念的层面上来。这种致思倾向本质上是自然科学的对象性思维在哲学中的反映。在海德格尔看来,自然科学绝不只是一种历史的社会现象,它首先是一种思维方式,即把人抽象出来作为一个能思维的主体,而把世界理解为这个思维主体的认识对象,理解为与人相对的对象性实在。这种对象性思维是自然科学的长处,确保它能够以自己的研究方式进入其对象领域,在其中安居乐业。但是,对象性思维把主体人与生活世界分离开以后,所有属于人与世界的统一体的东西,都成了研究、计算的对象,这就使人们忘却了自身作为人存在的真正意义。因此,在传统认识论的框架中,主体实际上被抽象化为"我思"(笛卡尔)、被概念化为"先验自我"(康德)、被逻辑化为"绝对精神"(黑格尔)。可以说,传统认识论只在自我意识层面上探讨的东西乃是表层的东西,没有触及文化的深层结构。而在现代哲学的"语言学转向"中,文化批判和语言批判的有机结合使我们从表层进到深层,探索人作为文化主体存在的真正意义,把"我思故我在"改写为"我在故我思"。这具体表现在以下三个方面:

1. "我在"先于"我思"

弗洛伊德的精神分析学发现了本我、自我、超我的人格结构,从而确认了无意识对于自我意识的本源性。这首先是因为无意识与文化有着内在联系。弗洛伊德清楚地意识到精神分析学的文化意义,他写道:"在经由自然科学、医学和心理治疗法迂回了一辈子以后,我的兴趣回复到文化问题上,那是长久以来使我迷惑的。"[①] 由于人的意识只能在一定的文化背景下才能发生,精神分析从一开始就不仅是治疗实践,即科学实践,它同时也是一项文化工作。因此,弗洛伊德在其研究工作中不断查阅文学艺术

---

① 转引自[美]李维《现代世界的预言者》,谭振球译,黑龙江教育出版社1989年版,第253页。

作品，思考文化的理论和实践。今天，所有人类学家和心理学家只要接触无意识问题，都无例外地把它看作文化问题，并认为文化的内在本质就是一种无意识过程。列维·斯特劳斯写道："马克思的那句名言：'人们创造自己的历史，但是他们并不知道他们正在创造历史'，首先证明了历史的合理性，其次证明了人类学的合理性。"①

文化的无意识性在语言中表现得最充分。一种语言的结构，对于说这种语言的人来说，本来是不知道的，等到有了科学的文法之后，说此种语言的人才知道有这种结构。但即使到了这时，语言仍然继续在个人的意识领域之外冶铸交往的模式，语言仍把概念的组合硬加到他们思想上去。而人还把这些当作客观的范畴。从这方面来看，语言的文化力量就是，形成的范畴总是保持无意识的。

语言是人存在的家园，本源性的语言不是后来主客分化以后的概念式、科学式、逻辑式的语言，而是诗的语言，这种语言表达的是人先于概念、先于科学、先于逻辑的存在状况。由于文化造就了人们目前的状况，因而任何人要摆脱文化的束缚是不可能的。个人在学习和掌握语言的同时，现存文化的传统、信念、习惯、风俗或多或少地决定了日常经验的模式。因此，"我在"先于"我思"。对于认识论研究来说，成为问题的并不是我们所从事的东西，也不是我们应从事的东西，而是超越我们的意愿和行为对我们所发生的东西。

2. 生活实践的基础性

生活实践构成一切文化形式的基础，这一点是毋庸置疑的。但是，作为基础性的东西，通常处于深层隐而不露。对于哲学反思来说，要使生活实践的基础性显化出来，必须从方法论上作出努力。现象学方法是现代哲学中的一个基本方法，它有助于揭示生活实践的基础性。

这里，"现象"一词不是指与本质相对的表象，而是指就其自身显示自身者。"现象学"意味着一个方法概念，"它不描述哲学研究对象所包纳事情的'什么'，而描述对象的'如何'"②。现象学要让人来看的东西是，它本身不显现，而是藏而不露，和通常显现着的东西相对，但同时它

———

① [英]特伦斯·霍克斯：《结构主义和符号学》，瞿铁鹏译，上海译文出版社1987年版，第25页。

② [德]海德格尔：《存在与时间》，陈嘉映、王庆节译，生活·读书·新知三联书店1987年版，第35页。

又从本质上包含在通常显现着的东西中，造就着它们的意义与根据。现代哲学的语言批判充分运用了现象学方法，从而揭示出语言结构中生活实践的基础性。

"意义即用法"。一个词的意义取决于它在特殊语言游戏中起的作用，依其如何使用而定；特殊语言游戏就是其所是，它们有自己才有的规则，这是一个既成的"事实"；它们之所以有意义，是因为它们实际上就在起作用。正是通过语词在人类生活中所起的作用，言说和思维才改变着世界。在语言结构中，对于事实的确定和对于标准的采用，最终也都与某种生活方式有关。因此，任何语言形式的接受或拒斥，都将由它们在人类的各种生活方式中所起的作用来决定，语言的适合性是由实践评价的，无须求助于超实践的标准。

任何文化形式都表现为某种语言形式，语言批判所达到的这一结论对于理解生活实践构成人类文化整体的基础是至关重要的。正如伽达默尔所说："在某种程度上，我们把语言问题之获得中心地位归功于对实践生活世界的重新确认。这种重新确认，一方面发生在现象学研究中，另一方面发生在盎格鲁—萨克森的实用主义思想传统内。语言始终属于人类生活领域，所以，随着它的主题化，有关整体的古老的形而上学问题似乎可以获得一个新的基础。"[①]

3. 用"语言共同体"代替"逻辑的人"

传统认识论从"我思"出发，必然地把人作为主体的功能整个地等同于概念思维功能和逻辑推理功能，主张一种"逻辑的人"。但是，语言显然先于概念和逻辑处于人的历史和人类历史的开端。语言所必须履行的不仅是普遍的逻辑任务，而且还是社会任务，这种社会任务是依赖于语言共同体的特殊社会条件的。语言在人类历史上首先是作为一种全新的、类的个体的彼此交往的形式而产生的，因此，语言的使用促进了一个具有种种共同的意义和实践的共同体之诞生。一定的语言就是一定的共同体之存在。作为人的类属性，语言注定是公共的、主体间性的。这种主体间性显示出语言结构较之思维结构和逻辑结构更加根本，语言结构之分析有助于揭示人类认知系统运作的深层机制。

[①] ［德］伽达默尔：《科学时代的理性》，薛华等译，国际文化出版公司1988年版，第3页。

乔姆斯基认为，存在着一种普遍语法。这种语法构成所有人类语言的句法基础，不论这些语言表面上有多么大的差异；这种普遍语法是基本不变的人类语言特征，而且是不必学就会的。正常的儿童在相当短的时间内就掌握了一种自然语言，既能判定他们先前没有听到过的语句在语法上是否正确，又能由自己的独创来表述语法上正确的语句。儿童之所以具有这种语言能力，是因为普遍语法预先为儿童编制了一个能够接受某种语法形式的程序。从个体发育来看，能否正确运用思维规则，为此而进行各种运算，是在使用同样语言的人们所组成的共同体中，通过某种强制而学来的，掌握一种语言，一个理解什么、如何去理解的方式便交给了掌握者。因此，乔姆斯基的普遍语法反映的是一种文化必然性，而不是一种逻辑必然性。

语言习得所完成的一切是让我们进入一个共同体，其成员在彼此之间保持行动上的协调性和认识上的一致性。当我们加入某种语言共同体，在其中游戏的进行是由认识的规则所支配时，我们只能被这些规则所左右。通常，知识、概念、语言、推论、证明和逻辑性空间会突然降临到四岁左右的聪颖儿童的肩上，而在此之前甚至都不曾以最原初的形式存在过。为什么出现这种情况呢？根本的原因是，语言习得是人与其他人的关系的改变，这种改变使其适合于进入一种共同体。发生一种新的主体间性关系。哲学史上所谓的"先验自我"本质上是一种生自语言共同体的主体间性关系。对认识主体的深入研究必须拓展到交往、共同体与主体间性的领域中去，"谁要谈论人，谁就要谈到语言，而谈到语言，就要谈到社会"（列维·斯特劳斯语）。

二 从状态到过程

传统认识论在研究认识时总是把自然科学作为典范，并从自然科学已达到的水平出发。因此，传统认识论有一个基本公设，即知识是一种状态而不是一种过程，因而就可以用绝对的词句提出"什么是知识？""这种知识是如何可能的？"这类问题，并像康德一样，从认识的既定状态出发，去寻求绝对不变的构成性要素和普遍适用的合理性标准。要改变这种"知识—状态"的研究取向，必须充分认识到现代科学革命的深度与广度。深刻的变革是纵贯整个认知事业发展过程的特征，这种变革不仅扩展到我们关于世界的基本信念方面，而且扩展到科学的与非科学的划界、合理的与不合理的区别、科学的规范体系和评价标准等方面,总之,扩展到科学合理性内容的任何要素中。即使最合乎理性的科学事业也不存在任何原则上无须修正的东西,这样,就如德国哲学家那托普所说:"结果是,知识的存在除去作为'形成'以外是无法理解的,只有'形成'才是事实。认识企图使其凝固的任何实体(或对象)都必然重新溶解在发展的潮流之中。直至这一发展的最后阶段,而且只有在这最后的阶段,我们才有权利说:'这是事实。'因此,我们能够而且必须探索的东西就是位于这一过程背后的规律。"

在现代哲学中,认识越来越被看作是一种过程,而不是一种状态。科学哲学中的历史学派确信,"历史能对我们所深信不疑的科学形象,造成一个决定性的变化"(库恩语),诸如"科学革命""危机""问题的进展""科学进步""知识增长"等一类具有强烈动态感的语汇,成为历史学派的基本范畴和研究主题。皮亚杰的发生认识论探索认识如何从低级形式发展到高级形式的建构机制,揭示人类思维结构发生的秘密。我们的问题是,认识论研究取向由"知识—状态"到"知识—过程"的根本转变,必须找到一个坚实的支点,以使"知识—过程"的观点真正贯彻到认识论研究的各个领域。在这方面,无论是科学哲学中的历史学派还是发生认识论都不能令人满意,原因是它们的出发点是科学史和概念史,而不是文化史。只有立足于文化和文化史,"知识—过程"本身才显示出其普遍性和必然性,"知识—过程"的观点才得以贯彻到认识论研究的各个领域。

科学哲学中的历史学派只是探究科学推理和科学实践的历史结构,其出发点不是文化史,而是科学史,因此就有所谓"内史"与"外史"的区别。"内史"就是科学自身内部动态的发展过程,这一过程被认为是自主的和内在的;"外史"就是各种社会文化条件、因素对科学发展施加的影响,这种影响被认为是随机的和外在的。"外史"并未真正介入"知识—过程",这样,在科学的"内史"之外总是存在着相应的"外史"。而这种"外史"的存在就使得"知识—过程"的观点无法得到逻辑确认,无法贯彻到一切认知现象的分析之中。要消除这种"外史"与"内史"的区分,保证"知识—过程"逻辑上的普遍性,绝不能从科学出发,而必须从文化出发。

因为文化并不作为既成的事物存在着,它不得不建构起来,它必须由人类心智持续不断的努力所建构。对于文化来说,客观性不是出发点,而是一种结果；不是人类知识的起点，而是它的终结点。语言、神话、宗教、艺术、科学不过是向此方向迈出的不同步伐，它们乃是我们通达客观性的路途上的不同客栈：我们得之于神话的是一种想象的客观性，我们得之于艺术的是一种直观的客观性，我们得之于语言和科学的是一种概念的客观性。因此，文化必须以动态的意义而不是静态的意义去理解，它必须被创造出来，而文化之根本意义及其价值就包含在这种创造中。关于语言、神话、艺术、科学等等"是什么"的问题，如果不深入地研究它们的历史发展就不可能得到解答。

皮亚杰的发生论以概念史为研究对象，这种概念史并非包罗所有概念，它只包括康德主义者认为是"思想所必需的"（特别是科学思想所必需的）那些范畴，如逻辑、空间、时间、因果关系、量、分类等等。发生认识论的任务就是要用一种"历史—批判"方法说明这些基本概念间的结构与发展的关系。按其本性来说，这一任务是严格限制在科学史范围之内的，因而是限于社会化的成年人的。由于成年人的思维水平是经由个体的心理发生成熟起来的，所以历史—批判方法需要心理发生方法来补充。皮亚杰写道："因为科学观念起初是与普通常识中的观念相联系的，出于这些观念以前的发展情况有可能永远弄不清楚，因而有必要用心理发生的方法去完善历史—批判的方法。"[①] 心理发生总是在个体意识范围内进行的，不具有社会文化性质。用心理发生方法补充历史—批判方法虽然推动了对认识发生的微观机制的研究，但也造成了对认识发生的宏观机制——社会文化机制的忽略，这样，"知识—过程"的历史必然性就不能得到充分揭示。

语言批判和文化批判本身都是最深刻的历史—批判方法，它们不需要心理发生方法作补充，而能充分揭示出"知识—过程"的历史必然性。哲学史上，洪堡是"语言的批判哲学的真正奠基人"（卡西尔语）。洪堡告诫人们不要把语言看作一件作品，而要把语言看作一项活动。语言绝不能以一种静态的方式被视为一个固定的语法形式体系或逻辑形式体系。我们必须在它的实际运用中——在言谈的活动中——去考察它。因而，语言的真正定义必须是发生学的，它只有作为精神之持续不断的劳作呈现给我们，而不是作为一个完成了的最终产品摆在我们面前。语言与文化是同构

[①] 转引自《自然科学哲学问题丛刊》1982 年第 4 期，第 19 页。

的，洪堡的语言批判观不仅仅适用于语言，它同样也适用于所有精神文化的产品。这样，语言批判就导向文化批判：所有文化哲学问题都可以概括为这样一个问题，即从什么角度和经由何种方式在人类文化母体中演化出各种文化形态以及各种文化形态如何获得自律的形式。这正是"知识—过程"的历史必然性所蕴含的问题。

从文化发生学看，语言、艺术和科学，在起源和演进过程中与神话思维的成分有着千丝万缕的联系，它们不能摆脱这些成分，它们只有在经历了各自历史的漫长过程之后，才能够以适当的形态表现出来。即便科学也得经由这条道路去获得对其范围和特定方法的真正概念性认识。因此，一种真正充分而彻底的"知识—过程"论必须把知识的可能性问题追溯到更远的根源，换言之，认识论研究的起点不应是"纯粹科学认识"这种人类智慧的最后成就，而应是人类智慧的雏形——神话和语言。在现代西方哲学中，人类学与神话学（列维·斯特劳斯）、历史学与社会学（米歇尔·福柯）、文学理论与文学批判（罗兰·巴尔特）、深层心理学（雅克·拉康）等等都把神话和语言作为研究主题。这首先是因为语言、神话之研究不单单是语言学和思想史的问题，而同时也是逻辑学和认识论的问题。

西方哲学的主流历来是把逻辑的思维方式当作人类最基本最原始的思维方式来看待和研究的，现代哲学对神话的关注乃是对这种逻辑主义的致思倾向的反拨。因为神话并不是按照逻辑的思维方式来看待事物的，而是有其独特的"神话思维"方式，这就是卡西尔所谓的"隐喻思维"。这种隐喻思维实际上乃是人类最原初最基本的思维方式，因为"语言"这一人类思维的"器官"就其本质而言首先就是"隐喻的"（语言是与神话相伴才发展起来的），语言的逻辑思维功能和抽象概念实际上只是在神话的隐喻思维和具体概念的基础上才得以形成和发展的。这意味着，人类的全部知识和全部文化从根本上说并不是建立在逻辑概念和逻辑思维的基础上，而是建立在隐喻思维这种"先于逻辑的东西"之上。

现代哲学的基本特征正是在于，哲学研究已经日益转向"先于逻辑的东西"，日益转向"逻辑背后的东西"。胡塞尔的"生活世界"、海德格尔的"前理解结构"、维特根斯坦的"生活形式"、伽达默尔的"先入之见"、梅洛—庞蒂的"先于反思的东西"，都是对"先于逻辑的东西"之表达，共同的哲学兴趣是追溯和挖掘全部知识和全部文化赖以生长、发育、成熟的真正根源和真正基础。"先于逻辑的东西"实际上包括神话、语言、诗性智慧、生活经验、信念体系或意识形态的整个领域，即"生活世界"的领域。在认识起源问题上，科学主义从来就不愿意把哲学反思贯彻到底，去追溯科学的文化根源；相反却总是用一种自然主义把科学理性实体化，使科学脱离它据以产生的具体人类经验之流，脱离它的"生活世界"之根。作为科学主义的对立面，人文主义不是一般地排斥科学，而是要使科学重新回到"生活世界"中去。自从胡塞尔首次从哲学原则上提出"生活世界"的概念以来，"生活世界"已成为现代哲学的一个基本范畴，而探索返回"生活世界"之路则成为它的一个研究主题。因此，我们特别提出"回到生活世界中去"的命题，以此表明现代认识论力图把哲学反思贯彻到底，去追溯科学的文化根源，真正揭示出"知识—过程"的历史必然性。

三 从硬件到软件

传统认识论在把知识当作一种既定状态加以研究时，着力于分析知识的构成要素和形式结构，仅仅根据知识与经验证据的逻辑关系去评价知识的合理性与不合理性。这种研究模式必然地要把知识与信念、信仰、价值观和哲学世界观等文化内隐价值和意义对立起来，把它们归入"意见"范畴，作为非认识因素排斥在认识论研究领域之外。传统认识论只关注"硬件"，而对"软件"视而不见，这样，它就只是看到部分，没有看到整体；只是看到有，没有看到无；只是看到有的有，没有看到无的有。对传统认识论来说，文化对知识的关系将始终是外在的，文化至多对知识产生某种影响，而不能从根本上决定知识的形成与发展。但是，知识是全部人类文化的一个必不可少的主要组成部分，人类文化的其余部分同样包含种种知识内容，在整个文化的精神要素、社会要素与知识要素之间不可能划出一条明确的界限，在知识系统发展的内在因素与外在因素之间也不可能划出一条明确的界限。因此，关键的问题在于使外在因素内在化，从硬件的分析转入软件的考察。

今天，认为存在着某些对科学研究和科学发展来说是根本的预设前提的观点，已成为当代哲学家们的共识，接受这一观点对于传统认识论是致命的一击，而对于认识论研究从硬件的分析转到软件的考察，从逻辑取向转到文化取向则是至关重要的。科学的预设前提，深藏在一定文化或一定历史时期的知识传统中，是隐含着的理论思维模式，因而不是人们惯用的逻辑方法论分析能够反映出来的。具体地说，认识模式、语言规则、学科理想，以及在它们之内本身不作为反思对象的价值观、思维风格、科学世界图景和哲学原则都是科学认识结构中的隐含成分，它们与科学的文化思想背景和社会决定性密切相关，是认识的客观因素和必然因素。

当代科学哲学家们都以不同的方式描绘预设前提的特征，库恩的"范式"、费耶阿本德的"高层背景理论"、拉卡托斯的"研究纲领"、劳丹的"研究传统"、图尔明的"自然秩序的理想"和波普尔的"预期模式"，这些术语尽管表述上有差异，但也有许多共同的意义内核，它们揭示出考察预设前提对认识论研究所展示出的文化幅度。

首先，预设前提是前于理论的东西，也可以叫作"前理论"。这表现在每一门思想性学科，无论是科学的还是非科学的，都有着一个充满着研究传统的历史。例如，哲学中的经验论与唯理论，心理学中的行为主义与弗洛伊德主义，伦理学中的功利主义，经济学中的凯恩斯主义，生理学中的活力论。研究传统是历史的产物，它们是在一定的思想文化环境中产生和确立起来的，它们先于具体理论。并为具体理论的发展提供一组指导原则。在科学领域，研究传统是外在于任何科学家而存在的东西，用杜尔凯姆的话来说，它具有"社会事实"的外在性。波拉尼认为，科学家要维持科学传统，就必须将它视为"无条件的要求……它是凌驾于他们之上的精神现实，并且迫使他们忠实信任它"。这个传统是通过反复认可而形成的产物。年轻的科学家被它社会化了，成熟的科学家拥护这种传统并把它传给下一代。接受了这种传统的人就进入一种共同体，它使成员们有认同感。可以说，一种研究传统代表了一种生活方式，具有不同生活方式的人类文化也必定表现为不同的研究传统。传统本身无所谓好坏，它们仅仅是传统，每一种传统都可以对人类的知识做出贡献。因此，追问它们是否真，是否能被证明，或到底有什么证据支持它们，都是没有意义的。切合实际的哲学家将不会毫无意义地去证实或证伪研究传统，他将满足于回答这样一个历史的文化问题：在各种科学部门中，在它们的连续发展阶段上，实际上形成了什么样的研究传统。

其次，预设前提是大于理论的东西，也可以叫作"大理论"。在库恩那里，"范式"一词包括科学发展过程的一系列因素，其中有定律、理论、模式、标准、方法、模糊的直觉、明显的或暗含的形而上学信念等等,总之,任何能使科学完成某项任务的东西都可以成为范式的一部分。库恩的范式理论之所以对现代认识论产生了相当深刻的影响,原因有三:第一,用范式这个复杂得多的,微妙得多的概念来代替理论这个长久支配认识论研究的贫乏概念,是一个很大的进步;第二,用范式确认大理论与小理论相比有不同的认识功能和帮助发现功能:使我们以不同的方式看待事物、包含不同的方法、面对严重反常的韧性等等;第三,确认大理论与小理论适用的评价方式也是根本不同的,更一般的理论而不是更具体的理论才是理解和评价科学进步的主要对象,必须将评价之网编织得足够宽广,以包括实际上存在于社会文化背景中与认识有关的一切因素。这样就加强了对科学理论发展的世界观、价值论、心理学、文化—历史和社会学方面的关注,使从前人们称之为"外史的"和"不合理的"东西被纳入科学的合理性内容中。

最后,预设前提是超于理论的东西,也可以叫作"超理论",因为它是由本体论方法论承诺和学科理想共同构成的信念体系。信念体系与具体理论不同,既不能用于说明,也不能用于预测,还不是直接可检验的,它们的普遍性和规范性使它们无法对具体的自然过程作出详细说明。正是在这些意义上,我们说它们是超于理论的东西。信念的合理性不完全是一个认知问题,不能简单地把它归结到一个人的证据的性质和范围,拥有一种信念即使无任何证据也可以是合理的。如果人们问"为什么我们要接受特定的信念体系?"最一般的回答就是,我们接受特定的信念体系是因为它们是在我们能够批判地思考以前由我们参与其中的共同体及其文化传统先在地给予我们的。因此,对于认识论研究来说,重要的不是为某种信念体系寻找理由,而是考察一组信念、信仰、价值观如何作为准则和规范实际地指导我们的思想、选择和行动,重建当时决定实践的信念以及当时决定信念的实践。

总而言之,科学认识之所以不可避免地需要预设前提,就是因为科学认识的社会文化方面乃是科学认识的内在特征,它们和逻辑特征一起构成科学的合理性内容。传统认识论完全从知识与经验证据的逻辑关系中来确定科学的合理性标准,必然把社会文化的因素看作是科学之外的东西,看作是不合理的东西。而对预设前提的充分重视则使我们从寻求科学的"形式"特征转向科学的"功能"特征,去研究科学的社会文化背景和历史具体性。这就要求改变传统认识论的价值标准，把以往视为不合理的东西合理化，扩大"合理性"的范围：除了形式合理性，还有非形式合理性。传统认识论只研究了"形式合理性"，而现代认识论则把研究"非形式合理性"作为自己的一个主题。

四 从原子到整体

传统认识论在方法论上的一个突出特征就是，把纷繁复杂的事物与过程通过种种归约的手段，最后还原为一种最终、最高的成分或要素。它的理论表现形态就是，以指谓某种最终、最高的成分或要素的范畴作为逻辑起点，通过一系列的逻辑推演，构造出一个理论体系来，然后把要解释的东西，按一定的次序纳入这个框架之中。传统认识论的这种研究思路引出一个它自身无法解脱的困境。为了找出某种不可再分的认知单位或终极物，它必须特选出一个领域、一种活动、一类文化，并将其看作典型的认识模式。如果被特选出来的是艺术，那么所有的文化形式都将在直觉、灵感、想象等非理性形式中完成，"诗化"成为文化理想；如果被特选出来的是科学，尤其是物理学，那么所有的文化形式都将在概念思维、逻辑推理、实验操作等理性形式中完成，"实证化"成为文化理想。这就产生了人文主义与科学主义的尖锐对立。这种非此即彼的形而上学思维从根本上说是追求终极物的必然结果。因此，要超越两极性的对立必须放弃对最终或最高的认知要素的追求，从原子分析转到整体把握，而整体把握需要一种文化哲学，而不是科学哲学。

应当看到，文化在其深层结构中就是以不确定性、矛盾和悖论的形式存在的。文化本质上是自律的。每一种基本文化形式都趋于不是把自己作为整体的一部分而表现自己，而是要求某种绝对的有效性；不是满足于各自专门的领域，而是力图把自己独特的印记烙刻在其他文化形式上。例如，科学文化是以理性主义和实验主义的胜利为标志的，正是理性主义所代表的抽象性、逻辑一致性和实验主义所代表的可检验性、可批判怀疑性，使科学文化系统在结构和功能上，难以适应整体文化系统的发展要求，反过来，整体文化系统也在许多方面无法容纳科学文化系统的最新发展。从每个特殊文化固有的寻求绝对的努力中，就产生了文化悖论，产生了文化概念的二律背反。

当人类的各种文化被创造出来时，理性的与非理性的、逻辑的与非逻辑的、价值的与价值悖谬的、意义明确的与模糊的、象征的与非象征的、显性的与隐性的、神秘的与非神秘的，如此等等，便构成文化系统的内在结构，在其中，理性与非理性作为两种基本的文化精神，它们的分裂及其矛盾对立共同构成了人类文化的最基本内容，并推动着文化的发展进步。这样，正如斯宾塞所说：永远存在着两种彼此对立的精神活动方式，将来像现在一样，人类永远不会只被已确定的现象及其关系所占据，而必然也会被不确定的东西所占据。

在人的理解结构中有一种"解释学循环"，它涉及整体与部分的悖论关系。从知识论角度看，"解释学循环"似乎是一种逻辑上的恶性循环，但是，海德格尔赋予"解释学循环"以本体论的意义，就从根本上改变了对问题的看法。他写道："理解的这一循环不是一个随便某种认识类型在其中运动的圆，它是此在本身的存在的前一结构的表达。它始终是一个循环，但它是不可回避的并对任何认识方式，也对自然科学和数学的认识有效。起决定作用的事物没有从循环中走出来，而是按照正确的方式走进了这个循环。"[①] 海德格尔的这一思想包含着一种重要的方法论启示：文化悖论是文化的深层结构，对于哲学研究来说关键不是跳出悖论（循环），而是用正确的方法进入悖论（循环）。

要在对立的两极中保持必要的张力，也需要一种整体与部分的辩证循环：只有当我们能够发现一种反复出现在每一种文化形式之中，而又不在任何两种形式中采取同样形态的因素时，我们才算找到了进入文化悖论的门径。具体地说，人类文化的每一形式，都不可能不被体验和认知，想象和思维、直觉和逻辑共同分享，我们不能把神话、语言、科学、艺术归结为这些功能中的一种，以排除其他。作为神话、语言、科学、艺术之特性的东西，并不在于我们能够在它们之中的某一个身上找到另一个所没有的东西，而是这些功能相互之间的关系，造成了它们之间的真正差异。在神话中，想象力居主导地位；在语言中，逻辑的因素，即原本意义上的逻各斯逐渐增长；在科学中，由日常语言向科学语言的过渡使这种逻各斯意味取得了决定性胜利；最后在艺术中，所有力量似乎都融汇成一个完满的和谐：想象力的充分发挥、日常语言的灵活运用、合理的判断与严格的批判——所有这一切都为创造一部伟大的艺术作品所必需。所以，康德说，

[①] 转引自《哲学译丛》1988 年第 6 期，第 61—62 页。

美感是"参照着一般认识所呈现的力量的自由游戏"①。

因此,各种文化形式的统一性不能以一种体系化形而上学的方式被看作是简单的、不可分割的实体,这种统一性不能用实体性的方式去理解,而必须用功能性的方式去理解,即是以关系、活动、运用的方式去理解。例如,人们一直认为合理性是科学文化有别于其他文化的主要特点。但是,现代科学通过强调创造性思维的作用而越来越显示出它超合理性的一面。正因为科学具有超合理性,科学与艺术、文学、音乐等创造性活动正在接近,以至于今天科学哲学家们探讨知识增长模式时所涉及的一些基本论题,如竞争中的各学派以及不可变的各种传统的作用,变化中的价值标准以及改变后的感觉模式的作用,很早就是艺术史学家们熟悉的主题。

传统认识论从"实体统一性"概念出发,寻求某种终极的认知单位,它不得不在体验与认知、想象与思维、直觉与逻辑、非理性与理性之间划出一条非此即彼的鸿沟,因而总是面临一些二律背反的困境,无法超越两极的僵硬对立。与此不同,现代认识论从文化悖论的不可避免性中提出"功能统一性"概念,强调文化整体运作中不同功能的互补性,把"保持两极张力"提升为一种新的方法论原则,这样就超越了两极的僵硬对立,使我们可以从新的视角去重新认识和解决传统认识论框架内的一些二律背反问题。实际上,如何保持两极张力的问题,在爱因斯坦、玻尔和库恩等人的哲学著作中占有重要位置,这也是现代认识论的一个研究主题。

总的来说,作为研究纲领的文化视界改变了传统认识论的研究思路,形成了全新的研究主题:从表层到深层的转换确认"我在故我思",从状态到过程的转换导致"回到生活世界中去",从硬件到软件的转换强调"非形式合理性",从原子到整体的转换要求"保持两极张力"。这些新的研究主题在现代哲学发展的思潮中总是以这样或那样的形式反复出现,因而它们无疑也表征着现代认识论的形态特征。但是,笔者在"认识论研究的新视界"论题下所要完成的任务,不是深究现代认识论本身究竟是什么,而是阐明在文化视界内所展现出来的新的研究主题。因此,论文的主体结构就分别为,"我在故我思""回到生活世界中去""非形式合理性""保持两极张力"四部分。

---

① [德]康德:《判断力批判》,邓晓芒译,人民出版社2002年版,第9页。

第三章 我在故我思

"我在"指人的历史存在方式和文化表现形式,"我思"指人的认知能力和认知模式。"我在故我思"这一命题包含两个基本内容:第一,"我在"对于"我思"的先在性。主体首先是"我在",然后才是"我思","我思"本身是"我在"的一个存在方式。第二,"我在"对于"我思"的超越性。"我在"的历史存在方式和文化表现形式超越了个人的自我意识,"我思"的特质决定于"我在"的历史文化状况,这一点也超越了个人的自我意识。用"我在故我思"置换"我思故我在"的根本意义在于,与传统认识论把自我意识当作认识的起点不同,现代认识论特别强调文化无意识过程对于主体建构的意义。伽达默尔宁愿把主体的认知构架看作是那些影响思想但又保持为无思想的前概念、前判断或偏见、先见。这些东西包括个人能够意识到的历史文化成分与不能意识到的历史文化成分,个人永远无法摆脱它们,因为这就是他在历史中的存在状态。所以,第三章的基本思路就是,从人的历史存在方式和文化表现形式入手,去探索主体建构中的文化无意识过程。传统是人的历史存在方式,它以"合法的偏见"形式规定着主体视界;语言是人的文化表现形式,一种语言就是一种共同体,就是一种认识模式;传统延传与语言交流都涉及主体与主体之间的关系,这就是主体间性,它根源于人类的交往实践。而这一切都是在个人的自我意识范围之外发生的,具有文化无意识特征。

第一节 传统与主体视界

一 传统的界定

所谓传统,就是历史上形成的、具有稳定的组织结构和思想要素的、前后相继的、直到现在仍然潜在地影响着人们的特定的思维方式、价值观念、道德风俗等深层文化的社会心理和行为习惯。传统大致具有这样一些特征：第一，历史性。传统是由历史上延传而来，经过相当时期的文化积累而形成的。第二，继承性。传统不是突起突灭的，而是有着前后相继的一贯性。第三，稳定性。传统作为文化深层结构（民族精神文化）的体现，一经形成，便难以轻易改变。第四，流动性。传统并不是一成不变的，而是历史地发展着的，不同时期不同地域有着不同的传统。第五，潜在性。传统作为观念形态的东西，往往表现为特定的社会心理，表现为不自觉的行为方式和思维定式。第六，现实性。传统的形成，来源于过去的现实，同时它并不只是停留于过去，而是直接影响到现在，在客观上影响着人们的社会心理和价值取向。

传统与历史有着内在的联系。按照海德格尔的理解，历史是生存着的现实人在时间中经历的事态。是"过去了的"而却又"流传下来的"和"继续起作用"的事态。在这里，历史意味着一种贯穿"过去""现在"与"将来"的事件联系和作用联系。因此，"历史主要不是意指过去之事这一意义上的'过去'，而是指出自这过去的渊源。'有历史'的东西处在某种变易的联系中，在这里'发展'是忽升忽降。以这种方式'有历史'的东西同时也能造就历史"。[①] 显然，在历史过程中，一切"流传下来的"并"继续起作用的"过去的东西同时也是传统的东西。传统是处于历史之中并介乎于人和历史之间的第三者。人的历史性就在于人不可能摆脱传统，过去各代的传统"犹如梦魇似地统治人的头脑"（马克思语）。承认人的历史性，就要承认传统的不可超越性。

传统与文化也有内在的联系。文化一方面是人类经验的积累，另一方面又具有维持经验的功能。人类在特定的生态环境中进行文化创造，也就是在特定的文化传统中进行经验积累。所谓文化传统，是指受特定文化类型中价值系统的影响，经过长期历史积累而逐渐形成的、为全社会大多数人们认同的思想和行为方式上的传统。文化传统是人类在不同环境中惨淡经营得来的，它对维持社会秩序及不同民族的生存都是无价之宝。因为它来之不易，所以无论如何要加以保持，正如列宁所说："尽管文化遭到很大的破坏，但决不能把它从历史生活中一笔勾销……文化在其某些部分，

[①] ［德］梅德格尔：《存在与时间》，陈嘉映、王庆节译，生活·读书·新知三联书店1987年版，第445页。

在某些物质残余中是消灭不了的，困难只是在于恢复它。"① 另一方面，传统本身就具有文化意义：传统是围绕人类的不同活动领域而形成的代代相传的行为方式，是一种对社会行为具有规范作用和道德感召力的文化力量；传统又是一个社会的文化遗产，是人类过去所创造的种种制度、信仰、价值观念和行为方式等构成的表意象征，它使代与代之间、不同历史阶段之间保持了某种连续性和同一性；传统也是一种特殊的社会文化信息系统，经过无数次重复，在不同时代、不同阶层的人类社会关系实践中得到积累、固定和传播，构成了一个社会创造与再创造自己文化的密码，并且给人类生存带来了秩序和意义。

二 传统的价值

在现代化过程中，有人把传统当作社会进步发展的障碍意欲从根本上抛弃它，这是一种历史性的错误。认为人类可以没有传统而生存，或只仅仅按照眼前利益、一时冲动、即兴理智和最新的科学知识而生存，同样是对真理的歪曲。应当看到，传统是有价值生活的必要构成部分。某些信仰、制度和习惯做法的存在本身就表明，那些按照它们而生存的人都获得了益处。一种独特的信仰传统或行为传统一旦被抛弃或长期处在受排斥和压制的状态，它就可能会完全消亡或接近于消亡，给社会生活留下一个空白，人们将感到那是一种鸿沟，并以某种更加糟糕的信仰或行为范型来代替。传统并不能进行试验，不可能有一段试验期，在其中考验某些被认为是更好的东西；并不能一旦发现替代品不合乎人们的期望，就再来恢复传统。因此，我们对待传统应该相当慎重，传统不应仅仅被当作是障碍或不可避免的状况，有活力的传统本身具有一种内在价值，值得保存、积极培植和精心保护。

一般而言，传统具有人类学价值、社会学价值和知识论价值。

1. 传统的人类学价值

一种传统存在的合理性，不是因为它对局外人只有重要性，而是因为它对那些参加该传统的人的生活具有意义。传统可以让人清楚地认识到所期待的目标和怎样达到这一目标。这十分重要，因为仅当我们能够知道并深信存在着必定如此、不可能不如此的事物和事件的时候，人的社会生活

---

① 《列宁选集》第3卷，人民出版社1972年版，第477页。

才能够存在。如果社会中不存在相当程度的秩序和大量我们赖以调整自己的规则的话，我们就会焦急不安、惊恐失措、灰心丧气，因而无法在其中生活。这些规则的存在本身或许比它们的具体优劣重要得多。人们需要它们作为规则，因此把它们作为传统传下来，而不管它们在其他方面是否合理、必要、有益、美好或合乎心愿。

为什么人们（特别是原始人和儿童）倾向于墨守他们生活中的可能是或者可能成为一致性的东西，倾向于墨守他们本人行为中的一致性。这一切首先是因为他们害怕不规则性和变化，因而也害怕引起不规则性和变化；其次，因为他们希望消除其他人对他们的合理性或预言能力的怀疑，而这也许是希望他人也以同样方式行事。因此，他们既倾向于创造传统，同时又倾向于通过小心遵循它们而重新肯定这些传统。传统的禁忌就是这样产生和流传下来的。传统的创造与社会的立法非常相像，也起着把秩序和理性的可预言性带进我们生活于其中的那个社会的作用。传统有双重的重要功能，它们不仅创造某种秩序或类似社会制度那样的东西，而且提供给我们某种我们能对之起作用的东西，我们可以批判或改变的东西。

制度和传统有相似之处，它们都涉及人的活动、态度、信仰、期望和相互关系，并需要用这些范畴来加以说明。但制度和传统又有区别。凡在一群人遵守某套规范或执行某种显而易见的社会职能，而这些社会职能服务于某种显而易见的社会目的的地方，我们倾向于说到制度；而当我们描述人们态度的一致性、行为方式、目的、价值观或情趣爱好时，我们则倾向于说到传统。因此，和制度相比，传统同人们的喜爱和憎恶、希望和恐惧等社会心态的关系更为密切。可以说，传统起着作为人和制度居间者的重要作用。

2. 传统的社会学价值

社会生活方式同既成的传统、习惯活动模式和图式、给定的行为规则和规范系统等相连，而这些因素主要以人们的日常生活为寓所。传统的社会学价值主要就表现为，传统及其相关因素乃是维持日常生活所必需的。

日常生活指有组织的政治经济等社会活动与科学、艺术和哲学等自觉的类本质活动（精神生产）之外的领域，它是以个人的直接环境（家庭和天然共同体）为基本寓所，旨在维持个体生存和再生产的各种活动的总称，其中最为基本的是生活资料的获取与消费活动、日常交往与日常观念活动。从本质特征上讲，日常生活是各种重复性实践自在地运行的领域,是凭借传统、习惯、经验、给定的行为规范等因素而加以维系的领域,是人们以非批判的态度,不假思索地现成接受的领域。

构成日常生活世界核心的传统、习惯、行为规范等文化因素,一方面来源于人类集体无意识地世代承继下来的"原始模型",另一方面则是科学和哲学等自觉的精神活动成果以及创造性的活动方式经过漫长的常规时期的反复运用转化而成的。这些文化因素从起源上讲毫无疑问是人的活动的成果,而非大自然的馈赠,但是它们一旦固定化,就像日月星辰一样现成地给定地呈现在每一个体的面前,作为自在的和给定的规范体系支配着人们的日常生活。文化积累沉淀得愈久、愈深厚,其传统就愈稳定,对日常生活的影响就愈深刻,以至于人们只有按照传统所认可的标准进行选择,才是合法的、规范的,才为社会多数成员所承认,否则,个人选择本身便被社会视为无价值的,甚或遭到排斥。

恩格斯在《社会主义从空想到科学的发展》中认为:"传统是一种巨大的阻力,是历史的惰性力,但是它是消极的,所以一定要被摧毁。"①他在《路德维希·费尔巴哈和德国古典哲学的终结》中又说:"在一切意识形态领域内传统都是一种巨大的保守力量。"② 恩格斯在这里并不是给"传统"下定义,而是从社会革命的角度揭示传统的社会功能:在社会转型的时代,传统是消极的力量,必须被摧毁;而在社会稳定的时代,传统是保守既成的社会秩序的巨大力量。在今天改革时代,人们几乎总是必须在多少是没有先例的条件下采取行动,这也是不可避免的。实际上,所有行动都必然在某种程度上偏离和独立于传统。问题在于,传统总是无所不在,并总是影响到涉及它们的行动。因此重要的是,善于区别传统中仍有生命力和已经过时的东西,已经过时的东西失去了活力,并成了发展的障碍,应当加以摒弃;而仍有生命力的东西是值得保存下来的,应当加以充分利用,使之成为发展的内在文化形式。抛弃传统是新事业的一种代价;而保留传统则是新事业的一种收益。

3. 传统的知识论价值

每一门思想性学科,无论是科学的还是非科学的,都有着一个充满着研究传统的历史,例如,物理学中的牛顿主义、生物学中的达尔文主义、

---

① 《马克思恩格斯选集》第3卷,人民出版社1995年版,第717页。
② 《马克思恩格斯选集》第4卷,人民出版社1995年版,第257页。

心理学中的弗洛伊德主义、伦理学中的边沁主义、经济学中的凯恩斯主义。每一个研究传统都经历过若干不同的、稳定的阶段，并且一般有着相当长的历史。思想史上某些重大的革命的发生就是因为某些具有独创性的思想家突破了他们时代的研究传统而创造了新的研究传统。但是，不管怎样，精神生产和知识增长将总是在某种研究传统起作用的范围内进行，这是因为：

第一，精神生产必须从思想资料积累起来的既有成果开始，在试图用概念进行系统阐述的努力中，思想家运用了他实际上是像吸收母奶那样吸收到的全部概念；他难得清楚地意识到他的概念包含的问题特征。他把这些概念材料，或者更准确地说，把这些思想的概念工具，用来作为某种明显的和一成不变的给定的东西、某种具有真理的客观价值的东西，这种客观价值总是很难而且在任何情况下都不能认真地受到怀疑。否则思想家就无法从事他的精神生产。

第二，研究传统预先规定了"能做什么"和"不能做什么"，离开研究传统，我们就不知道我们应从何处着手又怎样着手去分析和把握对象世界。研究传统告诉我们，其他人是从何处开始和怎样开始的，以及他们到达了什么地方。它告诉我们，人们已经为这个研究领域构造了一种理论构架，它也许不那么好，但多少还起作用；这种理论构架为我们继续攀登准备了脚手架，作为一种网络，一种坐标，我们可以参考它来看待这个研究领域中的各种复杂现象。我们使用它时，对它加以检验和批判，这样，我们就推动了知识的增长。

第三，科学认识是一个自组织、自调节的过程，因而它总是在某种认识标准的基础上完成的。而科学的认识标准依赖于一定的与特定传统相联结的范例的获得（典型难题、方法、衡量方式等等）。它们被认为是可取的，只因为它们与传统密切关联着。科学传统之确立对于提出一种理论来说，是一个重要的准则。与传统之间的联系可以提高理论的认知价值，主要是研究传统对理论起着问题定向作用、范围限制作用、助发现作用和辩护作用。

理性主义者根本否定传统具有任何知识论价值，他们倾向于对传统采取一种虚无主义态度，宣称："我对传统不感兴趣。我想根据万物本身的优劣来判断它们；我想找出它们的长处不足，并且在这样做时我想完全独立于任何传统。我想用我自己的头脑而不是用很久以前活着的其他人的头脑来作判断。"这种虚无主义态度是根本站不住脚的,因为理性不是传统的仲裁人,它本身就是一种传统或传统的一个方面;理性主义者本人也在很大程度上受一种理性主义传统约束,他对传统的虚无主义态度只是表明,某些对待传统问题的传统态度是有缺陷的。

从历史上看,传统具有知识论价值是不容置疑的。近代科学从其诞生开始,就一直受到两种传统的深刻影响,一个是大陆的理性主义传统,一个是英国的经验主义传统。牛顿正是在英国经验主义发展到顶点之时(培根时代)受的教育,然而他却明显地继承了这两种传统,他的《自然哲学的数学原理》明确地继承大陆的理性主义传统;而他的《光学》则明确地继承了英国的经验主义传统。这两种传统是地域性的和民族性的,不可能轻易地移植,它们之间并没有好坏之别、优劣之分,它们仅仅是传统,然而对于人类的文明和科学的发展都作出了自己的贡献。(一种经验主义精神推动了英国工业革命,而一种理性主义精神则推动了法国资产阶级革命,这两场革命对世界文明进程产生了同样深远的影响。)

理性和科学知识纲领的发展必然会演化成深厚的传统,科学精神本身就是传统。表达科学精神的传统是同一组信条的重复:普遍性、公有性、无私利性、有条理的怀疑与感情中立等等,这些信条很少得到明晰而系统的阐明,然而,它们却持续不变,并以其不言自明的正确性和古今科学家对其毫无例外地遵从和拥护,而形成了它们的权威性。在科学领域中,科学家的"自发一致性"现象持续地出现,即使有观念冲突,这是因为他们共同拥有一个传统。这些科学家说话如出一辙,因为他们从同一个传统中获取信息,科学生活的整个系统根植于一个科学传统,科学研究的前提体现在一个传统中,即科学精神之中。

人文科学与自然科学一样,其发展也依赖于自身的传统。人文学是一个不断发展的传统,或者是一个围绕着相互联系的不同主题形成的传统谱系;每一个主题的实质都产生于一个传统。这一点在艺术文化中表现得尤为突出。人文学传统不像科学传统那样可以用一般化了的形式来阐述它们,它们依赖于口头流传的弦外之音,而为人们所接受;并且,许多东西没有明确的所指对象。人文学的这些特征限制了人文学传统向外部文明延传的可能性。许多人文传统所涉及的东西被人们珍视为一个民族社会的传统或一个文明的传统的一部分,例如中国的京剧和国画。人文学传统依附于古老的民族共同体或文明,不易于传递给另一些民族、社会和文明,而这种依附常常是人文学传统的力量来源。

三 传统与主体视界的关系

一种哲学史上历史悠久的信念认为，传统通常给人带来"先入之见"和"偏见"，干扰心灵对真知的透明认识，认识论的任务就是使心灵涤除来自传统的各种因素，以彰显真知。因此，在传统哲学的框架中，主体视界与传统是决然无关的。与此成鲜明对比，替"先入之见"和"偏见"作历史的辩护，从正面肯定它们为理解开辟了可能性，确认主体视界中的传统规定性，正是现代解释学对哲学认识论的一种独到的贡献。笔者试图从以下四个方面阐明传统与主体视界的关系。

1. 主体视界的传统规定性

这个问题首先涉及对"偏见"的看法。西方启蒙运动为了维护理性的权威，而把理性与偏见绝对对立起来，使"偏见"成了一个令人憎恶的字眼，并在认识论上加以摒弃。伽达默尔不同凡响地提出，启蒙运动所致力的以理性剔除偏见的方向，是以"偏见反对偏见"。这种反对偏见的偏见误以为理性可以从传统中独立出来，误以为人的理性的理解，可以从一个没有由历史所形成的偏见的清明中正的状态开始；形成正确理解的条件和过程，同时被视为是以排除偏见为条件的过程。这种认知的方向从根本上说就是不可能的。按照海德格尔的观点，理解奠基于一种先行掌握之中，把某某东西作为某某东西加以理解，这在本质上是通过先行具有、先行见到与先行掌握来起作用的。理解从来不是对先行给定的东西所作的无前提的把握。"任何解释工作之初都必然有这种先入主见，它作为随着解释就已经'设定了的'东西是先行给定了的，这就是说，是在先行具有、先行见到和先行掌握中先行给定了的。"[①] 在这里，重要之点是，只有我们的"偏见"、我们的"先入主见"才能成为真正理解的起点。"先入之见"不过意味着预先判断，这是理解本身的必要条件；在预先判断的意义上的"先入之见"，才使理解成为可能。

因此，我们需要从根本上重新建立"偏见"这一概念，以便对传统，对人的有限的、历史的存在方式给以公正的评价。在这里最重要的是区别

[①] ［德］海德格尔：《存在与时间》，陈嘉映、王庆节译，生活·读书·新知三联书店 1987 年版，等 184 页。

"合法的偏见"与"不合法的偏见"。"合法的偏见"是指源于理解者所处的文化和历史条件的共有的偏见，是属于人自身历史存在形式的东西。除非人否定他自己的存在，他始终不得不是他自身先见的存在。因而合法的"偏见"是人无法拒斥的，人类永远无法克服它们。这种"偏见"不但不应是认识过程中理解所要排斥和剔除的对象，恰恰相反，理解首先要肯定并自觉意识到它的合法存在，承认它是理解产生的先决条件。康德哲学可以说是以先验的形式，首次确立了"偏见"或"先见"的合法性。作为主体认知先决条件的"先验"的认知可能性，其来源就是个人主体与之发生存在上联系的历史和文化传统，而沟通这种联系的正是"合法的偏见"。

"不合法的偏见"是指那些盲目的偏见，它们是个人在现实人生中不断接触吸收的见解。理性主义者指责的"偏见"，很大程度上就是这种后天而来的见解。这类偏见妨碍正确理解的实现，因此要积极地加以去除。问题在于，"合法的偏见"与"不合法的偏见"两者都卷入理解过程中，难以分辨，主体因自身即是处在这两种偏见融合一体的心态中，根本不可能站在自身之外，去在理解之先，作分辨和剔除不合法偏见的工作。唯一辨别这两种偏见的认知途径，是鼓励主体在理解过程中保持多元性的开放，让理解过程一方面成为扩大合法偏见的创造过程，一方面也成为改变和去除不合法偏见的自我认知过程。

偏见的问题直接产生传统和权威的问题。启蒙运动反对偏见的口号本身就是对传统的批判。传统，作为权威的一种最有力量的形式，被人们看作是与自由和理性完全对立的。承认传统的权威，过去一直被人们看作是纯粹"盲目的服从"，是对知识和真理的严重障碍。但是，在伽达默尔看来，传统，广义地说，就是从过去传递下来的东西，依然是真理的可能的来源；真理和传统之间并没有本质上的矛盾。真正的权威是建立在人们的公认的基础上的，这也是理性自身的一种活动，这种活动意识到它自己的局限性，承认别人有更好的理解力。这一意义上的、正确理解的权威，与盲目服从毫无共同之处，但却与知识有关。传统形成我们的存在和理解条件；传统是在"先入主见"中并通过"先入主见"具体表现出来的。传统起到为我们提供观察世界的广泛视野的作用。在这一方面，传统是绝对的，我们永远处于某一传统或诸种传统之中。但是，我们不应把传统看作是静止的现象，"传统是我们自己制造出来的，因为我们理解、参与传统的演变,从而传统就由我们自己进一步加以决定"①。

启蒙运动把理解从与它相随的偏见中过滤出来的企图实际上是不承认传统本身的巨大力量。而在现代解释学中,传统的伟力在于,它提供了一个有文化根基的权威,提供了一个超乎个人之上的非功能的价值之源。而重新确认偏见的价值并没有打开通向相对主义的大门,恰恰相反,确认偏见的意义使我们能够用传统来反抗我们的无根性:过去并不是"过去"了,相反,过去和现在永远是融合于理解的经验之中的;过去之所以总是有价值的,仅仅是因为它已变成了我们现在的视界的一部分。这就是伽达默尔所说的"历史产生效力"的原则的本意,这一原则很好地概括了主体视界的传统规定性。

2. 传统规定性先于人的自我意识

传统与主体视界的关系本身是不能由任何个人主观随意选择和决定的,它存在于主观意识自身之先。主体视界的传统规定性乃是在先于理解、先于反思、先于人的自我意识的历史存在中预先确定下来的,并且以语言习得为中介。首先,每个人必须要降生于并存在于某一文化中,历史与文化在我们意识到它们之前,已经先占有了我们,而不是我们去占有历史与文化传统。正是这种存在上的"先有"作为我们任何理解发生的先决条件,使我们有可能理解自己和历史、文化、传统。每个人由于无可选择地要降生并生活于某种历史文化中,主体视界本身便是由他所置身于其中的传统所限定的。就其来源而言,主体视界必定先于他的自我意识而存在,成为一种带有普遍性格的历史文化之一部分。

其次,语言保存着历史和文化传统,对语言的学习和使用,实际上是一种每代人都不得不从事着的与历史和文化建立联系的活动。我们理解语言,同时就是理解文化和历史。人接受语言,拥有语言的同时,即是接受历史和文化传统之时,这种由语言中接受下来的历史文化不是别的,正是理解作为起点的"前理解",也是决定了理解的角度、广度、深度和态度的历史的视野或境界。"前理解"是个人与历史文化的一种存在上的承续关系,是个人无法拒绝的东西,因而它本身先于主体与客体区分的自我意识。理解必须由这种"前理解"状态开始,而不是由人的自我意识开始。

---

① Hans-Geog Gadamer, *Truth and Method*, New York: Continuum International Publishing Group, 2004, p. 293.

正因为主体视界的传统规定性本身，是先于人的自我意识而历史地给予的和历史地发生的，所以，伽达默尔宁愿把主体视界看作是那些影响思想但又保持为无思想的前概念、前判断和前理解。这些东西包括个人能够意识到的历史文化成分与不能意识到的历史文化成分，个人永远无法摆脱它们。因为这就是他在历史中的存在状态。自笛卡尔以来的传统哲学把自我意识当作认识的起点，现在应当倒过来，主体首先是"我在"，然后才是"我思"，"我思"本身是"我在"的一个存在方式。由此还得出三点新结论：第一，理解的可能性实际上是人的历史性，人只能站在历史给予他的视野上，去进行人的自我理解；第二，历史首先进入我们的生活与存在中，我们才可能开始理解历史，"历史地存在意味着人关于自我的知识永远不能够是完全的"①。第三，释义理解受着从释义的历史文化背景中产生出来的前理解的限制，只要释义者想要维护其理解的恰当性，想要证明其释义的合理性，那他便能意识到这些前理解。但由于这种自我反省不可能致使所有的前理解明白易见，所以所有的释义都必定是相对的、与语境有关的。

3. 个人不可能把自己与自己的视界分开

由于主体视界是由人的历史存在方式先在地给定了的，所以个人是不可能把自己与自己的视界完全分离开来的。他的存在状况怎样，他的视界也就怎样，这一点本身是不以他的善良愿望为转移的。如果他认为自己的视界并不影响他对外物的认识、理解或描述，那他不过是自欺欺人。通常，主体视界是由这样几个部分组成的：各种历史因素，其中包括解释者所处的传统；前理解的历史积累（它限定解释者认为是他自己理解中的新的东西）以及当代"该科学的状态"（正处于运用之中的它的目的、方法、主旨等等）。就其本身而论，这些因素决不可能完全从本文的理解中排除掉，它们只能被或多或少地弄清楚。在理解中忽略这些因素的批评家们，他们并没有使自己更客观，而是使自己不那么客观了。按照海德格尔的说法，所有的理解都以先前的掌握，以一种作为整体的前理解为前提，由于前理解总是在限定着我们的认识，所以要压制每一个理解的"主观"决定因素是不可能的。

---

① Hans-Geog Gadamer, *Truth and Method*, New York: Continuum International Publishing Group, 2004, p. 301.

既然个人是不可能把自己与自己的视界分离开来的,那么对于传统主要只存在两种可能的态度。一种是不加批判地接受一种传统,往往甚至还不知道它是什么。在许多情况下,我们都不能摆脱这种状况,因为我们经常恰恰认识不到,我们正面对一种传统;而如果我们不知道我们正在一种传统的影响下活动,我们就会不加批判地接受这种传统。另一种是批判的态度,其结果可能接受一种传统,也可能拒斥一种传统。但是,在我们能够批判一种传统以前,在我们能够说"我们根据理性的理由拒斥这种传统"以前,我们必须知道并理解这种传统。因为我们并不能完全摆脱传统的束缚,所谓自由选择实际上只是从一种传统转变到另一种传统。我们可以通过批判地接受一种传统来挣脱它的戒律,为了做到这一点,我们首先必须认清这种传统,理解它的文化功能和历史意义。

在这方面,历史上相继出现或同时并存的各种传统可以提供各种参照点,使我们可以审视各种传统的优劣,从而在选择生活方式方面大大地增加今人的自由度。但是,这要求从方法论上严格地区分观察者的问题和参加者的问题。观察者的问题关心的是各种传统的相互作用,他们想对相互作用作出历史的说明;参加者的问题涉及的是一种实践或一种传统的成员对另一种实践或传统的介入采取的态度问题。观察者问的是:发生了什么?将要发生什么?参加者问的是:我将做什么?我是支持还是反对另一种实践或传统的介入呢?显然,观察者的问题必须考虑参加者的问题,而参加者也要倾听观察者对事情的看法。但在这两种情况下,意图是不同的。观察者想知道正在发生什么,而参加者想知道怎样做。观察者描述他并不过的生活,而参加者想安排他自己的生活,并考虑自己应对试图影响自己生活的那些事情采取什么态度。

4. 超越传统之外来反思主体视界是不可能的

哲学史上,思辨哲学从柏拉图的"理念"到黑格尔的"绝对精神",其主旨是要在同一认知主体中,区别出两种不同形态的精神存在,除了历史中个人主体的具体理性之外,还存在一个超出任何个人主体在历史存在中的局限,而为人所共有的普遍理性。这种普遍理性之所以必要,是因为它能够超越人自身的历史存在,与宇宙的绝对存在相沟通,以"完美""至善"等绝对存在的属性为标准,反转来审视批判人生的历史存在,反省同一认知主体中另一种局限于历史中的具体理性。换句话说,对普遍理性来说，超越传统之外来反思主体视界是可能的也是必要的，因为它有可能去成功地消除传统及历史文化所施加于主体身上的一切"偏见"和"歪曲"。

实际上，主体视界受传统的制约是一个作为认知必要条件的存在上的事实，这个事实先于我们对传统的好恶之情，它在我们意识到任何传统存在之前，已经置我们于一个传统中。我们有不理解传统的自由，但我们没有不生活在其中的自由。前一种是认识上的自由，后一种是存在上的不自由。伽达默尔认为，本体论的思考应该透过历史性、语言性和时间性来了解，但是历史、语言和时间在人类的处境下都是已经存在的了，所以传统是不能超越的。传统本身应该是活的，是自我转化的，人只能通过传统来发展，而不可能跳出传统，正如人不可能跳出历史、语言和时间一样。从非语言的观点出发是无法看到语言的，同样，人类包含在一个前进着的历史之中，也无法超然于历史之外去把历史作为一个整体来观察，企图站在传统之外评价传统是决然不可能的。

伽达默尔在《真理与方法》一书中指出："即令是当我们自己——作为历史上开明的思想家——对于一切人类思想的历史条件性都基本清楚，因而对我们自己的条件性也基本清楚时，我们自己尚未能采取一种非限定的立场。……对于这种条件性的意识无论如何也不会取消条件性。"① 此话是相当深刻的。并不存在一种非限定的立场，一方面表明所有认识包括自我认识和反思的相对性，另一方面表明超越传统之外反思主体视界的不可能性。在关于传统的评价认识中，仅当一种传统与某种其他传统进行比较时，仅当那些根据一种传统的价值来看待世界的参加者们审视该传统时，传统才呈现出合意的或不合意的性质。这些参加者的看法看起来是客观的，描述它们的陈述听起来是客观的，因为这些看法和陈述根本没有提到参加者及其提出的传统。然而，它们实际上是主观的，因为它们依赖于所选择的传统，依赖于参加者对该传统的利用。只要参加者认识到不同的传统产生不同的判定，就会注意到这种主观性。而与所谓普遍理性相联系的表面上的客观性产生于这样一个事实，即使用了一种特殊的传统却没有认识到它。但是，感觉不到传统的

---

① Hans-Geog Gadamer, *Truth and Method*, New York: Continuum International Publishing Group, 2004, p. 483.

制约性并不等于证明了自我反省的客观性,由于根本就不存在一种非限定的立场,自我反省总是不完全的。

第二节 语言、共同体与认识模式

一 人是具有语言的存在

亚里士多德关于"人是理性的动物"的经典定义,伽达默尔则给予新的解释。他从语言学的角度确定"逻各斯"至少有四层含义:思想、规律、观念和语言。"不过,事实上这个词的最初的含义是指语言",伽达默尔因此重新下了定义:"人是具有语言的存在。"

过去,我们一直把语言仅仅视为思想交流的媒介,这已成为深入人心的观念。伽达默尔关于"人是具有语言的存在"的思想,从根本上改变了传统语言观。这样,语言就不只是人使用的工具,人本身也是在语言中存在的。

人创造了语言,语言也创造了人。语言对人的创造具有本体意义:首先,一切以遗传变异为基础的物种进化都被以语言交流为基础的社会历史所取代;其次,在非人的动物界中所看到的那种有形的尝试和失败已经被推论代替了,也就是说,尝试和失败全部用语言符号来进行,人类不再被一些实在的刺激直接推动,而是在思量着一些可能的需要以及达到这些可能需要的目的的方法;最后,语言使真正的目的性活动成为可能,未来的目标预先在思想中以观念的形态出现并决定实际的行动,人类"必须把一些尚未出现的东西置于一构想的'图式'中,以便自此'可能性'过渡到'实在性',潜在状态过渡到现实中去。"[①]

语言创造了人,人在语言中存在着,具体表现在以下三个方面:

第一,语言是人的类属性。

语言本质上是社会的、主体间性的,如马克思所说,这是一种"由于和他人交往的迫切需要才产生的",既为别人存在仅仅因此也为我自己存在的"实践的意识"[②]。语言的文化功能就在于,它是把个体的活动成

[①] [德] 卡西尔:《符号形式的哲学》第1卷,关子尹译,上海译文出版社2004年版,第137页。

[②] 《马克思恩格斯全集》第3卷,人民出版社1960年版,第34页。

果和力量融合成类（共同体）的集体成果，实现人的本质力量的"公共积累"和传递的重要形式。语言之显示世界（外部的及主体内心的）和服务于交往的功能是互为前提、互相规定的：在现实的语言活动中不管它们的哪一个方面被强调，只有当一个言说者同时进入他们由以建立人际关系的主体间水平和陈述性内容水平时，言语行为才能发生。这样，经由语言来把握对象的认识活动也就既要依托于其中所蕴含的主体间共享的社会文化内涵，又要满足于从中体现的种种关于交往的普遍性要求。

语言的形成与劳动和分工的最初要求密切相关。随着劳动和分工的发展，语言本身的多样性也不断扩大，但是，各种语言差异又都具有一种内在的统一性，它们毫不例外地都是可翻译的。语言作为社会交往形式，作为社会生活中共同活动和共同生活的普遍媒介，正是在"可翻译"中成为人类社会发展中类过程的统一性标志。在不同的国度或民族之间，它们在词的使用方面总是"可翻译的"。因为所有人的行为都体现出某种类属性，因而解释这种行为的各种看法就可以用不同的语言来翻译和理解，所以语言的可翻译性实际上是语言作为人的类属性的表征。

第二，语言建立起个人与文化的联系。

文化与语言密切相关。当个人与一种语言建立联系时，也就与一种文化建立了联系。个人因此而得到某种文化的影响，参与这种文化的创造，从而成为具有某种文化素质的个性主体。同时，个人通过语言，与语言所创造的科学、艺术、宗教、哲学等文化世界沟通，并用一般概念进行思考，建立对普遍事物的抽象把握能力，从而领悟某种文化的品性、智慧、价值观，由此个人便存在于由语言所建构的文化世界之中。

伽达默尔曾说，语言是储存历史和传统的水库。每一代人同历史建立联系的一个最重要方式，是学习和使用语言。语言使我们同人类的全部历史建立并保持了思想、文化、情感方面的联系。在语言中，活跃着一个民族的历史文化，没有这种作为语言内涵的历史文化，任何理解的可能性都会消失殆尽。理解语言，同时就是理解文化和历史。人的"真实世界"就是不知不觉地建立在人类语言习惯之上的。

第三，语言支配着人们的思维。

语言是我们接触历史和文化的方式，在这一意义上，语言也联结了历史和现实的人。在此过程中，语言必然将它的特性注入思维中，使思维的存在与变化都受到语言的牵制和限定。

当代法国哲学家福柯在其名著《词与物》中建立了一种知识考古学，力图揭示支配各种话语和各门学科的知识密码以及这些密码的各种配置。知识考古学的核心概念是"知识型"，它类似于库恩的"范式"。大致可释义为：它是某一时代决定各种话语和各门学科所使用的基本范畴的认识论的结构型式、支配各种话语和各门学科的深层隐蔽的形式规则、制约各种话语和各门学科的知识密码的根本配置。人类思想史的裂变是知识型发生格式塔转变的产物。

福柯关于西方知识型转换的探讨从一定程度上表明，语言是一种特殊的"编码"，其反映某一类型文化的固有特征，特别是与社会信息的储存与传递有关的那些固有特征。因此，特殊的语言类型便在属于特定历史类型的社会精神文化和社会物质文化的表现形式中显示出自己的支配作用，从而构成一定社会历史类型的思维结构。

总而言之，语言首先作为人的存在状态，同时才应用为表达存在的形式。马克思在《德意志意识形态》中首次用实践的观点考察语言现象，实际上已经包括把语言当作人的存在形式的思想。因此，重要的问题是从"语言王国"降到现实生活中来，从实践活动的结构分析入手，考察语言，这是现代语言哲学研究的迫切任务。

二　一种语言就是一种共同体

语言永远是社会化的，甚至在个人的层面上也是如此，因为在对某个人讲话时，讲话者总是努力说出或多或少的其他人的语言，特别是在词汇范围内受到影响。个人特征在语言中的地位是不存在的，究其原因，首先，失语症患者既不能领会他人，也不能接受遵守他自己言语模式传达的信息，因为他的语言是一种纯粹的个人习语；其次，一个作家的"语言风格"，总是被某些来自传统，也就是来自社会的言语模式所充满；最后，如果语言要用来交流，它的术语就不能从语言使用者个人私有的表象中获得意义。因此，唯我论者所需要的那种私人语言是不可能有的。一切可能的语言必然都是公共的，因为要不是某个共同体使用它们，它们就没有意义。一定的语言就是一定的共同体的存在；取消一种语言，无异于消灭一个民族；而掌握一种新的语言，意味着取得了进入一种新的共同体的通行证。我们每一个人，在儿童时代就学会了通过母语来探讨世界，这不仅仅是一种智力活动，关键在于使用同一母语的人能相互理解，也能同样地感觉。这种认识、理解与感觉的一致性就确定了一个使用同样母语的群体。与此同时，决定了这个群体的基本特征。洪堡说过，如同领土是一个民族的物质范围一样，语言是一个民族的精神范围。有些民族虽然失去了他们的领土和国家，但仍旧存在。他们之所以能够存在，是因为没有放弃他们的语言。倘若失去了语言，他们就会失去他们的遗产和文化自我意识。

在对不同民族的语言进行比较研究的时候，人类学家和语言学家们发现，它们对经验世界进行分类整理的方式并不遵循某一刻板的、唯一的和预定的逻辑定理。我们的语言概念无须根据某一思想模式或直觉模式来加以塑造，事实上，这样的模式并不存在，最大限度的灵活性和交易性随处可见。正是通过这种交易性，语言才能够反映一个民族或共同体的整个生活，语言词汇的丰富与贫乏往往代表着感情与生活的特殊方向。但总的目标都是一致的，即都是要对我们的经验世界进行分类和整理。正如现代语言学家索绪尔所说："离开了语言我们的思想只是混沌一片。……思想本身恰似一团迷雾。语言出现之前绝无预先确定的思想可言，一切都模糊不清。"①

对成人来说，客观世界作为言语活动的一个成果，已经具有了一定的样态，我们的知觉、直观和概念都是和我们母语的语词和言语形式结合在一起的。要解除语词与事物间的这种联结，是极为艰难的。然而当我们开始学习一种新语言时，我们就不得不作出这种努力，把这两个因素分离开来。当领悟了一门外语的"神韵"时，我们总会有这样的感觉：似乎进入了一个新的世界，一个有着它自己的理智结构的世界。因为学习一门外语，本身就包含了与母语强加给人们的一种原本的模式相分离，这就与原来被认为是接近现实的唯一正确的认识途径有了差距。这样，它帮助人们获得了一种包含两种认识世界方式的新方法。它可以作为认识视野拓展的一种语言条件，使我们学会以一种新的眼光来看待我们自己的母语。歌德说过："一个不懂外语的人同样对他的母语也一无所知"，要是我们不懂任何外语，在某种意义上我们对自己的语言也是无知的，因为我们看不出自己语言的特殊结构和显著特征。

一种语言就是一种共同体，这不仅对于任何民族来说是如此，对于任

---

① [瑞士]索绪尔：《普通语言学教程》，高名凯译，商务印书馆1980年版，第157页。

何文化共同体来说亦如此。一种文化共同体的成员首先是在学术事业上具有共同的探索目标，由于所受教育和训练的共同性，内部交流充分，对专业上所应遵循的理论乃至研究方法，都有大致相同的理解，因而具有共同的专业语言。共同体成员之间的学术争论，也因为共同的语言和大致相同的追求目标，不仅不会成为理解障碍，还会成为学术进步的一种动力。在库恩看来，拥有共同的词典是科学共同体的本质特征和显明标识。也就是说，接受这一词典，就是这一个科学共同体的成员；接受另一个结构不同的词典，就成为另一个科学共同体的成员；抛弃了旧词典，就意味着旧科学共同体的解体；创造出新词典，即是新科学共同体的形成。同一科学共同体具有相同的词典和语言，因而交流当然是顺利的；不同科学共同体由于词典和语言的差异，不用说会给交流带来困难，但依然是可以交流的。其原因在于：第一，不同的词典是部分可翻译的；第二，即使是不可翻译的术语，通过学习和诠释，也是可以理解的。

对个人来说，进入社会共同体是以他学习母语，领悟其中蕴含的历史文化传统为前提条件的；而他进入专业共同体则是以他学习专门学科语言，并习惯于用特种行话表达和交流思想为前提条件的。在这方面，教科书本身的目的就是传达各种学科语言的词汇和句法，使学生获得一套由特殊语言本身决定的特殊规范。因此，我们看到，成熟科学的专业人员（物理学家、化学家、生物学家等等）组成了某种特定的亚文化群，他们是从他们在其中过着特殊专业生活的文化环境中实际分离出来的。他们研究的问题，不再由外部社会提出，而是产生于专业共同体内部。专业生活形式是无形的和深层的，它隐含在专业词典的字里行间，并且是约定俗成和心照不宣的，因而这种生活形式的根本性变化是潜移默化的和难以察觉的。但是，一个语言共同体的成员或迟或早总会达到相同的精神状态，采取相同的专业生活形式。因为语言的相同，多少就意味着精神状态的相同或生活形式的相同。

三　一种语言就是一种认识模式

认识模式是人们从事认识和表述知识的方式，是认识所投入的知识体系的概括性范本，它表征着认识诸要素的关系结构和功能效应的整体性，语言由于只有这样一些基本特征而成为一种认识模式：（1）语言是表达概念的符号系统，如索绪尔所说，"语言是由相互依赖的诸要素组成的系统,其中每一要素的价值完全是由于另外要素的同时存在而获致的"①;(2)语言是自我包容的"关系"结构的最高范例:它是能"转换"的过程,即自身能产生新的方面(新的句子)以对新经验作出反应;它又是自我调节的,它之所以具有这种能力,是因为它不允许个别地、单方面地求助于自身之外的"现实";最后,它组成自己的现实;(3)语言是"一种形式而不是实质"(索绪尔),它是具有各种模式的结构,而不是具有内容的各种要素的总和。既然这种自我关照、自我调节的形式构成了我们与外部世界打交道的独特手段,那么,我们可以说,一种语言就是一种认识模式。

语言作为认识模式的功能主要表现在以下三个方面:

1. 对话—理解功能

在古希腊,"逻各斯"同时意指着言语的能力和理性的能力。"语词—逻各斯"的正确和合理的使用,在柏拉图看来,是从苏格拉底式对话中显露的。他由此寻出哲学的真正方法,即"对话—逻各斯的"方法,或者说,辩证的方法。辩证法在其本来意义上正是被理解为一种引导谈话的艺术,而引导谈话的艺术最终就与取得一致意见的交往联系。"语词—逻各斯"能够表达人类生活和世界的秩序与本性,并能有效地调节和指导人类的行动。因此,人可以通过在他的对话艺术中对世界和他自身作出表示,来理解他的世界和他自身。

现代解释学在新的文化意境中恢复了古希腊意义上的辩证法——"语词—逻各斯",强调理解的语言性及其"对话逻辑"。理解总是一种对话的形式:它是一个其中发生交流的语言事件。解释学理解是更深层意义的语言现象,这更深一层意义是:文化传统(文学、科学、宗教、政治、司法、凡此种种)其本身的存在便主要是以"语言"(按其广义的说法)的形式,常常又是以书面文本的形式而存在的。若要解释这些文本,便要与它们进入一种对话,这样,理解便发生于语言媒介之中:它是以伽达默尔所称的语言性为特征的。洪堡主张,一个语言或语言视界已然是一个世界视界,而伽达默尔则认为,有了一种语言,便是处于一个世界之中了。在解释学经验中,正在发生的是交流的行为,参加者存在于先前被分享的含义的世界中,就是说,他们共享着一种语言。所以,解释学理解"不

---

① [瑞士]索绪尔:《普通语言学教程》,高名凯译,商务印书馆1980年版,第114页。

是一种神秘的灵魂共享,而是对一种分享含义的加入"①。语言属于共同意义的领域,人类社会生活的整体都受这种共同意义的支配。伽达默尔说:"我们的一切理解的内在语言条件都暗含着这样一种意思,即对于推动我们向前的意义的那种模糊的陈述可以被逐字连接起来,并且因此成为可传达的东西。在我看来,一切理解的集体性无不建基于其内在的语言特性之上,同时,这种集体性又构成了解释学经验中的最本质的内容。当使用一种共同的语言时,我们也就是在不断地塑造着共同的视界,并且因此也是积极地投身于我们的世界经验的集体性之中。"② 塑造一种共同的视界,这就是"语词—逻各斯"的伟力,同时是一种"对话逻辑"。

2. 客观化功能

在个体智力发生史中,通过给予事物以"名称"进而去描述和指称它们的功能,是一个崭新的和独立的功能,它意味着在"客观化"过程中迈出了新的一步。因为名称的同一性、语言符号的同一性维系着思维的统一性和确定性,有赖于此,才谈得上对经验对象进行认知和把握。语言使我们第一次跨入客观化的大门。我们正是借助语言,才第一次学会去区别我们的各种经验,去赋予它们以普通的名称和概念。而只有借助这种区别和组织的活动,对"客观的"世界,即经验事物的世界的认识和把握才是可能达到的。

罗素在《人类的知识——其范围与限度》一书中曾从语言的社会性方面去说明语言的客观化功能。他认为,科学知识的目的在于去掉一切个人的因素,说出人类集体智慧的发现;语言是我们借以表达科学知识的唯一工具,因为语言在其起源及其主要功用方面,基本上是社会性的;在我们用语言表达思想或是把思想翻译成语言的过程中,每个人经验中最具个人特点的东西几乎都失掉了。的确,在科学知识中,用以做出陈述的命题语言本身按其本性乃是一种公共的语言,它是作为科学共同体内无歧义交流的条件逐渐发展起来的。该语言所指称的或所表示的事物世界被认为是共同的世界而不是我个人的构造物。我之所以必须把它当作共同的、客观的东西,是因为我的语言和行动的社会化在我身上所加强的完全正是这些东西。

---

① Hans-Geog Gadamer, *Truth and Method*, New York: Continuum International Publishing Group, 2004, p.335.

② [德]伽达默尔:《科学时代的理性》,薛华等译,国际文化出版公司1988年版,第97—98页。

在科学本身的基础上，铭刻着其带有共同经验、带有共同的理解方式以及带有共同的交谈和思想方式的历史连续性的印记，因为科学并不是一跃而成熟的。它是通过整合、修正、重新表述而与自然语言和各种尚未成熟的概念并肩成长起来的。科学已经创造了十分严谨的形式语言，即使这样，科学还是不得不讲述我们共同的自然语言，并把在我们的自然语言和理解中所表示的世界跟出现在科学对话的形式语言和理解中的世界联系起来。正因为如此，玻尔说："科学意味着观测现象，并把观测结果告诉那些负责检验观测结果的人。只有当我们对那些客观地发生过或有规律地发生的事情取得一致看法的时候，我们才能有相互理解的基础。这种观测和交流的全部过程，要用古典物理学的概念来进行。……我们必须肯定，实验是在古典物理学所规定的准确条件下进行的。我们用来表述测量的语言，同我们表达日常生活经验的语言，基本上应该具有相同的结构，这是科学的基本前提之一。我们已知道这种语言是一种不确切的交流和表达工具，但是它毕竟是一切科学的前提。"[①] 经典物理学概念是日常生活概念的提炼，并且是构成全部自然科学的基础的语言中的一个主要部分。如果我们要把自己的认知结果告诉别人，在一种主体间性关系中客观化，我们就必须使用这种语言。这种限制不单是一种知识论的限制，更主要是一种人类学的限制。

3. 代码功能

语言作为人与自然对话的联结方式，乃是译解自然信息的特殊代码。语言是一枚硬币的两面，一面向外望着世界，一面向内望着存在于语言的关联结构中的世界映象。语言的代码功能主要表现为，词典的结构即分类范畴或同异关系，决定了语词附着自然的方式，对自然进行切割和组合的方式，以及已知客体和情境在分类范畴中分布的方式，从而构成了不同的可能世界。

二十世纪八十年代以来，作为库恩科学观的中心概念的"范式"一词突然从他的著述中基本消失了，代之而起的则是"词典"或"词汇表"。按照库恩的新观点，科学革命表现为语言本身包含的先于描述自然知识的变化。这首先是大部分语词意义的变化，这个变化的背后是语词联结自然的方式即分类范畴的变化，从而改变了语词切割自然界的方式并重新组成不同的自然。进一步的深究则导致语词最初由以发生的隐喻并列关系或类比

---

① 转引自《自然科学哲学问题丛刊》1983年第3期，第86页。

模式问题，人们在获得这种语言的同时也获得了一种先于经验的自然知识，从而决定了科学的革命变化。这就是科学革命更深刻的语言根源。

库恩概括了科学革命的一般特征：第一，科学革命多少是整体性的，也就是说自然界一些方面的整体画面必须同时加以改变。反映到词典上，这种变化不仅关系到调整划分范畴的准则，也关系到调整已知客体和情境在先在范畴中分布的方式。既然重新分布不仅涉及一个范畴，既然这些范畴也要相互界定，这种变换也必须是整体性的。更进一步，整体论来源于语言的本性，因为划分范畴的准则事实上也就是使这些范畴名称附着于世界的准则。第二，足以表征革命的，是词典结构即分类范畴的变化，这种范畴是科学描述和概括的前提。也就是说，语言中革命变化的特异之处在于，不仅改变术语用以附着自然的规则，而且也大规模地改变这些术语所附着的客体或情境的集合。第三，随着科学革命而不时改变的类隐喻的并列关系，对于获得科学语言和其他语言的过程来说是很基本的。隐喻往往以模型和类比把世界加以分割，用语词建立起某种类似性模式，从而构成了同语言结构相对应的世界结构。

库恩的新观点告诉我们，要获得新知识总是要付出改变描述语言的代价。在人们用词汇所获得的信念中，有许多是人们可以找到充分理由加以改变的。于是科学发展最终不仅依赖于人们关于世界轮换地说了些什么，还依赖于人们轮换地用什么词去说。这种必要的词汇变革正是科学革命的实质，也是语言代码能多角度地译解自然信息的根源。

最后需要指出的是，语言作为一种认识模式起作用时本身不被反思，"自我意识"对于运作中的语言不能预先加以规范，只能"事后聪明"地加以局部调整，因为语言在使用中有一种对自身的"自我遗忘性"。人在使用语言时，并不需要意识到组成语言的语法、结构、规则等，越是生动活泼地运用语言，就越难自觉意识到语法等规则的存在。生活在一种语言中的人，并不需要首先弄清该语言的规则、语法等，才开始应用它，他不知不觉地进入了语言和语言规定的视界。维特根斯坦曾说："设想一个人遵守规则这并不是遵守规则。因此，'私人地'遵守规则是不可能的，否则，设想一个人遵守规则就和遵守规则是一回事了。"[1] 这就是说，遵守

---

[1] [美]丁·丹西：《当代认识论导论》，周文彰等译，中国人民大学出版社1990年版，第87页。

规则是一种实践、一种习惯或一种行为方式,并且它必然是公共的。语言作为一种认识模式对个人来说亦如此,不是人们有意地选择一种认识模式,而是人们一旦加入某种语言共同体,同时就自然而然地接受了相应的认识模式。

第三节 交往实践与主体间性

一 主体间性的规定及其问题域

"主体间性"是二十世纪哲学中出现的一个基本范畴,它的主要内容是研究一个主体怎样与正是作为主体的另一个主体相作用的。莱西的《哲学辞典》把它定义为:"一个事物是主体间的,如果对于它有达于一致的途径,纵使这途径不可能独立于人类意识……主体间性通常是与主观性而不是与客观性相对比,它可以包括在客观性范围中。"展开来说,主体间性范畴包括以下三个哲学问题:

第一,从笛卡尔以来,哲学家们一直绞尽脑汁去解答,主体是怎样认识客体的问题,他们对人与人之间的交往方式与沟通方式一直视而不见,但是,二十世纪特别是第二次世界大战以后,科学技术革命以及随之而来的信息传播和交流手段的发展,力图理解和解决威胁整个世界和人类的种种危机的根源的努力等诸多因素都使对话和交往成为当今世界的中心话题。在这种背景下,哲学家们开始提出一个更本质和更难以解答的问题,即一个主体怎样与正是作为主体的另一个主体相接触、相作用的。因此,主体之间的关系问题就以一种十分特殊的方式成了当代哲学的一部分。美国人穆尼埃说:"古典哲学常常令人奇怪地对这个问题置之不理。""如果你数一下古典哲学研究的主要问题,你会看到这些问题:认识、外在世界、自我、灵魂与肉体、心灵、上帝和来世。在古典哲学中,与他人的关系所产生的问题从未获得与其他问题同等的主要地位。"[①] 这个观点是富有启发意义的,它从一个侧面提出了为什么直到二十世纪,哲学家们才开始提出一个主体通过何种途径与另一个主体相接触这个更本质也更难于解答的问题。

第二,在康德、费希特和胡塞尔的哲学中,除了个体主体之外,他们

---

① [法] E. 穆尼埃:《存在主义哲学家》,洛特莱爵出版社1949年版,第72页。

还提出了另一个主体即先验的主体。先验主体表现了各种经验个体之间的内在共同性。"先验主体"范畴实际上是力图从哲学层面上概括出知识和活动在形式、内容和规则方面的超个体的、稳定的特点，这些特点是相互作用着的一定的主体所必须遵循的，它们使主体之间达成高度的一致。现代哲学已经用"主体间性"范畴来代替"先验主体"范畴，因为"主体间性"范畴能更深刻地揭示和更准确地表达原来"先验主体"范畴所力图把握的东西。"主体间性"表征主体之间在认知活动中的某种一致性以及为各种认识主体所固有的、作为类的标志的东西，正如马克思指出："我的普遍意识不过是以现实共同体，社会存在物为生动形式的那个东西的理论形式。"①

在现代哲学中，主体间性问题根本上是以主体之间如何达到一致的问题而逐步引向更加广泛的研究领域的。首先是卡尔纳普、纽拉特等在"寻求统一科学的基础"题目下详细讨论了它。按照卡尔纳普，科学语言不仅应当是主体间可理解的，而且应当对于一切从事科学的人都有相同的意义和效果，它所描述的事件可通过主体间有步骤地观察来验证。但是，"统一科学"的要求本身是不切实际的，主体之间的一致性问题在更广阔的背景下被讨论，这就是用言语行为、语言实践等来代替一义的科学语言分析（维特根斯坦），并进而把知识看作是由社会实践来表明其合理性和权威性的（奎因、塞拉斯），或是用"范式""科学共同体"等包含了历史文化背景、社会心理、价值评价等因素在内的概念来说明科学家在问题选择和理论舍取中的相对一致性（库恩）。尤其是解释学，它力图阐明"适于表达作为一种交往过程的理解"之最本质的内容，"解释学研究便揭示了这样一种实在，这种实在服从于在维持和扩展主体间的相互理解和可能行动中的构成性旨趣，在这一结构中意义理解的方向是按照来自传统的自我理解的框架去实现行动者之间的可能的一致"②。

第三，康德在《纯粹批判理性》中认为，如果某个事物对任何一个有理性的人都是合理的，那么它的根据就是客观的和充分的。在这里，主体之间的一致性同时就表现为知识的客观性，科学陈述的客观性就在于它们是能够被主体间检验的。事实上，主体间性作为一种调节原则和规范久

---

① 《马克思恩格斯全集》第42卷，人民出版社1979年版，第122页。
② ［德］哈贝马斯：《知识和人的旨趣》，伦敦1972年版，第308页。

已存在于科学认识活动中：一个陈述只有原则上可以为科学家们相互理解和检验，它才是科学上有意义的；陈述所指向的事实只有对任何合格的观察者来说都能在标准条件下重复出现，才是真实可靠的。

主体间的可交流性和可相互检验性因而被称为"实现科学客观性的认识论条件"。正因为如此，主体间性问题包括知识的客观性问题。波普尔认为，客观性是由主体间的社会传播和批判机制来保证的；普特南主张，把客观性定义为一种依赖于我们的生物和文明的"理性的可接受性""相对于人类而言的合理性"；罗蒂提出"客观性是一种协同性"。所有这些思想都试图用一种主体间性对知识的客观性作出更深刻的理解和把握。

二　主体间性根源于交往实践

马克思主义哲学认为，人们在交往和合作的一定形式的范围内所进行的实践活动乃是人类全部历史的真正基础；认识关系的基础不是人同自然之间的天然的相互关系，而是社会关系和社会联系的整个体系；主体对客体的认识总是在社会机制（社会关系系统、交往形式系统、主客相互作用的中介系统——工具系统和语言符号系统）作用的范围内展开的。因此，主体在实践活动中的实际相互作用的主体间性，相对于认识过程、结果和形式中的主体间性来说，在本源上是第一性的。简而言之，认识论层面上的主体间性根源于哲学人类学层面的交往实践。

从哲学人类学意义上看，交往和实践作为人本身的存在方式，都与文化内在关联，并因此而统一为交往实践。首先，交往本身具有文化的意义，因为交往形成了人类积累、交换、传递、继承和发展自己本质力量的特殊机制，即根本不同于动物自然生理遗传和进化的，为人类所特有的社会遗传机制。我们把这种机制称为文化。其次，任何实践都是某种文化的实践，或者说是在一定文化意义指导下的实践。文化不仅贯穿着人们社会实践活动的始终，而且指导和规定着人们社会实践的价值和意义，人的实践活动一刻也离不开文化。离开文化的实践就不是人的社会实践，而是动物的活动，只有赋予人的实践活动以文化意义，它才是人的社会实践活动。交往和实践之所以都具有文化意义，就是因为交往、实践与文化三者属于同一序列的表征人的类本质的范畴。

从马克思早年思想形成过程来看，有两个基本思想是极为重要的，其一是在《1844 年经济学哲学手稿》中，马克思将劳动、实践视为"自由自觉的活动"，这是人的"类本质"，也是创造世界历史的基础："全部所谓世界史不外是人通过人的劳动的诞生"过程。其二是在《关于费尔巴哈的提纲》中，马克思指出："人的本质不是单个人所固有的抽象物，在其现实性上是一切社会关系的总和。"① 马克思的这两个基本思想是内在统一的，实践本质上就是交往的，实践本身"是以个人之间的交往为前提的"②；反之，社会关系和社会生活在"本质上是实践的"③。"实践"与"社会"互为表里，相互规定：全部社会生活本质上是实践的；实践又是社会历史的实践，是结成一定社会关系的人们的共同活动。没有实践的社会关系和没有社会关系的"抽象"实践都是不存在的，而将实践活动与社会交往关系在模式上统一起来，只能合理地界定为交往实践。

从交往实践决定人的存在形式来看，主体是一个复合系统，它包括人的社会和社会的人，以及它们之间的诸多相互作用关系。首先，主体的存在形式既有个人也有一定的社会群体，如民族、阶级、国家以及各种政治、军事、经济、文化、科学、生产的组织或共同体，它们由横向交往和世代延续而集合成人类主体。其次，个体主体本身是社会的，他的能力包括五官感觉都是"以往全部社会历史的产物"。其思维的材料和语言也是作为社会的产品给予的；认识活动"部分地以个人的直接合作为前提，部分地以对他人的现实的和历史的成果利用为前提"④。再次，社会关系即面对客体的人与人之间的相互关系，这种关系既是为我的又是为他的，每一个人既为自身又为他人存在和生产。最后，社会关系是人类特有的本质联系，它根源于劳动并通过人们彼此间的交往获得现实的存在形式。总而言之，主体间性根源于交往实践，"人的社会"和"社会的人"便是一种最深刻意义上的主体间本位。

正因为如此，"主体—主体"关系对于主体建构有决定性影响。任何个人之成为文化、社会意义上的主体，是他通过交往（从幼儿一直到成年）介入一定的文化交往结构或社会交往系统的产物。主体的基本特性和资质能力，是与他介入的交往状况、交往活动水平相一致的。人在什么

---

① 《马克思恩格斯选集》第1卷，人民出版社1995年版，第4页。
② 同上书，第25页。
③ 同上书，第56页。
④ 《马克思恩格斯全集》第25卷，人民出版社1974年版，第120页。

层次上、什么意义上介入交往关系，就会成为什么本性、什么形态的主体。皮亚杰的发生认识论揭明，儿童认知水平的演进同社会化过程的各阶段相适应。前运算水平和运算水平间的根本差别在于，前运算水平占优势地位的同化作用是儿童把外界事物同化于自己原有的活动之中，而运算水平占优势地位的同化作用是，把外界事物同化于儿童自己活动的一般协调之中。活动间的一般协调标志着运算的基本核心。它建立起了具有互助协作性质的新的人与人之间的关系。因此，运算和大多数的动作不同，运算始终包含着相互交流的可能性，也包含着个人自身的协调以及人与人之间的协调的可能性，而这种人与人间的相互协调构成了运算结构的客观性、内在统一性和普遍性的一个不可或缺的条件。因此，考察主体，就必须考察他的交往本性，分析他所介入、创造的交往关系及其如何内化整合的机制。

三 主体间性的存在方式——集体主体

作为主体间性的东西，乃是一种公共的东西，它存在于主体之间的关系中，而不以相互作用着的主体的意志为转移。个体层次上的主体间性的东西，包括不以个人心理特点为转移的认识活动的特征。这些特征在相互作用的个人的意识中同样地再现出来，并在新的交往活动中保存下来。个体层次上的认识主体，好像是一定社会集团的典型代表。而主体间性的东西所表示的，恰恰是集体主体的个体之间相互联系的活动的形式和内容中最一般的东西。这一点在思维方式中表现得最为突出。

我们所说的思维方式，不能仅仅理解为个体主体的思维活动样式，而是作为类存在物的集体主体反映客观事物的具有社会普遍性的形式，它超出了单个人的思维活动的特殊样式，成为一种时代性的、客观化的思维样式，并反过来制约着单个人的思维活动。这种制约作用就是主体间性的，表现为：（1）作为个体主体思维的既得的历史前提，为主体提供社会地积累起来的思想资料、思维范例和思维工具；（2）作为个体主体表达思想的载体和交流思想的纽带，使主体思维取得可理解的社会现实性，任何个人要使他的思想被别人理解，被社会所承认，就必须使用社会创造的语言符号；（3）作为个体主体思维活动的标准、准则、范式、规范，内化为主体思维模式、思维定势和思维习惯；（4）通过潜移默化的作用融入个体主体的无意识中，制约其情感、态度和价值取向。

由于认识发展的社会历史过程的多样性和统一性，整个社会也应被看作是集体主体，它既包括许多集体主体，又包括许多个体主体。正因为在各种集体主体之间存在着一定的交往关系，所以才能保证认识过程的统一性。倘若各种集体主体之间的交往关系中断了，就会导致人类所实现的统一认识过程的瓦解，在这种情况下，整个社会就不再是认识活动的主体了。每个个体主体都同时参加各种各样的集体主体，正因为如此，各种各样的认识活动系统及其标准和规范，能在个体主体中联成一体，形成一定的整体性。整体性的存在是"自我"统一的必要条件。不同集体主体之间的交往关系中断，或者属于不同集体主体的认识活动系统在该个体主体范围内不能整体化，都会造成个体主体认识上的障碍。列宁指出："如果考察逻辑中主体对客体的关系，那就应当注意具体的主体（＝人的生命）在客观环境中存在的一般前提。"[①] 这就是强调，认识论研究要把认识看成是具体历史主体的生命活动形式，并以集体主体和个体主体的对象性实践活动和交往活动的研究为基础。

集体主体与先验主体在三个主要方面是完全对立的：第一，先验主体是特殊的个体，是超个体的"自我"；而集体主体本身不存在于彼此按集体活动特殊规律而相互作用的具体人们和现实个体主体之外，集体主体不是单独的个体，不具有本来的"自我"，同时不完成与它所包含的个体主体实现的认识活动不同的认识活动。第二，先验主体是超验的，它存在于时间和空间之外；而集体主体作为具体社会历史共同体，完全是经验的，并具有一定的时空界限。第三，先验主体只能"从内心"，从个体意识方面加以了解，它实际上是个体意义的更深层次；而集体主体不是通过个体意识的内部结构来揭示自身和自己活动的规律，而是通过外部的对象性实践活动和交往活动以及集体认识活动来揭示自身和自己活动的规律。总而言之，先验主体是超越个体主体，在它们之外或之上的某种思想形式，而集体主体则是存在于个体主体范围内，并通过个体主体之间客观上存在着的主体间性的东西来表明其社会现实性。

集体主体始终离不开参与——共同参与和相互参与，其成员们的思想、情感、意志由此而相互渗透、交融或互补，形成超出任何个体的通性、共同体和普遍关系，包括意义标准、认知、评价、审美的规范、准则

---

① 《列宁全集》第55卷，人民出版社1990年版，第172页。

和范例。这种共性和普遍性首先形成于主体的共同活动且运行于主体间，是一种社会实践结构中的合理性，因而它是社会的而非自然的；同时它又超越于任何个体之上且独立于任何个体的意识、意志因而是客观的；其次，它作为社会实践活动的产物又以前提条件、社会存在的形式反馈于活动本身，因而具有某种先在性；但它又是在进一步的活动中不断充实、调整、修正、进化的，其先验效力也需要论证；最后，它以竞争、合作、选择、整合等作用形式调节着主体之间的活动和关系，并制约着我们对自然的提问方式和答案的可接受标准。

四　主体间性的获得方式——教化

主体间性乃是"知识的人类学性质"，涉及的是使认识具有一致性、完整性、客观性和普遍性的统一参数——社会的、文明意义上的、人类学的特质。这些特质的获得方式，可以是在适应某一社会生活方式中被潜移默化，也可以在学习某种语言中受到熏陶和浸染，但更重要的是通过强制性规范性的教育和训练，这就是"教化"。

黑格尔对"教化"作这样的理解："在文化的开端，即当人们刚开始摆脱实质生活的直接性的时候，永远必须这样入手：获得关于普遍原理和观点的知识……"[①] 伽达默尔进一步发挥了黑格尔的这一思想，明确提出，"教化"是一种深刻的精神转变，这个转变的具体内涵就是由个别性上升到普遍性。在《真理与方法》一书中，他提出"共通感""判断力"和"趣味"三个范畴，从不同侧度描述了教化所要完成的这种精神转变。

首先，教化实际上就是某种普遍的和共有的感觉，教化的过程就是对共通感的培养。而所谓共通感既是指那种存在于一切人之中的普遍能力，又是指导致共同性的感觉、体验。我们通常说的"人同此心，心同此理"，就是一种共通感。哲学史上，维柯在《新科学》一书首次引入"共通感"一词，它强调的不是理性的抽象普遍性，而是具体的普遍性，这个普遍性就描述了一个集团、一个民族、一个国家或整个人类的共同性。共通感是一种在所有人中发生的对合理事物和公共乐趣的感觉，是一种通过生活的共同性获得的感觉。人的适度的、合规则的日常思维就是以一种普遍感觉为准则的，这是一种社会的品性。因此，共通感的培养对个体之

---

① ［德］黑格尔：《精神现象学》第1卷，贺麟等译，商务印书馆1979年版，第3页。

间的主体间性来说就具有了决定性意义。

其次，在感觉中达到共同性，根本地是由判断力所决定的。这样，教化就是判断力的培养。一个没有教化的人与文化人的区别就在于，他不具有某种判断力，也就是说，他不能正确地去概括，而且，因此就不能正确地运用他所学过并知道的东西。判断力的活动就是把一个特殊事物纳入到一个普遍事物中，把一些东西认知为某个定理的表现。在康德看来，在真正涉及把单个事物视为普遍事物表现的认知能力之处，我们便在"健全的知性"这个词的最真实意义上触及到了一些"普遍的"东西。对判断力的培养需要实践经验的积累，需要精神文化的熏染，因为对判断力的运用不能在普遍性上被教会，而只能到具体情形中去练习。判断力就是一种绝对地不可学会的东西，因为没有一种概念证明能指导对规则的运用。

最后，趣味也是一种认识方式，它是以反思判断力的方式在对其应进行概括的单个事物中领会到了普遍的东西。这样，教化就是趣味的培养。在资产阶级革命时代，趣味不仅仅是一个新社会所提出的理想，而且首次以"良好趣味"这个理想构成了人们此后称之为"良好社会"的东西。在"良好社会"中，人们不再是通过出身和等级，而是根本地由大家的共同判断去界定一个人，完全超越功利的狭隘性和偏爱的私人性而上升到对判断的要求。因而"趣味"概念乃是指一种认识方式，人们能对自己本身和个人偏爱保持距离这一点，便是良好趣味的特征。因此，就其本质而言，趣味丝毫不是个人的东西，而是一种社会性现象。最紧密地与趣味相连的现象就是时尚；而时尚根本上是一种经验的普遍性，其他事物的顾及、比较是从这个普遍视点出发。在这一点上，时尚就造成了一种社会上的依赖性，而很少有人能摆脱这种依赖性。因此，趣味使自身依赖于一种经验的普遍性，依赖于他人判断的普遍一致性。趣味并不要求每个人要与我们的判断相一致，而是应与我们的判断相协调。

伽达默尔用"共通感""判断力"和"趣味"三个范畴说明，教化的确是主体间性的获得方式。特别需要指出的是，教化与文化内在关联，首先表明了造就人类基本素质和能力的特有方式；只有在一种和谐的人文环境和精神氛围中才能培养出人们真正的"共通感""判断力"和"趣味"。用马克思的话来说，它们是一些"社会性的器官""实践性的器官"，表明了"人是用全面的方式，因而是作为一个整体的人，来掌管他的全面本质"。[①] "生产出人的全面性"是文化的本质，也是教化的根本目的。从这个意义上说，人首先是作为"普通人""常人""成人"而成为认识主体的，人后来作为"专家""学者""科学家"的主体性地位乃是建立在他与文化的血肉联系之上。德国是一个科学的国度，世界上最优秀的理论物理学家差不多都出自德国。然而，在文化传统上，德国知识分子集团中最有影响的成员是不搞科学的哲学家，次于他们的是人文学者。德国知识分子接受了精神文化的研究优于自然科学的哲学观点，也接受了高等教育的非功利主义和非实证主义的观点。根据这些观点，每一种教育，包括那些实践性专业的教育，都必须包括某些（最好是人文学科的）文化背景的基本训练。神学家应该研究希伯来语和希腊哲学；法学家应该研究历史的哲学的法理学；科学家应该研究自然哲学。正是这种与文化的血肉联系，培养了德国民族发达的理论思维素质，从而为科学探索提供了充分的智力资源。可以说，受整体文化熏陶，通过教化培养起来的共通感、判断力和趣味，乃是主体的基本特性和资质能力，它们较之数理认知结构、抽象的概念图式和思维模式更根本、更重要，直接表现"知识的人类学性质"，从而构成人类智力发展的基础。

[①] 转引自程伟礼《灰箱：意识的结构与功能》，人民出版社1987年版，第74页。

第四章 回到生活世界中去

第一节 人的"生活世界"

一 "生活世界"提出的哲学意蕴

"生活世界"这一概念乃是二十世纪西方哲学的一个基本范畴,它的提出本身就表征着某种哲学主题上的转换。

首先,"生活世界"表征着认识论的对象从自然实在转向人生世界。狄尔泰认为,追究认知主体的能力究竟是什么,绝不能从纯粹思辨意识出发。因为人们总是通过情感、需求、感受和思虑去认识世界的。真实的认识主体是感性个体的整个存在。认识主体绝不仅只是认知对象,他还不可避免地要评价、说明对象。狄尔泰甚至像康德那样,也设定了一套认识范畴,但却是与康德那些认识物理世界的范畴截然不同的生活范畴。这就是:(a)部分与整体范踌;(b)意义与目的范畴;(c)力量范畴(表达人与环境交互影响的意识);(d)内外范畴(与人们用躯体活动表达精神状态的能力相应,即内外一致性);(e)价值范畴(以表示人对环境作出的赞同或不赞同的反应)。狄尔泰指出,他的生活范畴就是要使人们去把握住生活的意义。

这种认识论上的转换,经由海德格尔,在伽达默尔的哲学解释学那里巩固下来。伽达默尔指出,哲学解释学以揭开一切范围的解释学之维度为己任,揭示人类对世界的整个领会的基本意义,从而揭示人的领会展开自身的所有不同形式:从人与人之间的交往到社会操作,从社会中个体的亲身体验到个体与社会遭遇的方式,从宗教、艺术、法律、哲学等这样一些传统的思想构造到通过解放的反思去摆脱传统的革命意识。领会与解释并不仅仅是科学的要求,它们显然完全属于人的整个世界经验。"我们作为人所生活于其中的世界,是历史传统和自然的生活秩序构成的统一体,这就是说,一如我们经验着历史的传统和我们的生存以及我们的世界,我们与这一世界的统一体相互构成了一个真正的解释学的天地,在这一世界中,我们并非被封闭在一个不可跨越的疆界里了,相反,我们与世界相互敞开着。"在这里,生活的世界充分展开出来,认识的首要问题就是人如何领会自身,也即如何领会自己所置身于其中的生活世界的问题。

其次,"生活世界"表征着认识论的对象从科学的世界转向前科学的世界。伽达默尔指出,"'生活世界'这个词使人想起存在于所有科学认识之前的前提"。[①] 生活世界与科学密切相关。科学是在前科学的生活世界中发展起来的,科学作为一种理论活动本身是一种生活世界的表现;生活世界是科学及其世界观的根基,因为科学的动机是在生活世界的基础上产生的,科学的理论归根到底起源于最初在生活世界中所获得的质朴的和直接的观察。所以,认识论在讨论科学问题之前,首先必须探讨作为科学之基础的生活世界问题,追问自然科学如何可能的问题。而这种追问实际上就是回归生活世界本身。

胡塞尔正确地指出:"当谈论'客观性'的时候不考虑经验这种客观性、认识这种客观性、实际地具体地造就这种客观性的主观性,这是一种素朴的观点;研究自然或研究整个世界的科学家看不到他们所获得的一切作为客观真理的真理和作为他们的公式之底基的客观世界本身(日常的经验的世界和高层次的知识的概念世界)是在他们本身中发展起来的他们自己的生活构造,这也是一种素朴的观点。一旦我们注视到了这种生活,这种素朴的观点自然就不再可能站住脚了。"[②] 为此,他有意识地避开自然科学的说话方式,处处想把"原初的直观"提到首位,也即想把本身包括一切实际生活的和作为源泉滋润科学思想的形成的、前于科学的和外在于科学的"生活世界"提到首位。胡塞尔在分析和描述"生活世界"时企图达到三个目标:首先说明理论的和科学的世界是如何从"生活世界"产生出来;其次力求发现"生活世界"的世俗现象;最后通过对时间、空间、人体以及经验的表象的分析,说明关于"生活世界"的

---

① [德] 伽达默尔:《赞美理论——伽达默尔选集》,夏镇平译,上海三联书店1988年版,第68页。

② [德] 胡塞尔:《欧洲科学危机和超验现象学》,张庆熊译,上海译文出版社1988年版,第116页。

经验是如何可能的。

最后,"生活世界"表征着认识论的对象从逻辑的世界转向前逻辑的世界。现代哲学由"认识论转向"过渡到"语言学转向"的一个主要原因就是,语言具有生活世界性,语言自身就是生活世界的解释;对生活世界的重新确认必然使语言问题获得中心地位。"对于沉淀在我们语言中的我们的生活世界的理解,不能通过那种适宜于科学的知识可能性完全实现。"① 这样,认识论的对象就一定要从逻辑的世界转向前逻辑的世界。

我们知道,维特根斯坦后期通过回归生活形式,把语言从逻辑的奥林匹斯山拉回到日常生活的老家。语言已不像他前期所看到的那样,是一种镶嵌着逻辑花纹的图案,而是一种充蕴着生活情趣的机体。生活形式拆掉了逻辑的花纹,赋予语言以斑驳的色彩。于是,有多少种词语的用法就有多少种词语的意义。词语的意义和语言的游戏构成了一系列的家族。这种丰富多彩的日常语言已不再需要用某种简单划一的逻辑观点来判定,它的仲裁者是生活形式本身:"想象一种语言意味着想象一种生活形式";"语言游戏"这个术语在这里意在突出下列事实:"说语言是一种活动的组成部分,或者是一种生活形式的组成部分"。②

关于"生活形式",维特根斯坦写道:"必须接受的东西,给定的东西就是——人们可以这样说——生活形式。"③ 这里。关键在于如何理解"必须接受的东西,给定的东西"。我们认为,这类东西就是人在"人类自然史"中所进行的各种活动,就是人在社会生活里所做的一切事情。现实的人所面对的、能有所作为的就是这些"必须接受的东西,给定的东西"。这里的"各种活动"既有物质活动又有精神活动,它们是包括社交活动、伦理活动、审美活动、宗教活动等等在内的一切实践活动,而这里的"一切事情"大致包括:遵守规则、下达命令、服从命令、玩游戏、许诺、指责、宽恕、遗憾、期望、理解、意向、感情、意指幽默感、满足感等等。因此,"生活形式"所展示的乃是一个前逻辑、原给定的世俗世界,"……就是重返认识始终在谈论的在认识之前的这个世界,关于世界

---

① [德] 伽达默尔:《科学时代的理性》,薛华等译,国际文化出版公司1988年版,第10页。

② [英] 维特根斯坦:《哲学研究》,陈嘉映译,上海世纪出版集团、上海人民出版社2001年版,第19、23页。

③ 同上书,第226页。

的一切科学规定都是抽象的、符号的、相互依存的……"①

为什么现代哲学强调生活世界的重要性,特别把"回到生活世界中去"作为研究主题呢?这是因为,人们虽然每时每刻都生活在生活世界中,但由于科学的巨大影响而发生了对生活世界的忘却,他们在反思行为中很难自觉地回溯到生活世界。要把人们的认识视野拉回到生活世界来,有必要弄清人对生活世界忘却的文化根源。

二 人对生活世界忘却的文化根源

现代人都生活在科学世界中,他们的行为方式和思维方式都受到科学的"逻各斯"所支配。这种情况在科学技术作为第一生产力的现代化过程中是不可避免的。然而,它也导致一种文化上的负效应,即人对生活世界的忘却。"他们没有把反思进行到底,不追问从前科学的生活和它周围世界中产生出来的新的自然科学,及其与之不可分割的几何学,是为何种根本目的服务的。——这种根本目的必定存在于这种前科学的生活中,并且必定跟它的生活世界相关联。"② 人对生活世界的忘却本身是一种文化无意识行为。人在科学世界中的惯常思维方式使人们以为甚至无须了解一下是否有必要回溯到科学赖以生长、发育的文化之根上去。海德格尔认为,文化建构过程中有一种遮蔽机制,"遮蔽本身总又具有两种可能。有偶然的遮蔽,也有必然的遮蔽;后者奠基于被揭示者的存在方式"③。人对生活世界的忘却是一种"必然的遮蔽",因为科学文化的必然命运就是,它在不断发育和建构过程中所创造的任何东西都使我们越来越远离原来的生活世界,科学越有力越丰富地从事它的创造活动,这个活动本身似乎就使它离自身存在的本源越远。所以对我们来说,重要的是,从科学的本性方面弄清人对生活世界忘却的文化根源。

首先,科学认识就是排除自我,而获得关于客体本身的知识。用培根的话来说,科学力图"按照宇宙的尺度"而不是"按照人的尺度"来看待世界,科学的客观内容中排除了一切个人的和具有人的特点的"人类

---

① [法]梅洛-庞蒂:《知觉现象学》,姜志辉译,商务印书馆2001年版,第3页。
② [德]胡塞尔:《欧洲科学危机和超验现象学》,张庆熊译,上海译文出版社1988年版,第69页。
③ [德]海德格尔:《存在与时间》,陈嘉映、王庆节译,生活·读书·新知三联书店1987年版,第45页。

学"成分。科学知识的抽象化实际上就是科学的非拟人化,即逐渐消除把科学知识归结为人类经验的特性。物理学发展过程就是一个逐渐非拟人化过程。物理学起源于主体的感性经验,最初从经验中建立起的光学、声学、热学等,都是经验学科。随后,物理学进一步发展,逐渐脱离了感性经验,即从光学和电学中抽象出电磁理论,从力学和热学中抽象出统计热力学等。

科学非拟人化的演进过程主要从两方面进行,最终都导致科学世界远离人的生活世界。第一,人造感觉器官代替人体感觉器官。物理学虽然从感觉经验开始,但人造感觉器官的发明创造,使人类认识很快超过经验范围。过去人们只能凭肉眼观察到可见光,现在通过科学仪器测量到全部波长的电磁辐射。同理,用显微镜和科学仪器可以间接地观察到细胞、分子、原子和基本粒子,它们是人体器官的扩展所观察到的东西,因此,它们有非拟人化的特征。精细的观察技术,揭露了自然界隐蔽在我们感性直观背后的一些新的方面,而自然科学使用的那些概念也相应地变得更加抽象,更加难以直观想象,结果就使自然科学越来越脱离直接的感性世界。第二,知识范畴直观性被完全消除。首先是色、声、味等二级质从物理世界图景中消失了,在经典物理学世界图景中,只留下质量、广延性、不可入性等初级质,它们被描绘成视觉、触觉、听觉经验的共同基础。然后,有关初级质的知识范畴的直观性被消除了,比如经典物理学时空范畴和直接经验的时空是不一致的,它们已经是物理学的构想物。

最后,在物理学中,人类特有的经验完全被消除了,只留下数学关系的系统。二十世纪初,相对论和量子力学之所以遭到许多人反对,就是因为它们愈来愈变得"不直观"了,以致理论本身不能用形象化模型来描绘。结果,那种素朴实在论的知觉世界——它曾经哺育了科学——便被自己的产物淘汰了。罗素说过:"素朴实在论导致物理学的出现,而物理学(如果它是正确的)则显示了素朴实在论的虚假。因而,如果物理学是正确的,素朴实在论便是虚假的。所以素朴实在论是虚假不实的。"[1]

其次,自然科学是用特殊的数学语言来"阅读"自然之书的。从伽利略开始,直接经验的位置被经验的理想化形式所取代,在这种形式中可

---

[1] [美]拉兹洛:《系统、结构和经验》,李创同译,上海译文出版社1997年版,第83—84页。

使数学结构在现象中显现出来。具体的经验现象仅就它们接近理想状态而言，即就我们能够把经验现象所接近的一种精确的数学实体放在经验现象"之下"（例如一个理想的三角形）而言，对于自然科学才是有意义的。因此，自然科学的真正焦点是理想的数学化了的世界，而不是具体的经验的现实。科学世界的建构在于，把经验现象"理想化""数学化"或"符号化"，不考虑它们与生活世界的联系，独立地加以构造，这样就是抽去它们的意义。当人们习惯于从理想化的观点和数学化的观点去考虑和看待世界的时候，人的丰富的感性世界就逐渐被抽象的符号世界取代了，换言之，理念化的自然就开始不知不觉地取代了前科学的直观的自然。对此，胡塞尔一针见血地指出："这件数学和数学的自然科学的理念的衣服，或这件符号的数学理论的符号的衣服，囊括一切对于科学家和受过教育的人来说作为'客观实际的、真正的'自然，代表生活世界、化装生活世界的一切东西。正是这件理念的衣服使得我们把只是一种方法的东西当作真正的存有，而这种方法本来是为了在无限进步的过程中用科学的预言来改进原先在生活世界的实际地被经验到的和可被经验到的领域中唯一可能的粗略的预言的目的而被设计出来的。这层理念的化装使得这种方法、这种公式、这种理论的本来意义成为不可理解的，并且在这种方法的素朴的形成中从来没有被理解过"。[①]

再次，对于详细事实的强烈兴趣，和对于抽象概括同样的热忱，这两者的结合，形成了近代科学诞生的思想文化氛围。自然科学的一个本质特征就是它的实证性，即理论必定包含某种对经验事实的陈述，并具有经验上的可检验性。只见事实的科学造就了只见事实的人。实证主义者用数学、物理学等严密科学所构造起来的世界图式是残缺不全的，它只涉及经验事实，而排斥了价值问题；只强调能够加以精确描述的"客观领域"，忽视了富有情调的人类生活，即使要研究人文现象，实证主义者也力主使用精确的科学方法，而无视人文世界的独特性征。实证主义泛滥的后果是遗忘了人，遗忘了人的生活方式和生存价值，而这种遗忘实际上是人对生活世界的遗忘。

最后，自然科学的实证化使科学与形而上学彻底分离，而形而上学的

---

① ［德］胡塞尔：《欧洲科学危机和超验现象学》，张庆熊译，上海译文出版社1988年版，第62页。

关怀是一种最高的和最终的关怀。如果人失去了形而上学的信仰，也就意味着失去对人生价值的信仰，失去了对自己的信仰，这势必导致人处于一种无家可归的危机状态，感到索然无味，对生活世界熟视无睹。在古希腊，科学与形而上学是有机地结合在一起的，从所观察到的事实到易领悟的原理，整个这根链条叫形而上学，同时也叫科学。笛卡尔的著名的树描述了这种统一：这棵树的根对应于形而上学（易领悟的原理），树干对应于物理学（具有中等普遍性的陈述），枝条和果实对应于我们所谓应用科学。笛卡尔所了解的科学和形而上学的整个体系，就是我们今天所了解的单独的科学体系；他认为，形而上学原理最后的立足点应该在于它们的"果实"，而不仅在于它们的自明性。困境在于，从笛卡尔的科学—形而上学的普遍原理，无法导出那些完全符合于观察的结果，而这些原理却似乎是易领悟的和似真的。这样，这棵树就在当中被砍断了。因为要导出技术结果，就必须从树干上的物理原理，即从树的中段出发。在新的意义上的科学只考虑果实怎样从树干长出来，而不管生长它们的根。牛顿在这方面最为典型。他同意，如果他的引力定律能够从一种易领悟的原理推导出来，这该有助于理解的进步，但是他宁愿限于我们所谓"纯粹科学"的方面，而放弃了对易领悟原理的研究。他从"中等普遍性"的原理出发；他的名言"我不臆造假说"，换句话说就是"我只限于虚构，而不考虑易领悟原理"；他的目标是"科学真理"，而不是"哲学真理"。正是这种科学与形而上学的彻底分离造成了近现代哲学中"拒斥形而上学"的思潮。在该思潮的强烈影响下，人们原本具有的形而上学冲动受到抑制，自觉不自觉地放弃了在时宽时狭的形而上学概念中所考虑的问题，其中包括一切被不清楚地称之为"最高的和最终的问题"。

三 怎样回到生活世界中去

这要求越出科学文化给我们造成的思维定式——"纯粹理性批判"，采取文化批判的立场，弄清生活世界的特殊文化意义和价值。

首先，生活世界是一个前科学的世界。梅洛-庞蒂曾在《知觉现象学》中表达，生活世界与科学世界的差异表现为后者是一种理论逻辑基础，是原则上不可体验的、知觉自身存在的某物的基础；与此相反，生活世界的主观性恰恰在于它实际上是可体验的。生活世界与科学世界的区别归根到底是人之世界与自然世界的区别。生活世界，作为人类创造的各种特质、作品、价值，无疑是有客观性的；但是作为一个充满各种意象、想象、幻想的世界，作为神秘的、象征的世界，作为意义结构的世界，它又是主观的；作为一个价值悖谬的世界，一个意义模糊、混乱的世界，它又是荒诞的。它们构成了一个文化现象世界的整体性，构成了一个扑朔迷离的文化现象体系。它需要人们给予特别的理解、领悟、体验甚至重新解释。人们只有在这种理解、领悟、体验以及解释中，才能感受、体会和认识它的价值和意义。神话、语言、诗性的智慧是前科学、前概念、前逻辑的东西，因而它们特别表现出生活世界与科学世界的区别。回到生活世界中去就是要追溯科学世界赖以建立、维持和发展的诸种文化之源，从神话、语言、诗性的智慧中揭示出科学本有的"人类学性质"。

其次，生活世界是由每个人的生活经验组成的日常生活世界。对人的存在而言，日常生活世界是最为原始、最为基础的领域。从历时态来看，日常生活构成人的原始世界，有组织的政治、经济、社会管理等一般社会活动和科学、艺术、哲学等自觉的类本质活动（精神生产）都是从原始日常生活世界中分化出来的；从共时态来看，日常生活世界构成一般社会活动和精神生产等非日常世界的基础。生活经验与每个人的生存息息相关，但却很少引起理性目光的关注，它是人们习以为常，熟视无睹的自在世界。回到生活世界中去，就是要用批判的眼光审视日常生活世界，把生活经验作为一种理性的根基显化出来，揭示出科学与生活经验之间的连续和间断性关系。

最后，生活世界是我们每个人都在经历并为大家所共有的世界，人类创建的文化不是作为一种理论体系，而是作为客观现实而被体验的，客观现实决定着人类生活，人类通过积极贡献和创造力，用自己的行为和态度参与客观现实。由于文化造就了人们目前的状况，因而任何人要摆脱文化的束缚是不可能的。不仅仅是语言构成了经验的内容并赋予经验以活力，现存的传统、信念、习惯、风俗，都或多或少地决定了日常经验的模式。在这里，生活世界是指"一种最内在地理解的、最深层地共有的，由我们所有人分享的信念、价值、习俗，是构成我们生活体系的一切概念细节之总和"①。一些植根于源远流长的文化传统的信念体系（即意识形态），

---

① ［德］伽达默尔：《赞美理论——伽达默尔选集》，夏镇平译，上海三联书店1988年版，第71页。

乃是为文化共同体成员所共有的,对科学起催生、滋补作用。回到生活世界中去,就是要探究文化母体中支撑科学活动的精神原动力,找到科学与意识形态(信念体系)之间相互作用的机制。

第二节 前科学、前概念与前逻辑

一 "自然比人类更早,而人类比自然科学更早"

这是德国物理学家和哲学家冯·威扎克尔的一句名言,其哲学意蕴是,自然科学作为人类智力演进的最后成就,必然有一个科学史前史的阶段,这个阶段的不可避免性根源于某些原初存在形式的"人类学"特征。

首先,人类进化经历三个阶段,即神话的时代、英雄的时代和人的时代。每一时代都有其自身的习俗、自身的法则、自身的公民政府和社会形式,自身的语言和宗教形式,以及自身特有的思维方式。在神话和英雄的时代,想象的功能占压倒优势,最初一些民族的先民们对世界的反应不是幼稚无知的,而是本能地、独特地"富有诗意"的。他们生来就有"诗性的智慧"。它表现为创造各种神话和以隐喻的方式使用语言的能力。

"诗乃人类之母语"(哈曼语)。最初的民族并不是借助概念思维,而是借助诗的意象,以寓言交谈,以象形文字写作。与这种语言和思维形式相对应,他们所具有的并非科学的而是诗意的地理学、诗意的宇宙结构学,以及诗意的天文学——甚至诗意的道德,即建立在神话观念基础上的道德。"因此,人们学会的最初科学应该是神话学或者是对寓言的解释;因为,就如我们将看到的,任何民族的历史都肇始于寓言。"[1]

其次,人类从自然中分离或解放出来依赖于人类特有的符号活动功能。符号活动乃是人类文化各种现象形态背后的统一的功能体,换言之,人类文化的所有具体形式——语言、神话、宗教、艺术、科学、历史、哲学等等,无一不是符号活动所创制的产品。有了这些产品,人不再单纯地生活在一个物理世界中,人给自己又创造了一个象征的符号世界,通过这个符号世界,人类的生活经验得以组织、积累,人类的知识、思想得以传播、延续。可以说,符号活动的出现,标志着人类进化中超生物变革的开始,它使人成为人。

---

[1] [意]维柯:《新科学》,朱光潜译,商务印书馆1989年版,第54、55页。

神话、巫术和早期的人类语言是紧密地交织在一起的，全都接近于符号活动的起源。人们普遍认为，实施巫术，不论是口头的（呼叫一事物的名称表示支配或控制了该事物）或是非口头的（旧石器时代把在岩洞壁上作画作为保证狩猎走运的方法），都很像是符号的代表性的起源。对于早期民族的先民们来说，自然与社会不仅最紧密地相互联系着，而且是一个难分的整体，因而在无数情况下所体验到语词的社会力量，成了一种自然的甚至超自然的力量。只是到了后来，人们试图凭借巫术语词来征服自然的一切希望都已破灭，他们才开始以不同的眼光看待语言与实在之间的关系。语词的巫术功能消失了，代之而起的是语词的语义功能。语词不再具有神秘的力量，不再具有直接的物理的或超自然的影响力。具有决定意义的特征并不是它的物理特性而是它的逻辑特性。从物理上讲，语词可以被说成是软弱无力的，但是从逻辑上讲，它被提到了更高的地位；逻各斯成为宇宙的法则，并且也成了人类知识的首要原则。这个转折发生在早期希腊哲学中，赫拉克利特写道："不要听从我，而要听从语词——逻各斯，并且承认一切是一。"可见，自然科学赖以建立的理性与逻辑根植于神话与语言共生的文化母体之中。语言最初从神话内容中得到滋养，它并不是一种发明的符号工具，而是一种实际的状况，语言的来源，唯有回溯到古老的神话根源，才能得到阐释。但在语言一旦因其内在力量寻求继续分化发展，得到了它自己的地位之后，又力求摆脱神话，走向科学"逻各斯"。

"诗性的智慧"、神话与语言构成科学的史前史，人类学、文化学、社会学和民俗学分别从本学科的主题要求出发对它们作了深入研究，哲学认识论的研究重心则在于，力图说明它们在其最初的存在形式中已经包含着后来科学思维的萌芽，以及当它们被科学思维取代之后，仍以某种扬弃的形式表现在现代文明的一些文化形态之中。

二　神话——前科学

神话是人类最初感觉世界和把握世界的方式。人类对感性世界作出抽象思维的第一步，即人类第一次运用的符号形式，必定是一种带有相当的虚幻性的"神话"形式，也就是说，人类对世界作思想上的把握首先运用的是神话符号。这种神话符号不仅包括语言的传说，而且包括图腾等后来发展为艺术、宗教的各种手段。神话的形式，同时也是实际的活动，因而还包括了祭祀和魔术的活动。

二十世纪对待神话有四种主要的新的有特色的研究方法。第一种是人类学的观点，即认为神话是社会自我理解的一种形式（列维·斯特劳斯）；第二种是精神分析方法，它证明某些神话是将全人类长期共有的心理上的问题以一种象征的形式体现出来（弗洛伊德和荣格）；第三种是诠释学的方法，它认为神话是表达某些命题的必不可少的工具，这些命题所说的是关于救世和信仰的真理，而不是关于经验世界的事实（布尔特曼）；第四种是文学界中的超理性主义的或非理性主义的方法，认为神话模式的运用能使现代作家给"作为空无和混乱的当今历史赋以形式和意义"（乔伊斯）。不管这些方法和观点之间的差异多大，有一点是共同的，即都认为，一切文化形式在神话意识中都有其原始形态，语言、诗歌、艺术、宗教、形而上学和科学在它们的起源中，与神话因素联系在一起并渗透着神话般的想象力。对于我们来说，重要的是看到神话与科学的联系：神话是"前科学的东西"。

有些神话有助于造就哲学的和科学的文化得以兴起的条件，这些神话的特点可以概述如下：（1）它们提出了关于宇宙的性质和人在宇宙中的地位的一个总的观念；（2）它们把对物理世界中的多样性和对立面的考虑加以具体化了；（3）它们强调生命本身的超验的力量，而不顾诸如疾病、年龄和死亡等与生命相对立的力量；（4）它们在许多情况下具有一种全面的乐观主义；（5）它们把人描绘成一种最高的存在，根本不同于其他各种存在物；（6）它们在人和社会以及社会和自然之间划清了界限，从而使主体和客体之间的区别得以从概念上得到发展。

希腊神话就具有这些特点。希腊神话包含有对宇宙是怎样形成的以及它是如何被安排的一种粗略的系统说明，也包含有一套含蓄的关于人类行为的法规和模式。同所有关于宇宙起源的神话一样，希腊神话也靠类比于人的经验来设想宇宙的起源和发展，神之间的关系表达出从想象上加以设想的自然界的各种要素之间的关系。从某种原初混沌状态和早期几代神为争夺统治地位的争斗中，浮现出一种秩序，各种事物按照一条其必然性是不可动摇的统一性规律被整理得有了秩序。关于因果性、必然性和规律性的信念乃是科学赖以形成的基本文化条件，而它们在被认识和被遵守之前，就已通过古希腊神话被猜测到和被运用了。可以说，在现代科学理论还没有发展以前，人们就相信科学可能成立的信念，是不知不觉地从古希腊神话对事物缘由进行系统说明的原型中导引出来的，神话及其信仰似乎就是一种对即将诞生的科学怀具信仰的行为的种种表现。

当然，科学的世界不同于神话的世界，科学按其本性必然要超越神话，与神话彻底分离。神话的世界乃是一个戏剧般的世界——一个关于各种活动、人物、冲突力量的世界；神话的感知总是充满了感情性质，它看见或感到的一切，都被某种特殊的气氛所围绕——欢乐或悲伤的气氛，苦恼或喜悦的气氛，欢欣鼓舞或意气消沉的气氛等等。与此不同，科学的世界越出了我们的"情感性质"的层次。属于所谓"第二性的质"的世界。科学与神话之间的彻底分离发生在十七世纪，在那个时代，培根、笛卡尔与伽利略、牛顿都强调"第一性质"（情感性质）与"第二性质"的区别，并认为科学只有在背弃了感官世界——即我们看见、闻到、摸到了的世界，才能存在；感觉是一个虚妄的世界，数理性的世界才是真实的世界，而它只能被理性所把握，它与感觉的伪证是完全相抵触的。经验告诉我们，正是由这个分离，科学的思维才能构成。

另一方面应当看到，在科学思维发展起来之后，神话因素并没有完全从文化中被清除。事实上，神话不仅是人类文化中的一种过渡性因素，而且还是永恒性因素。它们虽然失去了一切客观的或宇宙论的价值，但是它们的人类学价值继续存在着。在所有人类文化的领域，在语言、宗教、诗歌、艺术中，神话总是作为扬弃的成分表现出来。它并未被清除，而只是改变了它的形式。但这种改变本身异常重要。人类文化的有机体没有除去神话成分的根基和枝干，而是着手去控制它们。在文明社会中，神话因素主要表现在以下三种情形中。

第一，神人（心象描述、拟人、万物有灵、神人同形）、实体化（以现有的实物表示想象中的事情）、实物化（把概念转化为"真实的"存在）可以被视为神话般的感受的变体。显然，不能把神话般的感受看成是已经逝了的往事，或者只是未开化人的特异反应，它在现代的"文明"人中仍是活跃的，并常把人引入危险境地；物理学花了几百年时间，才克服了关于"力"的神人同形论概念；生物学中的"活力"以及类似的活力论的本质，与其说是意识的"拟人化的虚构"，不如说是古老的神话般的感受的残迹。

马斯洛区分了普通的"缺失认知"和"存在认知"。前者是在现有的符号系统内，依靠适当的知觉使经验适合于应付眼前的现实；而后者是在酷爱的高峰上出现的，或者说是在一种颇为神秘、令人着迷的感受的顶点上出现的。极点感受是非功利主义的，它超越了自我与非我之间的界限，它不承认那些把事物纳入符号范畴的框架之中的"清规戒律"，它超然于个人的追求与烦恼之上。文明人中的这种超然物外的极端感受不是要找出某种客观规律，而是要造成一种幻境，一种外观，甚至一种假象，它不过是一种对于原始人来说已经高度发达了的、直觉理解能力的淡淡的残痕而已。

第二，神话思维是隐喻式思维的原初形式，语词的隐喻性乃是语言从神话那里继承而来并且永远无条件占有的一份遗产。因此，语言思维融汇着和浸润着神话思维，我们越是回到较为原始的语言阶段，这种融汇现象就表现得越明显。即便在我们今天高度发达的语言中，这种现象也从未丧失其力量。我们在日常言谈中，并非是以概念的方式交谈，而是以比喻的方式交谈，而比喻的起源则在于使事物和事件人格化的趋势，这正是神话思维的主要源泉。假如我们从言谈中剔除所有比喻性和形象性成分，那么，语言就会丧失其全部可塑的表达力；它就会变成一种抽象的符号体系，就像数学公式的符号体系一样。

第三，神话是人类童年时代的产物，它保留了原始先民对自然和社会的认识及自身历史的记录，对人类文化具有严肃的、普遍的作用。正如拉法格所指出的，只有了解到神话已经丧失掉的严肃意义，我们才能理解人类的童年。神话是人类童年的诗，是原生态的艺术。马克思说："某些有重大意义的艺术形式只有在艺术发展的不发达阶段上才是可能的。"神话以形象表现率真且意义蕴含深广而有永恒的艺术魅力，它对各民族的文学、艺术的发展产生了极大的有益的影响。

现代艺术发展的神话化倾向格外引人注目。在毕加索的绘画造型中，在斯特拉文斯基的原始性音乐语言中，在叶芒、艾略特、庞德的诗歌王国里，在乔伊斯、劳伦斯、福克纳、萨特、加缪、戈尔丁、加西亚·马尔克斯和艾特玛托夫的小说世界内，我们看到了不约而同的神话因素：或是神话主题的现代发掘和引申，或是神话幻想境界的再造，或是神话形象的重现，或是干脆把不可思议的荒诞现实表现为新的神话寓言……无怪乎晚近的德国新小说派领袖罗伯—葛里耶能以充分的自信宣称："总之，我此刻所处的社会是一个神话的社会。我周围的一切成分都是神话的成分。"这种对后人持久且深沉的吸引或诱惑，就是神话的魅力。

三 语言——前概念

近代语言科学在努力说明语言起源的问题时,常常回返到哈曼的那句格言:"诗是人类的母语。"语言学家们一直强调,语言并非植根于生活的散文性,而是植根于生活的诗性上,因此必须在主观感受的原始能力中,而不是在对事物的客观表象的观照或按某些属性分类事物的过程中去寻找语言的终极基础。海德格尔因此得出一个看法,本源性的语言不是后来主客分化以后的概念式、科学式、逻辑式的语言,而是诗的语言,这种语言不是"说"一个"对象",而是"说""Dasein"("此在"),因而是"Dasein"的表现,是作为 Dasein 的人感到有一种"意思"(意义)非表现不可,因而是存在性的、在存在意义下的语言。

在人类文化的较早阶段,语言总是隐含着抒情的成分;它有其诗意的特性,它用形象和隐喻式表现的方式表白自己。这种语言不具有概念的语义确定性和逻辑推论性,因而是"前概念的东西"。从发生学的角度来看,语言所包含的诗意的隐喻的特性最初完全压倒其逻辑的、推论的特性。不过,语言越是发展,越是介入理论活动之中,这种诗意成分就越是被"逻各斯"成分压抑和取代。语言变得越抽象,它就越显示其"逻各斯"的力量。为了从概念上把握实在,使经验系统化,人们不得不从日常语言上升到科学语言——上升到逻辑的语言,数学的语言,自然科学的语言。

只有通过这个阶段,人们才能克服在日常用语中难以摆脱的危险、错误和谬误,在哲学思想史上,这些危险一再被描述和被揭露。培根把语言描述为产生幻象和偏见、滋生市场偶像的永恒源泉。他说:"虽然我们以为我们控制着语词,然而事实上是它们占有和控制着我们。语词强烈地影响着最聪颖的人的理解活动,它们总是把他的判断弄得暧昧不明和黑白颠倒。"而且,培根还指出:"必须承认,我们不可能摆脱这些悖谬和假象;因为它们与我们的生活条件和本性难以分离,不过,对它们提起警觉,对真实正确的人类判断活动非常重要。"[①] 为了避免日常语词的这些危险,人类经过长期努力,终于找到一条正确的方式,这就是创立一系列科学语

---

① [英]培根:《学术的进展》第 2 卷,载《培根哲学著作选》,伦敦 1905 年版,第 119 页。

言，在这些语言中，每一个词都是以明白无误的清晰方式界定的，人用这种语言可以描述出观念之间的逻辑关系和事物之间的客观联系。从日常言谈中所运用的口头符号出发，发展到算术的、代数的、几何的符号，发展到那些见之于物理化学公式的符号，乃是客观化过程中具有决定性的一步。虽然科学把日常语言作为材料和基础来使用，它必须在某个时候超越日常语言。一种新的"逻各斯"，一种受某个原则指导和支配而不同于隐藏在日常语言中的逻各斯的新"逻各斯"出现了，并且受到日益严格的界定，变得越来越独立。

由于科学思维的出现，由于逻辑和推论的发展，语言丧失了自己的感情内容。科学语言的发展过程就是一个剥夺的过程，语言沦为一副骨架了。但人总得揭示自己的个人生活，表达人的某些模糊的内在感受，表现人的内在生命。这样，在现代哲学的"语言学转向"中就出现两种对立倾向：以罗素等人为代表的英美理想语言学派，是要不断地巩固、加强、扩大语言的逻辑功能，因而他们所要求的是概念的确定性、表达的明晰性、意义的可证实性；而当代欧陆人文学哲学却恰恰相反，是要竭力地弱化、淡化以至拆解、消除语言的逻辑功能，因此他们所诉诸的恰恰是语词的多义性、表达的隐喻性、意义的可增生性，这实质上就是要把语言从逻辑法则的压迫下解放出来，使之回归到原来诗意的话境中去。海德格尔对此说得最为明白："形而上学很早就以西方的'逻辑'和'语法'的形式霸占了对语言的解释。我们只是在今天才开始觉察到在这一过程中所遮蔽的东西。把语言从语法中解放出来使之进入一个更原初的本质构架，这是思和诗的事。"[1]

"语言学转向"中的两种倾向，既反映了科学主义与人文主义的对立，又反映了在人类文化中实际上存在着科学语言与人文语言两个基本类型。科学语言致力于消除歧义性，使一个符号只有一个意义，使人们不能用几种不同的方法来表达同一符号，表现为对精确和严密的要求。与此不同，人文语言致力于从一词多义中获得意义效果，保留歧义性以使语言能表达罕见的、新颖的、独特的人生体验。语词的多义性、表达的隐喻性、意义的可增生性也就是人文语言的特征。人文语言与人类母语——诗的语言保持了血肉联系，人文科学要反映人们的真情实感，揭示社会生活的丰

---

[1] 《海德格尔基本著作选》，伦敦1978年版，第194页。

富性，最终必须用人文语言来书写。形式化的科学语言切断了与人类母语的联系，因而也就不能用来表达和描述多种多样的社会生活经验。

四　诗性的智慧——前逻辑

"诗性的智慧"这一概念首先是由维柯在《新科学》中提出的，同时也是维柯耗其毕生精力潜心研究而获得的一个重大发现。他写道："我们发现各种语言和文字的起源都有一个原则：原始的诸异教民族，由于一种已经证实过的本性上的必然，都是些用诗性文字来说话的诗人。这个发现就是打开本科学的万能钥匙，它几乎花费了我的全部文学生涯的坚持不懈的钻研，因为凭我们开化人的本性，我们近代人简直无法想象到，而且要费大力才能懂得这些原始人所具有的诗的本性。"[①]

维柯提出"诗性的智慧"有很强的针对性，其主旨在于强调"前逻辑的东西"对于"科学""理性""逻辑"的本源性。在《新科学》第二卷中，维柯针对笛卡尔强调的理性形而上学，提出"诗的形而上学"概念。所谓"诗的形而上学"指的就是"诗性的智慧"，是原始民族主要凭借感觉和想象能力所达到的认知水平。它虽然同哲学、科学的抽象认知水平有别，但又是它们的基础和本源。"人最初有感受而不能知觉，接着用一种被搅动的不安的心灵去知觉，最后才用清晰的理智去思索。这条公理是诗的语句的原则，这和用思索与推理所造成的哲学的语句迥然不同。哲学的语句愈上升到一般，就愈接近真理；而诗的语句则愈掌握住个别，就愈切实。"按照思维方式发展的特征，维柯将人类历史划分为三个依次相衔接的时代，即神的时代、英雄的时代和人的时代。在前两个时代中，人类就像儿童一样，还没有推理能力，浑身都是强旺的感觉力和生动的想象力，人人都是天生的诗人，因为当时的人都是以诗的即神话的逻辑进行思维的，这种思维的产物分别是关于神的诗（神话）和关于英雄的诗（史诗）。只是到了第三个时代即人的时代，抽象推理思维才发展起来，于是哲学取代了神话，诗性的智慧让位于科学的理性。

培根在他的著作《诸科学的新世界》中所考虑的是各门科学依它们的现状怎样才能向完善推进，而维柯在《新科学》中所发现的却是古代各门科学的世界，它们根源于诗性的智慧，后来才渐趋完善，直到培根时

[①]　[意]维柯：《新科学》，朱光潜译，商务印书馆1989年版，第28页。

代人们所接受到的那种形式。也许可以说，维柯的《新科学》这部十八世纪的著作，本身就属于培根所设想的"新科学的新世界"。但是《新科学》却面对着正相反的方面，它返回到诸民族世界最初所创造的那种诗性智慧，揭示出各门科学的粗糙的起源，也就是一种诗性的或创造性的玄学；从这种粗浅的玄学中一方面发展出也全是诗性的逻辑功能、伦理功能、经济功能和政治功能，另一方面发展出物理知识，宇宙知识，天文知识，历史和地理的知识，这些也都是诗性的。

对于维柯的上述看法可以作出两点肯定性的评价。第一，在人类文化的早期阶段确实存在某种"诗性的智慧"。几乎一切民族，在自己的"史前"（文字记录以前）时期，都有"史诗""传说"时期，而"史诗"和"传说"又正是不作为科学客观记录的真正的该民族的"历史性"的表现；在原始民族中"诗""音乐""舞蹈"常是结合在一起的，本源意义上的"人"，有"话"要"说"，也就是有"歌"要唱，有"诗"要"吟"。"诗"使语言可能，"诗"也是最原始的语言。第二，诗的本质就是想象、激情、感觉而不是理智、推论，"诗性的智慧"是"前逻辑的东西"。我们的智力活动既是理性的又是非理性的，在它里面，想象与推论、激情与理智、前逻辑的东西与逻辑的东西共存，并且在功能上相互完成相互补足。波兰尼的意会认识、乔姆斯基的深层结构概念、皮亚杰的实践性智力、泽田允茂的自然性思维、罗素的常识性推理，都从不同角度论证了先于逻辑的认识类型。

"诗性的智慧"在人类文化的早期阶段之所以发达，是因为先民们在他们的茫然无知中只凭一种完全感官方面的想象力，他们的心智还沉浸在感觉里。"正是人类推理能力的欠缺才产生了崇高的诗，崇高到使后来的哲学家们尽管写了些诗论和文学批评的著作，却没有创造出比得上神学诗人更好的作品来，甚至妨碍了崇高的诗出现。"[1] 我们文明人的心智用概念和逻辑思维约束了各种感官的功能，因而就没有能力去体会出先民们的巨大想象力。尽管如此"诗性的智慧"仍然以一种扬弃的形式包含在我们的智力活动中。

"诗人"在希腊文里就是"创造者"。创造力和创造性思维乃是"诗性的智慧"的现代表现形式。汤川秀树认为："创造力就是指发现人们迄

---

[1] ［意］维柯：《新科学》，朱光潜译，商务印书馆1989年版，第167页。

今还不知道的东西，或者就是指发明新的东西。事实上，假若有人能够说出如此这般就是创造力的本性，从而也就是我们为了表现创造力而必须做的事情，那倒是特别奇怪的事。"① 标新立异、无规则可循且不可言说，这些创造力的特质正是诗性的品格。鲁道夫·阿恩海姆在其《视觉思维》书中指出，创造性思维超越了审美与科学的界限，"如果有人断言，哲学或科学领域的创造性思维都包含着'意象'的形成，他就本能地说出了人类理性发展的原初阶段的事实。这就是，在这一阶段上，理论大都来自于人们亲身感觉到的事物或想象的事物的感性形式。"② 显然，创造性思维在充分发挥想象力、形成某种"意象"的时候更多地依赖于"诗性的智慧"而不是理性的智慧。

"诗性的智慧"在诗歌艺术中得到最纯正的表现，而诗歌艺术的基本功能是对受日常生活的感觉方式支持的习惯化过程起反作用，亦即所谓"陌生化"。诗歌的目的是要颠倒习惯化的过程，使我们如此熟悉的东西"陌生化"，"创造性地损坏"习以为常的、标准的东西，以便把一种新的、童稚的、生机盎然的前景灌输给我们。因此，诗人意在瓦解"常备的反应"，创造一种升华了的意识：重新构造我们对"现实"的普通感觉，以便我们最终设计出"新"的现实以代替我们已经习惯了的现实。诗人的"陌生化"特质也典型地表现在科学家的反常思维之中。通常，科学家要创立一种全新的理论体系，必须突破原有理论体系的逻辑框架。反常思维帮助他们消解原有的思维模式，颠倒习惯的思维定式，扭转人们的固定看法，使之进入另一种全新的理论视野之中。反常思维乃是科学领域的"陌生化"，同样也给科学家带来一种新的感受，创造出一个"新大陆"——新的研究领域。

第三节 生活经验

一 生活经验是经验的一种基本形式

人们通常认为，经验即感性经验，指人们在同客观事物直接接触的过程中通过感觉器官获得的关于客观事物的现象和外部联系的认识。关于经

---

① [日]汤川秀树：《创造力与直觉》，周林东译，河北科技出版社2000年版，第95页。
② [美]阿恩海姆：《视觉思维》，滕守尧译，光明日报出版社1987年版，第38页。

验的这种理解仅限于它相对于理性认识的某种规定。实际上，从更广泛的人类学意义上看，经验是人类适应和改造环境的各种感性活动的过程和结果。它的表现形式是多种多样的，感性经验只是其中的一种形式。皮亚杰将人的一切"经验"分为"物理经验"和"逻辑数学经验"，认为它们都发源于主体动作。物理经验是主体对其个别动作的简单抽象或经验抽象的结果，这类动作直接作用于客体，它改变客体的状态和性质，因而物理经验体现着客体的属性，逻辑数学经验形成于主体对其动作协调组织或逻辑数学动作的反身抽象，它仅仅指向动作本身而与客体无关。皮亚杰所谓的两类经验是以认知结构中经验知识要素与逻辑数理要素的划分为依据的，目的是为这两种要素找到对应的经验表现形式。既然人的感性活动是其他一切活动的基础，因而总是能够为任何文化认识形式找到与之对应的确定的经验表现形式。但是，不管怎样，生活经验始终是经验的一种基本形式。

马克思把文化确定为"人类经验史"，文化是一代代地传下去的人类历史经验，是对象化于价值、传统、规范等等中的"过去的东西"。已生成的和正在生成的辩证统一及其相互转化，也就是文化历史发展的现实性。所以，在德文中，"经验"本意为"仍然活着"或"仍有生命"。它用于指亲身体验的或正在经历的，同时又用于指已体验过的经验，以及经验中不再消失的永久性内容。经验是人直接体验的生活，它先于理解，先于与他人的语言交流，也先于反思。狄尔泰有一句名言：生活表达在经验中。在人生过程中，经验不是稍纵即逝的感觉，或是漂浮在生活表层上的无意义的泡沫。经验对人生有一种观念无法取代的持久意义，它不仅通过记忆和体验保持下来人生的价值与意义，也随着记忆进入人对生活的理解，随时影响个人对人生的看法。经验在这种意义上成为人关于自身知识和自我理解的基础。经验也作为人感受生活意义的源泉。一个人越是能更多地体验人生，更多地接触到历史保存的经验，他便越是能更多地体味出生活的意义。历史所负载的人生经验越丰富，它也就越有生气。生活与经验的联系首先不是认识上的纽带，无论理解生活还是不理解生活，我们人类已置身于生活经验之中。这种在经验中存在的状态，先于价值判断，先于分析、先于思辨，使我们在观察世界和认识自己的时候，都不能离开经验。

生活经验之所以是经验的一种基本形式，是因为生活经验乃是以日常生活为寓所。日常生活是一个凭借各种重复性实践（思维）而自在地运行的领域。重复性实践是相对创造性实践而言的。尽管两种实践并非截然分立，但是它们在不同的活动领域中占据不同的地位。在科学、艺术和哲学等自觉的类活动中，创造性思维和创造性实践占据主导地位。类本质或社会发展水平上的创新与各种新问题的自觉解决总是这些活动的宗旨，其结果是不断修正或突破原有的规则或模式。在日常生活中，情形正相反，重复性思维和重复性实践占据主导地位。在这里，人们往往不是通过对新问题的自觉的和创造性的解决而修正或突破原有的规则和模式，而是理所当然地把各种新问题和新情况都纳入各种给定的一般图式中，这些图式虽然也是人类实践活动的积淀和内化的结果，但它们对于日常生活个体而言，往往具有给定性，人们习以为常地、理所当然地在日常生活中运用它们，却很少对之提出质疑。重复性思维和重复性实践造成"在平日中，活动和生活方式都变为本能的、下意识的、无意识的和不假思索的机械过程。事物、人、运动、工作、环境、世界等等的创造性和可靠性是不曾被人感知的。它们未经考察、未被发现，但却是简捷地存在着，并被看作囊中之物，看作已知世界的组成部分。……所以，它是一个可信、熟识和惯常行为的世界。"[1]

二 生活经验是认知活动的基础

从进化论的观点看，认知活动是由前认知的反应和对环境的适应中进化而来的，它本身是自然选择和文化选择的产物。理性的根基是习惯形成、智能和适应性行为，因此，生活经验乃是认知活动的基础。

传统的思辨性主体哲学倾向于把一切经验的、个人的和下意识的生活成分，抽象到观念和自觉意识的层面上来，力图用抽象的观念剔除认知对象中的经验。这种致思倾向适合于自然科学的认知要求，自然科学是在把经验客观化、公式化、抽象化、数量化，对经验的描述也力求表述的规范化。但是，如果人文科学也朝着这个方向运动，以观念、规律、结构等去清洗经验，那么理解生活，解释人生意义，实现人的自我理解等，都会相应地出现危机。因此，对待生活经验，不应像思辨性主体哲学的态度那

---

[1] ［捷克］卡莱尔·科西克：《具体的辩证法——关于人与世界问题的研究》，傅小平译，社会科学文献出版社1989年版，第53—54页。

样,视它们为剔除的对象,而首先应看作是有永久内涵的生命,理解便从这种富有生命的生活经验中,吸取永不枯竭的意义。生活经验应当作为人的历史理解的基础。

伽达默尔的哲学解释学的一个基本概念——"解释学经验",始终围绕着哲学解释学意义的"经验"而展开。哲学解释学意识的活的灵魂,就是"经验",理解与解释要在生活经验中进行。照伽达默尔的用法,"经验"并不是与认识相对的,而只是与明确的自我意识的反省(尤其与思辨性主体哲学)相对的。从这一意义上说,理解本身便是经验。从而,伽达默尔把解释过去的活动说成是"解释学经验"。他的目的是表明,在解释传统的实际过程中,该传统不仅作为过去了的、断裂的东西被经验到,而且作为某种在目前仍然重要的东西被经验到。"解释学经验"就是那种包含着对于传统进行经验的经验。

任何认知活动都离不开日常语言,即使在最抽象的概念层面上运行的科学认识最终也必须使用日常语言,以便认知结果在不同主体之间交流,使之以通俗的形式为人们所接受。究其原因是,日常语言整个地参与构成社会生活的全部多样性的活动,它们的意义已深深地嵌入人的日常生活的语境之中。在这方面,日常语言较之科学语言是更为根本的,因为它是信念、同感和个人采取的对他人的一般态度的"深层语法"——这是日常生活的深层含义、人生故事的深层含义。在人们的日常生活中,普通的、确定的各种事物的日常语言,不仅是人们社会交往的媒介,而且是一切实际的保证。这些实际保证是我们一切思想和行动、说话和判断的基础,而且规定了我们把什么视为正常的东西。可以说,日常语言就是日常生活中的"正常的界限",超过这个界限,就会使我们失去相互了解的可能性。

认知活动之所以必须以生活经验为基础,根本原因是,人们在能够从事真正的"理论生活"之前,交往、充分的观察和实际的经验是必不可少的。较高层次上的智力认识水准不仅不排斥对更为基本的需求的满足,而且是以它们为前提的。马克思说:"最一般的抽象总只是产生在最丰富的具体发展的地方,在那里,一种东西为许多东西所共有,为一切所共有。"[①]"理论生活"是人类的基本能力。儿童的好奇心、青年的求知欲、批判能力、经验的积累、世界观的形成、参与所有人之间交流的语言交

---

① 《马克思恩格斯全集》第46卷(上册),人民出版社1979年版,第42页。

往，所有这些汇在一起产生一种能够从另外角度考虑问题的能力，即既知道自己经验的特殊性，又能使这种特殊性变成一般性的那种博学者的能力。任何人通过生活经验的积累、体会都可以获得这种能力，从而也都有可能去过一种"理论生活"。

三 科学是生活经验的延伸

人刚一降生便有了认知活动，生活经验是这种活动的最初形式。这种人人都有，但又千差万别的经验构成了非系统化的、各种各样的印象、感受、看法和知识。人不能完全意识到他有多少生活经验，因为生活经验的形成和丰富，基本上无需自觉地在认识上做出努力。其原因很简单：人们生活着，使用着各种物品，与他人进行交往，看着、听着、感受着、不自觉地积累着他所领悟的、体察到的东西。理当称为智慧的生活经验，就是这一过程的结果。构成智慧之基础的，不是训练或教育，而是丰富的生活阅历。

因此，无论科学知识的意义如何之大，它们的存在、发展及其作用都无疑依赖于大量的日常经验。科学是生活经验的延伸，这可以从以下三个方面得到说明。

首先，我们的最根深蒂固的概念，是具有高度概括性的概念，它们构成了我们思想的基本框架。像"空间"概念具有极大的概括性，并且适用于我们经历的一切事件。而"空间"作为一个文化范畴首先是进入了日常语言。当我们用到"这里""那里""稍远""较近""上""下""边界""位置"等等语词时，我们就在不自觉地利用空间范畴，把这些语词的含义分门别类，组织起来。空间这一文化范畴在艺术作品里，在人对周围物体的日常看法中，在人对客体感受的感知空间里，都在发挥作用。对于空间范畴的自然科学解释和哲学解释仅仅是它的社会文化含义的一个方面。空间范畴永远以一种具体历史面貌表现出来，这不仅是人对世界的探索和理解给定的，也是由人对世界的感受给定的。"时间""实体""因果性"等概念也都与空间范畴一样，并不是深奥的学科概念，而是我们普通思想的普通概念。它们表示在思想中构筑我们的经验世界的方式。不论人们愿意与否，不论我们是否有意识地试图整理这些概念，它们都是以多多少少成系统的方式相互联系着，而且这样一种概念系统构成了共同的框架，在这个框架中，我们才能相互理解和自我理解。所以，这种概念框架是一种我们用以理性地整理我们的知识的方式。

科学的作业概念大多是高度专业化并且是在限定的范围内形成的。科学家已经能够分离和抽象出世界的某些特征以供深入地研究，并使自己的概念适应于它们的特殊应用。但是，当他做这一切的时候，他像我们其余的人一样，是一个思维着的人，同时他已经获得的普通概念的一般框架构成了他特殊的概念框架的基础。科学家关于空间、时间、实体、因果性的学科概念，也许与我们日常的普通概念大相径庭，甚或是互不相容的。然而，科学家身上仍然带有常识、普通教育和日常语言的影响，而且一点不比我们少。

其次，人们的许多知识是实际的"知道怎么办"的知识。这种知识是一种文化共同体的财富，是有关每个人在日常生活的一般基本活动方面应当懂得的事理。在使一般工作和社会生活成为可能，在划清行动上的随意性和危险性的界限方面，这种知识的作用是极其重要的。因而，这种知识就成为理所当然地和非批判地加以接受的常识，并且在人们的日常语言中表达为谚语、格言或口头禅。它们作为民间学问和职业知识乃是许多世代的多种经验的精华，肯定了共同经验中的事物之间存在的某种规律性的联系。科学知识就是在这些常识性知识的基础上发展起来的。科学（science）这个词来源于 scientia 这个拉丁词，它来自简单的日常动词 scire，其意思是"知道"。例如在德语中，科学与普通所说的"知道"的密切联系同样是一目了然的，因为科学一词是 Wissenschaft，来自表示"知道"的动词 wissen。

第三，科学史证明，科学是在日常经验（它确认后来得到科学解释的事实）材料的基础上产生和发展起来的。譬如，在日常经验的范围内，未加研究和概括就看清了导热现象和成为热力学第二定律的不可逆过程，不仅凭经验推断的规律能在生活经验的基础上呈现出来，而且某些相当抽象、思辨性的理论实际上也以同样的日常生活材料为基础。欧几里得提出的公理概念原属于词源学，但就其内容说也符合日常经验的观念和判断。罗巴切夫斯基创立的非欧几何学绝对推翻不了生活经验的论据，它实际推翻的东西不属于日常经验，而是那些认为只有欧几里得几何学才成立的数学家的信念。非欧几何学当然超出了生活经验的范围，但它也证明，历来与生活经验相关的初等几何学在哪些条件下是现实的正确反映。

四 科学是生活经验的进一步概念化

常识是科学由以成长起来的土壤，但它并不属于科学，因为它不是有意识的反思批判的对象。常识的特点是它的非批判性，科学和常识之间最重要的区别就在于科学具有自觉的和审慎的批判性：它借助符号化手段使经验进一步概念化，使之成为反思批判的对象。

"所有的人都是要死的"这是一个最简单和最确定的常识定律。这一定律显然与两个抽象的概念有关，即在一般意义上的抽象的"人"和"死"，只有在这两个概念都是抽象的条件下，该定律才有可能是普遍的。但是，这些抽象绝不是理论的符号，因为它们仅仅是从定律所应用的每一种特殊情况中抽取出共同的东西来。因此，在我们应用定律的每一种特殊情况下，我们将发现这些抽象的概念得以表现的具体的对象；每当我们想要断言所有人都是要死的，我们就会发现我们自己总是想到某些个别人代表一般的人的概念，以及某些特殊形式的死代表一般的死的概念。

科学定律与常识定律有很大的不同。以物理学的马里奥特定律为例。在恒温下，一定质量的气体所占有的体积与它们的压力成反比，这就是马里奥特定律的表述。它所引进的术语，如质量、温度和压力等概念，都是一些抽象的概念。但是，这些概念不仅是抽象的，而且也是符号化的，这些符号只有借助于物理学的理论才具有其意义。无疑，某种温度与某种暖和的气体相对应，有一定的压力与某种施加在气泵上的作用力相对应，但是这种对应只是一种用来表示和代替事物的符号，或是一种用符号表示事物的实在。这种对应绝不是直接给出的，它是借助仪器和测量的帮助而建立起来的，并且它常常是一个非常复杂的过程。为了给某种暖和的气体规定一个确定的温度，我们必须求助于温度计，为了估计由于气泵所施加压力的大小，我们必须使用气压计，而这些温度计和气压计的使用，暗含着物理学理论的运用。

与常识定律相关的抽象术语通常不会超出具体观察到的对象，从具体到抽象的过渡又是在一种如此自发的操作中完成的，以至于它是下意识的，只要有某个人或某种形式的死亡存在，我们就能够把它们与一般的"人"的概念和一般的"死"的概念直接联系起来。可以说，一方面，这种本能的和未经思考的操作产生了一些未经反思批判的普遍的概念，即可以说是笼统地采用的抽象；另一方面，与一条物理学定律相联系的符号术语不是一种自发地实现出来的抽象，它们是由缓慢、复杂和自觉的工作，即由建立并阐述物理学理论的智力活动而产生出来的抽象。如果我们不做这项工作，或者如果我们不知道物理学理论，我们就不能理解这一定律或应用它。

通常的日常经验容许我们表述的定律是一些直接意义的普遍判断，它在所有时候和对所有人都是真的，这一点是绝对确定的。而基于物理学实验的科学定律是一些符号关系，它们的意义对于任何不懂得物理学理论的人来说是难于理解的。一条物理学定律所具有的确定性比起常识定律要更不直接和更难于估计，但是在预言细致和精确性上却要超过后者。只有通过牺牲常识定律所具有的某种绝对确定性，物理学定律才能获得这种精确性。在精确性和确定性之间有一种平衡，要增加这一方面就一定要降低另一方面：一个矿工向我们展示了一块石头，并且毫不犹豫和无保留地告诉我们，这石头里面含有金子；但是一位化学家则向我们展示了一块闪亮的锭块，并告诉我们："这是纯金。"但又不得不加上一点保留，"几乎是纯的"，他不能肯定这一锭块不包含任何一点细微的杂质。

科学是一种从概念上把握实在的努力，因而科学是对常识的改造。尽管如此，科学仍然植根于生活经验的沃土之中。在科学的知识体系中，除了理论层次和元理论层次外还有经验层次。经验层次与通常称之为"日常"或"常识"的交流与思考方式处于同一个水平上。这一层次覆盖了那些通常被认为是"所与"和熟知的对象领域。在一定历史时期内，经验层次相对理论层次和元理论层次是最稳定、最普遍的，它蕴含着由各种不同的共同体、不同的文化和不同的历史阶段所共享的"认识的通用内核"，正如玻尔常讲的，日常语言是一种当物理学家们要告诉他人自己已做之事时所必须运用的语言。由于经验层次的基础是人们为维持人类基本生活而必须依靠的日常感性经验，是通过与熟知的自然界打交道以满足基本需要的日常活动方法，因此，经验层次横跨所有文化，纵贯全部历史，只是在不同的文化和历史时期经验具有不同的表现形式而已。又由于经验层次植根于人类与外界环境之间的天然相互作用过程中（这种作用过程每天都在家里、田野上、实验室中千百次地重复着），所以它是人们去理解其他文化和历史时期，以及理解其他知识系统的出发点。

第四节 意识形态

一 意识形态与科学之间的关系

意识形态与科学之间的关系作为一个理论问题是由阿尔都塞最先明确提出来的。他的《保卫马克思》一书的主旨是:"论证在马克思的思想史中存在一个'认识论'的断裂,论证在早期著作的意识形态论题与《资本论》的'科学论题'之间有着根本的区别。"他要"保卫"作为科学的马克思主义,"维护"马克思主义纯科学的性质,征讨和清理其中的意识形态。在他看来,意识形态与科学是对立的,这种对立表现在三个方面。第一,从性质方面说,意识形态是"一种纯粹的假象,一种纯粹的梦想,即虚无",它歪曲现实,掩盖社会历史过程的真正面貌;科学是真理,它如实地反映了客观现实和社会历史的真正过程。第二,从功能方面说,意识形态主要是一种价值观念,它的实践功能压倒了理论功能;科学主要是一种认识,理论功能占有第一位的重要性。第三,从根源看,意识形态完全受利益支配,为一定阶级利益服务具有压倒一切的重要性;科学表现了客观的知识,与利益无关,也不为利益所动。阿尔都塞断言,意识形态的理论效果对于科学认识总是一种威胁和障碍,任何学说或理论的形成与发展必须由意识形态走向科学,就是摆脱意识形态以后,才能成为真正的科学。摆脱前后意味着认识论上的断裂,马克思思想的发展就经历了这样的断裂。

我们如何用马克思主义观点来看待意识形态与科学的关系?关于意识形态的性质,在《德意志意识形态》中马克思有一段非常著名的话:"在全部意识形态中,人们和他们的关系就像在照相机中一样是倒立呈像的。"[1] 马克思把意识形态看作一种颠倒的意识,它产生于现实世界。资本主义的现实世界本身就是颠倒的,它的存在以压迫人和奴役人为基础,它从根本上有悖于人的全面发展。意识形态本质上是对这个颠倒了的世界的颠倒意识。从这种意义上看,意识形态是虚幻的和不真实的,用恩格斯更为明确的话说,意识形态是"虚假的意识"[2]。如果意识形态是"虚假

---

[1] 《马克思恩格斯选集》第 1 卷,人民出版社 1995 年版,第 72 页。
[2] 《马克思恩格斯选集》第 4 卷,人民出版社 1995 年版,第 726 页。

的意识",那么它必然同科学相对立,因而也不存在"科学的意识形态"问题。正因为如此,马克思从未将自己的思想称为意识形态,也从未把社会主义、共产主义和无产阶级的阶级意识称为意识形态,马克思只用"意识形态"来指称资产阶级以及一切统治阶级的思想和理论,并把它们看作虚假的意识。在这种意义上,马克思的意识形态理论表现为意识形态批判,即把意识形态理论当作一种批判方法,用来揭穿资产阶级以及一切统治阶级的思想和理论对现实的颠倒、歪曲和掩盖。用来说明一切唯心主义历史观的荒谬,用来暴露意识形态为统治阶级利益服务的功能。

意识形态理论是随着历史唯物主义一起诞生的。除了意识形态批判之外,意识形态概念还应该在历史唯物主义这个更大理论框架中获得其意义。这样,从马克思出发,必然面临三个问题:第一,是只有统治阶级的阶级意识才能被称为意识形态还是所有阶级的阶级意识都可以被称为意识形态?第二,马克思主义或社会主义是不是一种意识形态?第三,意识形态是否可以成为科学?列宁对这些问题作出了回答。列宁将意识形态看作思想体系,任何一个阶级的阶级意识作为思想体系都可以被称为意识形态。现代社会主要由资产阶级和无产阶级构成,所以现代社会也主要有两大意识形态——资产阶级意识形态和无产阶级意识形态。列宁认为,工人阶级的"自觉阶级意识"是社会主义,它是无产阶级真正的意识形态,并主张社会主义作为意识形态与科学是同一的。列宁把意识形态分为"科学的"与"非科学的",而"任何科学的思想体系(例如不同于宗教的思想体系)都和客观真理、绝对自然相符合,这是无条件的"[①]。在列宁看来,意识形态并不必然与科学相对立,也不必然是虚假意识,意识形态可以成为科学,反过来科学也可以成为意识形态。资产阶级意识形态之所以是虚假的和非科学的,不在于它是"意识形态",而在于它是"资产阶级的"。

马克思与列宁的观点并不矛盾。意识形态本质上是一个中性的概念,包含了否定的方面和肯定的方面。对于全部意识形态来说,否定的方面意味着某些意识形态是虚假的,具有保守的功能;肯定的方面意味着某些意识形态是科学的,具有进步的功能。对于马克思主义意识形态概念来说,否定的方面意味着意识形态批判,即对资产阶级以及一切统治阶级的意识

[①]《列宁专题文集·论辩证唯物主义和历史唯物主义》,人民出版社2009年版,第42页。

形态的批判；肯定的方面意味着马克思主义是一种美好的理想，即共产主义世界观。

既然意识形态是一个中性的概念，按照不同的研究主题，强调它的肯定方面抑或否定方面就是可以选择的。我们的哲学旨趣是要让科学回到人的生活世界中去，而生活世界不仅包括超个体的真理，而且包括人的迷误、偏见、信仰、意见、态度，简单地说，包括一切意识现象，没有这些意识现象就不可能有充满丰富的主观感受的真正人的生活。因此，我们所要强调的不是意识形态的否定方面，而是它的肯定方面，是意识形态与科学的统一性。为此，我们特别指出"意识形态"中那些中性的因素：

第一，意识形态是社会所接受的信念体系，其中实践的因素与理论的因素具有同等重要的地位，它的基本功能是提供解释世界的一般图式，使人们的一切活动合理化。在这方面，哲学世界观在意识形态中居于最高地位，它作为时代精神的精华为科学发展提供了必不可少的智力支持。

第二，有两种意识形态，一是部分意识形态，阶级意识形态就属于这一种；二是总体的意识形态，它具有作为整体的历史过程的性质，表现在一定文化或一定历史时期的知识传统中。科学思想史上的一些伟大的研究传统——亚里士多德主义、笛卡尔主义、达尔文主义、牛顿主义等就是一些在历史上支配了一代人或几代人的思想信念的总体意识形态。部分意识形态因为受制于集团利益而与科学无涉；总体的意识形态形成知识传统，而成为科学发展的一种精神原动力。

第三，社会意识包含认识因素与意识形态因素两个方面，作为意识，它是存在的反映，是对对象的认识，换言之，就是有关自然和社会的客观知识的形成和积累，这是社会意识的认识方面；另一方面，意识最终被社会存在以这样或那样的形式所决定，而属于共同体、属于民族、属于阶级、属于历史文化、属于一个或几个传统。这种相属关系就是社会意识的意识形态方面。社会意识的认识方面和意识形态方面不能合而为一，必须大体加以区别。然而一般地说，在意识形态的形成过程中含有认识因素，在认识发展的过程中也含有意识形态因素，二者互为媒介，互相渗透，这样就造成意识形态与科学相统一的运动。一方面，社会活动形成了意识形态，并常常使它对科学发展产生重要影响；另一方面，纯粹科学的观点可以成为意识形态发展的决定性因素，改变着意识形态的形式和内容。

二　意识形态对科学的作用

在任何文化中，总存在着一些不在科学范围之内但为人们普遍接受的信仰。虽然科学命题与非科学命题在合理信仰总体中的确切比例随时期的不同而有所不同，但在思想史上从未有过一个时期，合理信仰的领地全为科学理论所占据。实际上，形而上学、逻辑学、伦理学和宗教神学等领域中都有一些"超科学信仰"存在，如果说科学信仰意味着"感知事物的真理"，那么超科学信仰只能理解为"以此作为生活的基础"。超科学信仰是关于世界如何运作的存在命题，常常起到为价值观和规范提供合法根据的作用，反过来，这种信仰又常常为日常意识、科学和宗教所合法化。因此，超科学信仰比科学信仰更为顽固、更坚定得多，它甚至能够面对直接矛盾的经验而固执己见，因而不能为新增加的科学知识所动摇。

确实，根据纯粹理性的论证作出的小心的审议，能够使我们消除许多错误，在行动中有更多的预见性。但是，在实际的生活决定中，不大可能把偏袒一个决定或反对一个决定的全部论证都加以考察。因此，人们总是不得不在不充足的证明的基础上行动。生活中许多重要的决定，总是包含一些不可避免的非理性因素。没有理性上的充分论证而作出决定本身是必需的，因为必须有某种可以依靠的东西，必须有指导我们行动的某种原理。没有这样一种稳固的立足点，我们自己的行动就会丧失全部力量。因此，用某种信念和理想构成生活的基础是不可避免的。

科学不仅是一种知识体系，而且是一种活动方式，又是一种理论生活。它的运行需要人类的其他精神文化的辅助，植根于某种源远流长的文化传统的信仰对科学发展的作用是最深刻的和最持久的。近代科学与希伯来和古希腊的西方文明之间有某种"基本"联系。怀特海在《科学与近代世界》一书中揭示了这种联系。他认为，现今科学思想的始祖是在雅典的伟大悲剧家埃斯库罗斯、欧里庇得斯等人。他们认为命运是冷酷无情的，驱使着悲剧性事件不可避免地发生。悲剧的本质并不是不幸，而是事物无情活动的严肃性，这种无情的必然性充满了科学的思想。希腊悲剧中的命运成了现代科学思想中的自然秩序；物理的定律就等于人生命运的律令。

对于怀特海来说，近代科学与希伯来和古希腊的西方文明之间的这种"基本"联系，是处于本能信念的水平上的，这种信念对于鼓舞近代科学奠基者们的"科学忠诚"来说是"必要的"。他写道："我的意思是指那不可动摇的信仰，即所发生的每一事件的细节都可以按照给一般原理作出例证的完全确定的方式同它的先导联系起来。没有这个信仰，科学家的难以置信的劳动就没有希望。正是这个本能信念，活生生地悬在想象之前，成为研究的动力：相信这里有一个秘密，可以被揭露的秘密。这个信念是怎样被活生生地植入欧洲思想之中的呢？……它一定是来源于中世纪对于上帝理性的坚持，这个上帝被想象为具有耶和华的个人能力以及某位古希腊哲学家的理性。每个细节都被监督着和命令着；对自然进行探索的结果只能证明忠于理性的正确性。"怀特海还特别强调说，他在这里并非谈论几个人的明确信仰，而是指从几个世纪的坚信不疑中产生的欧洲思想上的印记，是本能的思想状态而不仅是字面上的教义。

实际情形的确像怀特海所说的那样，一种崇奉"上帝理性"的本能信念不仅深刻地影响了经典物理学创始人的思考，而且持久地发生作用，在现代物理学家的身上也可以找到其鲜明的印记。部分来自福柯的"知识考古学"，部分来自对十七世纪人们所持有的哲学、宗教和其他非科学信念的研究，学者们发现一些十七世纪经典物理创始人所持有的形而上学原理。首先，自然是人类出现之前由上帝创造的，因此它独立于人类之外；创世之后，自然的命运就唯一地由造物主制定的内在规律所支配。其次，上帝按照祂自己的神性来创造世界，即具有逻辑和数学的严格性、精确性、简单性和精美性，因此，自然的基本规律是理性的、逻辑的、数学的，它过去、现在和将来都已精确限定，自然规律是决定论的。最后，作为有意识的自我的人类相当于上帝的粗略摹本。依靠理性，并仅仅依靠理性，人类能够领悟神赐的世界机巧的一部分；而借助于有意识的自我，把自己从人类的自然本性中解脱出来，此乃是达到上述目标的一个先决条件。当然，经典物理学不能从这些形而上学原理中推演出来，但是经典物理学的理论层次显然是由这些原理构造出来的。在其形而上学基础尚未澄清、其指导性原理尚未确定之前，理论方面不可能获得全面进展。

无独有偶。从截至二十世纪上半叶的理论物理学的发展中，人们可以意识到一种特别观念的影响，这就是所谓"理性的神秘主义"。这个观点可以近似概述如下："存在"是一个整体，它的局部可以被直觉地领悟；这种领悟与深深的好奇感结伴而来；物理世界能够通过建立在简单准则上的数学构造的方式来理解。这种影响的一个重要范例如薛定谔的"理性神秘主义",他在一首诗中写道:"最高的神性无所不在,当它所俯视的一切逝去时,它却在为追寻而徘徊。最高之神在一切寻找的事物之中,自我攻击的意志永不损坏。"在爱因斯坦和爱丁顿身上也可以找到类似的印记。爱因斯坦关于"宇宙宗教"的观念和爱丁顿的"科学与神秘主义"的思想就证明了这一点,他们同薛定谔一样对存在的统一性怀有很深的眷恋。值得注意的是,这三位哲学家在对理论物理学作出卓越贡献之后,后期都转入了雄心勃勃的物理学理论的抽象公理研究,他们的信念是:一种连贯的和优雅的数学结构能够同物理概念协调一致,并最终导致可以接受的实验结果。这些努力显然与当时的潮流相背离,特别是与量子物理学的发展相背离,并且没有引出所期望的结果。这也说明,他们后期对研究纲领的选择主要不是由于科学内部原因,而是很大程度上取决于他们的文化传统、哲学偏爱和宗教感情。

三 科学对意识形态的作用

科学如何作用于意识形态呢?主要是通过改变世界图景和运用科学的思维方法。在任何社会中,世界图景都是人的初始基础,在这一基础上建构了关于理想的和可运行的社会制度的概念。早在古希腊哲学家柏拉图和亚里士多德的著作中,宇宙学理论就充当了使社会制度合法化的职能。十七世纪诞生的近代科学建立起新的世界图景,为在资产阶级社会整个历史阶段的意识形态中起着重要作用的自由概念提供了深厚的精神文化支持。

工业化和市场经济的产生要求人从束缚他的政治、经济、文化结构中解脱出来,消除人似乎处在封闭的宇宙中的感觉。近代科学首先破坏了这个宇宙,将世界作为可认识的、能用简单的数学语言描述的机器体系摆到人类面前。人被排除在这个世界范围之外并作为研究者和征服者与世界相对立。为了认识世界,近代科学给人类提供了一种包括合理概括、观察和实验在内的方法。福柯认为,实验科学的这种方法就是在中世纪法庭的讯问过程的强烈影响下形成的。人们很少注意机械论的世界图景的两个重要方面——过程的可还原性和行为与结果之间相互关系的直线性——的意识形态意义。自由感只有在可还原过程世界中才居主导地位。关于行为与结果之间相互关系的直线性概念乃是论证资产阶级社会许多方面的规律性和自然性的必要组成部分。

原子论的科学纲领被自然科学家波义耳、惠更斯和牛顿所发展,除了它对于确立完整的机械论的世界图景具有明显的必要性之外，还在于文化意识形态的需要及十七至十八世纪社会的"原子化"倾向。原子论作为事物的自然机理也为从封建从属物的等级结构中解放出来提供了合法性，为资产阶级民主获得合法权利奠定了理论基础。过去，具有发言权的不是人——原子，而是集体的全权代表（家长、氏族公社的首领及封建主）。

科学还在合理的基础上积极地改变着人类的思维，破坏着传统的文化和传统的思维方式，唯理论成了将人从带着传统、旧习惯和禁忌烙印的大量规范和戒律中解放出来的强有力的工具。资产阶级社会将这种唯理论作为意识形态斗争的工具加以使用，科学方法走出实验室并形成为一种思维方式。

总而言之，机械论的世界图景的形成、原子论的确立和意识的合理化，可以解决上升资产阶级社会的意识形态的两项主要任务，即新的政治体制的合法化和新的社会经济制度的合法化。

当然科学思想实际上不可能全部都转化为意识形态，从科学中产生出来的意识形态不会放弃科学的外衣，这种外衣反过来又影响着意识形态。这样，在意识形态中便不断出现科学传统的痕迹，而这种传统是绝不会消失的。因此，分清两件事是很重要的：一件是就一种新科学理论合理推翻另一种已有科学理论来说的科学革命，一件是"社会占有"或"社会接受"某些基本信念体系的过程，其中包括掺有若干科学成果的意识形态革命。哥白尼革命和达尔文革命双双改变了人类对自己在宇宙中地位的认识，就此而言，这是意识形态的革命。就它们各自推翻了一种占统治的科学理论——一种占统治的天文学理论和一种占统治的生物学理论而言，它们又显然是科学的革命。

哥白尼理论和达尔文理论之所以发生那么大的意识形态影响，是因为它们都同当时支配人们信仰的宗教教条发生了冲突。但是，哥白尼和达尔文同宗教发生冲突这个社会的、历史的事实，却同他们所提出的科学理论本身的理性价值毫无关系；从逻辑上说，也同这两种理论所引起的科学革命毫不相干。因此，把科学革命同意识形态革命加以区别很重要，而在意识形态革命与科学革命互相影响时进行这样的区别尤为重要。科学革命服从于进步的理性准则，是新理论代替旧理论，在经验上和逻辑上都有可识别的一般特征；而意识形态革命是基本信念方面的格式塔转换，触及社会的文化心理结构，因而很少可以用理性为之辩护。即便以公认的科学成果为基础的意识形态也可以是非理性的。

科学革命只有在一定的社会文化背景下，与变动中的社会心理"耦合"，导致世界观、人生观与价值观"重组"，逐步确立一种新的价值取向才能同时表现为一种意识形态革命。好戏不能总是重演，多数情况下，一些重大科学革命并没有引起任何意识形态革命的到来。法拉第和麦克斯韦的革命，从科学角度看，同哥白尼革命一样伟大，它鼓舞了一整代物理学家，但是并没有引起一场意识形态革命。二十世纪以来，只有爱因斯坦的科学革命在知识分子中间所产生的意识形态方面的影响，足以同哥白尼革命或者达尔文革命相媲美。同这一科学革命相联系的意识形态革命，起因之一应归之于闵可夫斯基。用他自己的话说："我愿意为你摆出来的这种时空观……是很彻底的。从此以后空间本身和时间本身都定要消失为影子，只有二者的某种结合才保持独立的存在。"这显然是意识形态，而不是科学。这部分地构成了爱因斯坦革命的意识形态部分。

第五章 非形式合理性

第一节 合理性辨析

近几十年，哲学家、社会学家和科学家越来越关注合理性问题，在科学哲学中，这个问题已提高到研究主题的地位，如劳丹所说："二十世纪哲学最棘手的问题之一是合理性问题。"为什么出现这种对合理性问题的"偏好"呢？根本原因是，合理性问题不是纯理论问题，而首先是生活实践问题。工业文明是合理化的文明，合理性是现代社会所赞成的文化价值。"合理化"意味着把可支配的周围世界转变为一种根据合理的计划、方法以及合理的利用而建造起来的组织，这种组织是包容一切的。韦伯揭示了资本主义工业文明就是合理的企业、合理的核算、合理的技术、合理的法律，以及作为它们补充因素的合理的精神、生活行为的合理化、经济道德的合理化。作为文化价值的"合理性"意指如下几方面：其一，由规则支配的；其二，系统的或成体系的；其三，根据某种理由是可理解的和正当的；其四，由理智调控的。这四种含义适用于现代社会的一切文化类型，然而现代社会的科学无论从活动过程看还是从活动结果看都是合理性的典范。从历史上看，近代科学正是在一种高度理性化的过程中产生并发展的，而高度理性化的科学也推进了整个西方工业文明的合理化。

在学术思想领域，人们对合理性的要求和理解是很不相同的，因研究主题和研究方法的不同而不同，大体上有七种合理性的概念：（1）概念的合理性：使模糊性、含糊性和不准确性最小化；（2）逻辑的合理性：力求连贯、一致、自洽、避免矛盾；（3）方法论的合理性：质疑（怀疑和批判）与辩护（要求证明或证据、赞成或不赞成）；（4）认识论的合理性：关心经验的支持，避免与已被确证的理论发生冲突；（5）本体论的合理性：采取与现代科学成就相一致的一贯的世界观；（6）价值的合理性，力求达到目标，该目标不仅是可得的，而且是值得追求的；（7）实践的合理性：采取最有助于达到目标的方案，并努力地付诸实施。通常，数学家和逻辑学家专注于概念的和逻辑的合理性；科学家遵守方法论的和认识论的合理性；哲学家重视本体论的合理性；技术人员，管理人员和实际工作者则强调价值的和实践的合理性。但是，我们大都不能一贯地坚持其中任何一种合理性，更没有人能始终坚持所有这七种合理性。

因此，对合理性问题的研究必须考虑到三个必要前提：第一，合理性不是一种实体基础，也不是事物的属性，而是一种合理化过程，总是以特定的社会历史形式，借助某种有历史局限的观念体系来实现的。第二，作为观念形态的东西，合理性是人类反思或评价自身活动的范畴。既然是自身反思或自我评价，就超不出自身的尺度，也就是说，人类总是按照自己所达到的高度或水平来铸刻合理性的尺度。第三，合理性是一个相对概念，只有从一个特定角度上看，事物才被认为是合理性的或非理性的，而事物本身无所谓合理性或非理性。

在现代社会的文化结构中存在着两种基本的合理性类型，一种是形式合理性，一种是非形式合理性。在韦伯看来，形式合理性是手段和程序的可计算性，是一种客观的合理性；非形式合理性具有价值的性质，属于目的和后果的价值评价，是一种主观的合理性。从纯粹形式的、客观的行动最大可计算的角度上看，韦伯认为科学、技术、资本主义、现代法律体系和行政管理（官僚制）是高度合理性的。但是，这种合理性是纯粹形式的，它与非形式合理性即从某种特殊的实质目的上看的意义合理性、信仰或价值承诺之间处于一种永远无法消解的紧张对立关系中。形式合理性而不是非形式合理性才是近代以来西方社会秩序中所"独特的和专有的"。这里，我们并不打算从社会学角度对韦伯理论作更多评析，而是从文化学角度指出这样一种内在的关联，即正是因为形式合理性在现代社会中占主导地位，传统认识论才将合理性等同于形式的合理性，完全依据必然性或各种陈述之间的逻辑联系来定义合理性的标准。

传统认识论主张的形式合理性具有以下特征：首先，把合理性看成应用准则的东西，认为理性是超文化的人类固有的一种机能，拥有和运用这种机能可由人类遵从明确的准则一事加以证明。而应用准则的行为本质上排除信念、理由、价值观的介入，因而形式合理性是价值中立的。其次，把合理性看成贯通各种文化的、普遍的东西，力图去发现任何可能的历史发展的非历史性条件，因而形式合理性是超历史的。然后，把合理性看成证据与理论之间的逻辑辩护关系，对于这种辩护关系来说，唯一需要的是实证理性，而不是批判理性，因而形式合理性是非批判的。最后，把合理性看成逻辑上可重建的东西，寻求一种可以离开人们关于科学内容的实际判断并且能够被陈述出来的可形式化方法，它与科学实践的历史过程无关，因而形式合理性是外在于实践的。形式合理性的本质特征是它的非文化性，价值中立的、超历史的、非批判的与外在于实践的归根到底是非文化性的。传统认识论的科学视界必定使人们只看到合理性的形式方面与非文化性方面。反之，当代认识论的文化视界则使人们越来越真切地看到了合理性的非形式方面与文化性方面。与形式合理性正相反，非形式合理性的实质特征是它的文化性；主要通过其价值性、历史性、批判性与实践性体现出来，因此非形式合理性的基本类型就是价值合理性、历史合理性、批判合理性与实践合理性。

第二节 价值合理性

一 科学不是价值中立的

科学是一种最具合理性的事业。那么科学有没有一种价值合理性？这个问题的实质是科学是不是价值中立的。如果科学是价值中立的，独立于或外在于价值，那么价值合理性就因失去科学支持而立不住脚；如果科学不是价值中立的，科学自身的存在和发展始终依赖价值维系和价值引导，那么价值合理性同科学合理性一样是不容置疑的。

在日常想象和一般思辨中，科学总是被当作某种超脱于价值的事业，人们不但认为科学与价值无关，而且认定这一想象中的价值中立性恰是科学的"客观性"和主要优点的表现。罗蒂揭示了这种认识的根源，他写道："（我们）要有能力以这样的方式来思考科学，即认科学为一种'以价值为基础的活动'，而不必为此大惊小怪。一切妨碍我们这样做的东西是这样一些根深蒂固的看法，即'价值'是'内部'的，而'事实'是'外部'的，以及我们如何能以价值开始而生产了炸弹，和我们如何能从私人性内部事件开始而避免遇到事物,这二者都是同样神秘难解的。"[1]但是,只要我们摆脱这种肤浅的成见,作更加深入的思考就会发现科学不可能是价值中立的。

首先,现代认知心理学发现了一个基本事实,即信任、善良和美在我们文化中的普通人身上只是一般地相连着,只是在自我实现的、充分发挥作用的杰出人身上,它们才高度结合在一起,以至于在所有实际活动中,它们都可以说是融为一体的。这一基本事实推翻了这样一种陈旧观念,即认识越是客观、实际、科学,它就越是远离道德和价值观。科学是在一般人类活动中存在和发展的,而人类社会的一切行为都必须受到某种价值观念的支配,道德观念、信仰、情感既是认识主体的心理活动形态,同时又是人们对世界的观察方式,正如爱因斯坦曾经指出的,"我们的道德习惯与倾向,我们对美好事物的感受与宗教本能作出了自己的贡献,即促使我们的思维能力取得科学最高成就"。科学家比普通人更多地受到真理、逻辑、正义、善和美的影响,更善于把真、善、美协调和统一起来。纯粹的探求真理的理想,深深地扎根在科学以外的评价事物的态度中,有的扎根在信仰(包括宗教)对事物的评价之中,客观的和不带价值判断的科学家并不是理想的科学家。"热爱真理"这个词不是单纯的修辞表达。人类认识的、感情的、表达的以及审美的需要,给了探求真理以起因和目标,任何这样一种需要的满足都是一种价值。

其次,知识与价值之间有一种互补关系:价值可以促使知识进一步发展,但不是为了单纯的知识论的理由,而是为了使价值更具有实现价值的能力。同理,知识也可以促进价值进一步发挥作用,但也不是为了单纯的价值论的理由,而是为了使知识更具有实现知识的能力。价值问题的重要性在于价值不能为知识所排除,而要与知识相结合,与知识相批判。同理,知识问题的重要性在于知识不能为价值所排斥,而要与价值相结合、相批判,从知识层面去了解价值、批判价值,进而建立价值,认清价值的真相;同样,从价值层面去了解知识、批判知识,进而建立知识,认清知识的真相。实际上,科学作为知识的陈述体系包含着内在的价值因素:其一,某些科学陈述涉及健康、安全、有害和风险概念,这类陈述仅在参照

---

[1] [美]理查德·罗蒂:《哲学和自然之镜》,李幼蒸译,生活·读书·新知三联书店1987年版,第319—320页。

于一般性的价值背景时才有意义;其二,某些陈述是关于其他陈述的可接受性的,它们涉及有力的证据、充分确立、足够高的概率等概念,这类陈述也依赖于一定的价值背景;其三,在科学中的一般陈述都恰是那些为科学共同体所普遍公认的科学陈述,这自然也会受到一定价值背景的影响。可见科学是以一定的价值背景为前提的,科学具有价值负荷。

最后,人类的根本利益反映在作为人类的活动的科学实践本身之中,诸如真理、一致性和可证实性这些科学规范本身就是深刻的人类职责的高度凝练的反映,因此科学的价值并不是科学所探索的事实的一部分,而是科学本身的一个组成部分,也就是说,是科学的过程和科学的理性的一个特性。诸如"融贯的""简单的""正当的""充分确证的""最有效的解释"等价值词项具有某种客观的用法,即某种客观的正当性条件。这就要求拓宽合理性标准的概念。广义的合理性标准不仅同我们如何判断一些陈述系统的真或假有关,而且还同我们如何判断它们的适当性和清晰性有关。纯粹的认识方式除了向我们表明一个陈述系统是错误的以外,还表明它不能给出令我们满意的描述。科学态度和以价值为主的态度并非相互排斥,而是相互渗透的。评价性的和科学的方法,规范性的和事实性的方法,只不过是精神对于世界的一元性认识的两个方面。只要我们找出科学里的价值性因素和价值里的真理性因素,我们就不难看到真理和价值概念的一元性与相互渗透关系。

在肯定了科学不是价值中立的之后,对于价值合理性究竟是什么还需作一番深究。认为价值合理性只表现在评价行为中;认为价值合理性只是某种价值观对认知行为的影响;认为价值合理性只是与个人的趣味、爱好、主观动机有关……凡此种种都是对价值合理性的极为肤浅的表层认识。我们认为,价值合理性深深地嵌入科学运行的内在机理之中,通过科学文化的价值取向、科学共同体的价值规范和科学家个人的价值承诺三种基本方式表现出来。

二 科学文化的价值取向

科学文化是文化知识系统的自然成长。文化知识系统包括世界观、哲学、神学、政治、意识形态和科学理论,科学文化从这个大系统中分离出来,成为相对独立的自主系统,受到两个条件的约束:理性约束和经验约束。理性约束指的是系统的内在组织,它保证作为系统的特征,如逻辑一致性；经验约束指的是系统与观察事物的关系，它保证作为知识系统的特征，如似真性。理性约束使科学沿着抽象性的方向发展，经验约束使科学沿着可检验性的方向发展。具有抽象性与可检验性就是科学文化演变的最初价值取向。哲学、神学理论是抽象的，但不可检验；周而复始的观察是可检验的，但缺乏抽象性。随着科学文化系统的发展，除了抽象性与可检验性外，创新性、简单性、预见性和连续可替换性也成了系统的要求，于是在结构和功能上科学文化系统逐渐难以满足整体文化系统的需要。正像大多数文化知识系统不是"科学的"一样，许多科学文化也不是文化上可接受的，因而未被纳入文化知识系统。这样，科学文化也就愈益从整体文化系统中分离出来，成为相对独立的自主系统。

科学文化的价值取向决定了科学是形成新价值的基础。科学作为一种价值有其不同于科学之前和科学之外形成的其他价值的特征，其中最重要的特征在于，自然科学排除认识主体的任何利害关系或偏爱而获得真理作为价值的意义。在自然科学中达到了认识的客观性，这就使人们可以把真理看作十分特殊的价值。人类固然不可能在一切认识、知识或信念体系上都取得众口一词、完全一致的意见，我们不能用投票表决来决定科学的真理性和合理性问题（科学是非问题与赞同的人数是两码事，在相对论问题上，一个爱因斯坦胜过成千上万个外行）。但总的来说，特别是从发展趋势和实践检验方面来看，对科学认识的意见一致程度要比伦理宗教等文化问题高，并且是不断提高的。这主要是因为科学更多地诉诸客观性和真理性，因而在与各种不同观点的竞争中会赢得越来越多的支持者。客观性和真理性决定了人对于科学思想内容的影响受到以下要求的限制：假说必须与实验资料相符合；新的理论概念必须满足内部无矛盾性；与以前知识的协调性。遵守这些要求是保持科学作为独特文化形式的必要条件，这种文化形式在人类社会中起着与人文文化同样重要的作用。

由于价值是以特有方式制约科学的，由于科学所承诺的是特定价值，因而科学本身不等价于任何价值体系。科学文化的价值取向客观上把科学价值与其他价值区别开来，把基本价值与非基本价值区别开来。非基本价值是科学文化的背景价值，即使这类价值为其他价值所取代，科学依然是科学。基本价值是科学文化的内在价值或特征价值，这类价值一旦被放弃或取代，"科学"便不再成其为科学。科学文化的基本价值主要有两个。第一个基本价值是追求真理。这并不排除科学共同体接受科学陈述乃是出于比忠实于真理更基本的其他动机,然而,出于非真理的其他动机所作出的选择是非科学的,因为一个放弃了真理追求的"科学"就不再是真正的科学了。第二个基本价值与第一个密切相关,即科学需要证明。如果一个陈述是根据真的科学理由而被择定的,则该陈述必定是可证明的。当代科学对数学的依赖,反映出人们除承认归纳证明之外,也愿意接受逻辑演绎证明的有效性。也许将来会有这么一天,科学发展的进程会根据近乎纯粹的哲学论证而大为改观。这就是说,科学并不局限于某一特定类型的证明。然而,诉诸证明,即诉诸这种或那种类型的证明,却是科学的本质。一旦"科学"放弃或大大弱化了对证明的需求,也就不再成其为科学了。虽然,追求真理和寻求证明实际上是一种并非总能实现的科学实践理想,但这并不意味着可将其弃之不顾。因为它们不是一般的理想,而是至关重要的科学实践理想。任何不以真理和证明为其价值理想的"科学"便不再是科学了。

三 科学共同体的价值规范

科学共同体是人类文明中的一个独特体制,它没有意识形态,因为它没有一套必要的正式信仰,但是,它却有一种精神气质来间接地规定其成员的行为;它培育着信心和热情,但是这种信心和热情的基础不在于信仰,而是在于对新知的探索;它使得其成员志愿地服从这个集体,但是这种服从不是来自权威的强制,而是来自对科学传统的认同。所谓科学的精神气质是指稳定的、学者必须遵循的科学规范和价值的总和。虽然科学的精神气质没有被编成法典,但它可以从学者的和谐一致中表现出来,可以在已经确立的规范中、可以在无数论述有关科学精神的著作中和在道德对破坏精神气质的愤怒指责中表现出来。

默顿提出了六条公认的科学的精神气质:(1)普遍主义:在对科学家之科学成就的评价中,应该以科学本身的价值为标准,不应考虑诸如种族、性别、年龄、宗教、民族、国家、阶级、个人品质等个人特征和社会属性;(2)公有主义:要求科学成果为科学共同体的成员所共同享有;(3)无私利性:要求科学家为"科学的目的"而从事研究,提倡"为科学而科学"的精神;(4)有条理的怀疑主义:要求对所有的知识,借助于经验的和逻辑的标准加以同等仔细的考察;(5)个体主义:它反对盲目地屈从权威和教条,要求科学家个人在信奉理性的基础上进行自由的探索；(6) 情感中立：要求科学家不把个人情感因素卷入科学活动之中。

学术界对默顿提出的科学的精神气质已达成共识，对此我只想强调两点。第一，这组精神气质构成科学共同体的价值规范，科学研究最好由重视这些价值的共同体去做。科学家之所以尊重这些价值，是因为他们必须服从它们，如果他们想要使自己的工作被科学共同体接受和重视的话。科学并不是唯一的价值源泉，但它的确培养了某些价值和态度，我们承担不起它们的损失，因为在与科学的精神气质保持和谐一致的条件下，科学发展得最好。

第二，科学共同体的价值规范并不是孤立地、以"纯粹形式"起作用的。只有借助实际的机制，价值规范才能作为一种设置在科学实践和个人活动中实行。实际机制依赖于这样的客观的社会前提条件：（1）科学的特殊的社会职能，亦即生产系统的、合理组织的、经过证明的、不断发展的、在实践中被检验和运用过的有关自然、社会和人类思维规律的客观知识的职能；（2）与科学最有关的、曾影响过（今天还在影响着）科学在物质生产和精神生产体系中的地位和学者在社会中的作用的社会—历史变化；（3）科学研究工作所特有的、历史形成的和经常变化的制度化的社会关系形式；（4）在该社会制度范围内历史地形成的关于科学知识和研究工作对整个社会和个人的意义的观念和思想（这里指的是与科学有关的社会价值）。

四 科学家个人的价值承诺

科学共同体内价值规范对其成员的持久作用和深刻影响，使科学家个人在他们的科学训练和专业经历中形成了一种"科学本能"，表现为某些共同的偏爱或价值观念，其中包括理论应该产生精确的和更可取的预言。理论应当精确，就是说从理论推出的可检验的结论应该与实验检验的结果完全相符；理论应该保持内在的一致性，而且与邻近领域中公认的理论相一致；它应该有广阔的适用范围，应该能预言那些未知或在理论建立时未被描述的新现象；它应该是简单的和有效的；它应该与作为背景的形而上学或元理论信念保持一致性。这是一些向科学家个人提出的"要求"，他必须通过自己的理论研究和学术活动去满足这些要求，因而它们也是科学家个人的价值承诺。

正如牛顿-史密斯所说的，没有一种方法论之石，"能够把实验室的残渣变成理论真理的金子"。即使我们得以鉴定一些共同的价值和信念，我们也不会因此必然成为更好的科学家。当科学家普遍同意上述"要求"的重要性，并在考虑理论时予以极大的重视时，这些要求并不能精确地表示为某种选择的规则，因为一方面，单个的要求太模糊，无法用精确的标准阐明精确性、简单性、适用范围、有效性等；另一方面，即使可以按照每一要求提出选择的规则，但是，就其中的一些要求而言，在两个相互竞争的理论中可能有一个更为优越，而就另外的要求而言，却又更为低劣。因此，科学家个人的价值承诺不同于方法论承诺。方法论承诺是"硬性的"，遵守和适用规则具有可操作性和齐一性；而价值承诺是"软性的"，"要求"所构成的理由是用来进行选择的价值，而不是选择的规则，共有这些理由的科学家仍然可以在同样的具体情况下作出不同的选择。

对于科学家个人的价值承诺，我们还需要指出以下重要之点：第一，由某一特定时代的特定科学共同体所支持的信念，总是在其构成成分中包含了由个人偶然性和历史偶然性所组成的明显任意性因素。精确性、自洽性、广泛性、简单性、有效性等要求之所以相当有效，并不是由于完全明确它们可以支配每一个赞成者的选择。如果真的明确到那种程度，科学进展的基本行为机制就不起作用了。这种不完善性，传统看来可以从选择规则中除去，实际上它恰是科学基本性质的一种反应。一些理由可以在没有指明判定必然怎样的情况下影响判定，在出现矛盾和含混不清时进行有效的指导，这在人类生活的许多领域中都是很常见的。第二，履行要求的科学家个人在进行理论选择时，各人会受到各种不同因素的影响，其中包括科学家个人对要求的不同解释以及某些存在于科学之外、或多或少带有个性和主观性的其他因素。在许多具体情况里，不同的价值标准虽然都是由可靠的理由构成的，但决定着不同的结论和不同的选择。不同人心目中各种价值的相对分量在单个选择中可能起决定性作用。虽然科学家共有这些价值，但他们不会都以同样的方式运用它们。第三，科学史表明，像精确性、自洽性、广泛性、简单性等价值的实际应用，或者更明确地说它们的相对重要性，随时间以及应用领域的不同而发生显著变化。而且，许多价值变异同科学理论的特定变革有联系。科学家的经验虽然没有对他们所展示的价值提供哲学论证，但价值仍然部分是从经验中获得，并随经验而进化的。

第三节 批判合理性

一 批判传统：批判合理性的文化根源

批判之所以是合理性的一种特质，是因为理性在其最高形式——哲学和科学中就把批判作为自身的内在规定。常识的特点是它的非批判性，从常识到哲学和科学的转变，其标志就是一种审慎地批判的思维方式的出现。哲学使常识成为持续的和系统的反思对象，它迫使我们去考虑我们自己用常识的普通方法所认识和所相信的东西到底是什么。常识的对象是日常的决定和行动本身。而哲学则是对支配这种实践的各种观念的批判，或者说是对体现在其中的各种信念的批判。从这个意义上说，哲学就是批判。科学和常识之间最重要的区别就在于科学命题的明确性和可反驳性，在于科学的目标具有自觉的和审慎的批判性。科学发现的条件与某种使科学主张可以被批判地检验、反驳和摒弃的方法有关。探索真理也还需要处置谬误。从这个意义上说，科学是一种使其一切主张经受检验和批判的批判性事业。

正因为哲学和科学把批判作为自身的内在规定，所以人类文化的整体发展受到一种批判传统的强烈影响。苏格拉底认为，通过批判讨论来探求真理是一种生活方式，而且他认为这是最好的生活方式。希腊哲学和各希腊哲学学派开创了一种批判讨论的传统。这个传统允许或鼓励各个学派之间进行批判的讨论，还允许或鼓励同一个学派内部进行批判的讨论；这个传统承认学说的多元性，这些学说通过批判地讨论而逐步接近真理。这样，它必然导致这样的认识：我们致力于认识真理和发展真理的尝试不是终极的，而是尚待改进的；我们的知识和学说是由猜想、假说构成，而不是由终极的确定的真理构成；批判和批判的讨论是我们接近真理的唯一手段。这样，批判传统便创造了理性的或科学的态度，并创造了科学的文明。伽利略开创的近代科学的观察实验方法本质上是一种批判方法，观察和实验的意义完全维系于它们是否可用于批判理论这个问题。一些理论只可能在两个主要方面优于另一些理论：它们能够解释更多的东西；它们能够更好地接受检验，就是说可以根据为了批判理论而设计的观察或经验检验，对它们进行更充分和更富于批判性的讨论。

虽然科学按其本性是批判的，但牛顿力学的巨大成功使人们产生了错觉，以为理性是万能的，凭借理性就可以获得绝对真理。康德说："我们的理智并不从自然界引出规律，……而是把规律强加于自然界。"康德的话不仅意味着我们的理性企图把规律强加于自然界，而且还意味着理性的这种企图总是成功的。因为康德相信，牛顿力学定律是由我们成功地加于自然界的——我们必然要用这些定律解释自然界；康德由此得出结论：这些定律必定先验地就是真的。与康德的意趣相投，实证主义哲学把理性观念同最终的、可证明的知识联系起来，主张理性就是指实证理性，实证理性的功能不是表现在批判并消除错误中，而是避免或防止错误发生，预先把知识与意见区别开来。这样，受康德的先验哲学和实证主义哲学的深刻影响，科学本有的批判精神受到抑制，逐渐被人们遗忘。

爱因斯坦的科学革命从根本上推翻了先验哲学和实证主义哲学，高扬科学的批判精神，是批判传统的一次伟大复兴。首先，爱因斯坦的相对论使我们认识到，各种判然不同的理论和解释也是可能的，它们甚至比牛顿理论更高明。因此，理性能够提出不止一种解释，理性不可能一劳永逸地把它的解释强加于自然界。"概念是思维的自由创造"，这一全新的思想把我们从康德的先验理性的强制中解放了出来。这样，理论就被看作是我们自己心灵的自由创造，对于这种自由创造来说，一种批判与自我纠正的机制是必需的；理论创造的自由和大胆能够用自我批判和我们所能设计的最严格的核验来加以控制，防止它失之偏颇。通过我们批判的检验方法，科学的严密性和逻辑性便渗入理论之中。其次，爱因斯坦改变了对科学价值的重新评价，不可反驳不是理论的优点，而是理论的缺陷。人按其本性是不能避免犯错误的，理性的功能与其说是避免或防止错误发生，不如说是在错误发生之后能够批判它，纠正它。因此，与实证主义哲学正相反，理性的根本特质是一种批判理性，而不是一种实证理性。批判理性使我们可以从我们的错误中学习，通过纠正错误而逐步接近真理。科学的态度就是批判的态度，这种态度并不是寻求证实而寻求判决性的检验，虽然这些检验永远不能确定理论，但却能够反驳或否证受到检验的理论。

二　形而上学：批判合理性的内在尺度

瓦托夫斯基把形而上学定义为"表述和分析各种概念、对存在的原理及存在物的起源和结构进行批判性、系统性探究的事业"。这意味着，要永不寂灭思想的怀疑能力，永不停止怀疑看似明晰与确定的东西；经常怀疑常识的所谓可靠来源，经常意识到被认为理所当然的东西可能有"另一面"，就必须保持活生生的形而上学质疑。开始于十八世纪的把理性归并到工业的过程，把理性从形而上学转化为工具的合理性，一方面，它是社会进步的条件，因为科技成为生产力；另一方面它又成为压抑批判理性的手段。正如法国哲学家马丁·杰伊指出的那样："实证主义者在否定黑格尔为其绝对精神的哲学所提供的本体论论断时，剥夺了理智在判断现实存在的东西是真还是假方面的任何权利。"因此，实证主义"拒斥形而上学"所造成的一个后果就是批判理性的泯灭。这个教训从反面说明：人类之所以需要形而上学，是因为形而上学乃是保持批判精神永不枯竭的内在源泉。

在开拓性的科学研究中，形而上学观念是须臾不可缺少的。诚然，摆脱经院哲学的形而上学的桎梏是开创近代科学的先决条件之一，伽利略—牛顿所倡导并模范实行的实验手段与数学公理手段相结合的实证方法开辟了物理科学自主发展的道路，而现代物理学则把物理概念的操作定义与物理学理论的程序提到了前所未有的高度。这一切似乎标志着物理科学与哲学的分离。但是，这只不过是一种假象，物理科学与哲学的分离只是表面的，而不是实质的，因为在物理科学拓展其新观念中，哲学永远是不可缺少的辅助思维工具。形而上学充当了科学假说和理论得以在其中得到阐述的最一般的概念框架的那个部分，因而充当了一种观念的源泉，一种对科学思想不同部分的系统化的指导。今天，在物理科学的前沿探索中，为了形成新的观念和建构新的理论，物理科学对于新的哲学观念（具体地说，对于新的形而上学观念）的需求，不是比历史上任何时代少了，而是更加苛求了。所以爱因斯坦认为："如果把哲学理解为在最普遍和最广泛的形式中对知识的追求，那末，显然，哲学就可以被认为是全部科学研究之母。"[①]

形而上学是批判合理性的内在尺度。这主要表现在两个方面。第一，在公认的危机时期，科学家们必须转问哲学分析，作为解开他们的领域中的谜的工具。牛顿物理学在十七世纪出现以及相对论和量子力学在二十世纪出现，并不是意外事件，两者都以科学研究纲领的哲学分析为先导和伴随。任何研究过十七世纪科学革命的人，都不能不对当时的一连串形而上

[①] 《爱因斯坦文集》第1卷，许良英、范岱年编译，商务印书馆1976年版，第519页。

学学说所起的作用有深刻印象。这些学说是决定论、机械论、能量守恒和自然的质朴、有序以及数学结构论。法拉第清楚地把他的反机械论的场论——这种场论为科学研究开辟了一个新的可能性领域——看作超科学的沉思。根据他的场论，他重新解释了牛顿理论。所以，十七世纪的形而上学学说为未来科学理论的建立提供革命纲领，而不是对过去科学成就提供保守的证明。第二，形而上学信念处在总的时代精神之中，影响科学家思维的深层结构，得到科学家的"偏爱"，作为主旨、原则、纲要指导科学家对理论的选择。而那些把与某个形而上学信念相一致看成是理论的可接受性的先决条件的人，也必然把这种信念本身当作是唯一真实的。对爱因斯坦来说，因果性对任何理论都是真实的，且无一例外。虽然他清楚量子力学的几率解释和经验事实没有矛盾，但对于他来说，这并不排除把"精确的决定论"应用于微观世界的可能性，他始终认为能够想象一幅基本过程的图像，其进程是被精确地决定的。因此，他希望量子力学最终能够从一种更深刻的非几率性理论中推导出来。可见，形而上学信念必然会成为评价科学理论的一个基本参数，有时甚至是至关重要的。爱因斯坦认为评价和选择科学理论应有两个尺度，即"外部的证实"和"内在的完备"。所谓"内在的完备"就是科学理论必须与某种世界观方法论要求相一致。在这里，形而上学显然充当了批判合理性的内在尺度。

三 多元理论：批判合理性的存在形式

在具有强烈的批判意识的早期希腊哲学家那里，我们发现一个极其令人瞩目的现象：一个哲学家提出两种学说，一种他认为是真实的，另一种他认为是虚假的。然而他不把这个虚假的学说仅仅当作谴责或批判的对象，而是把它当作一种对世人虚妄观点和纯粹现象世界的最可能的说明。他通过这两种学说的相互诘难而让真理逐步显现出来。显然，在这里，对立（多元）理论的并存是批判合理性的存在形式。我们想要批判一个理论 T_1，我们就需要另外某个理论 T_2，T_2 提供我们批判 T_1 所必要的基础、出发点或背景。一旦有了竞争的理论，也就有了批判地或者理性地讨论的较大余地：我们探讨这些理论的结论，力图发现它们的弱点。这种批判的或理性的讨论，有时可以导致两个理论中的某一个完全失败，但更经常的是有助于揭示出这两个理论的弱点，从而要求我们提出更先进的理论。科学的理论正是通过这个过程才得以增长和进步。

多元理论对于批判合理性是不可或缺的，基本理由有二。第一，批判总有两种形式，自我批判与对象性批判，二者是紧密联系的，自我批判依赖对象性批判，对象性批判导致自我批判。任何理论都局限于自己的框架中，不超出自己的框架，不借助于别的理论来审视自己，自我批判不可能引出实际的结果，即一种依据别的理论的对象性批判而作出的自我纠正。第二，批判所需要的反思行为，是思考、理解的行为。理解在任何时候都要以确定的理解手段、某种意义联系的框架为前提。离开了这个框架就不可能有反思。与此同时，反思行为所需要的意义框架是预先设定的，它在这个行为本身中不被反思，而是从反思行为中"消失"，表现为反思行为的手段，即不明显的知。只有在认识的历史发展过程中，根据不断扩展的新理论逐渐揭示并审查那些未经反思的各种预设前提，批判合理性才能实现自己的功能，即帮助人们接近或达到对科学的真实本性的领悟。

正因为这样，大多数科学的早期发展阶段都是通过许多不同学说之间不断的相互竞争而表现出自己的特征来，特别是前规范时期是以频繁而激烈地争论合理方法、问题和求解标准为标志的，尽管这些争论主要是促进学派的划分，而不是达成一致。在常规科学时期绝大多数争论虽然并不存在，但在科学革命之前和革命期间却可以有规则地再现出来，而且这样的争论也没有由于规范的出现而一劳永逸地消失掉。从牛顿力学到量子力学的过渡激起了许多关于物理学的本质和准则的争论，有些争论直到现在仍在进行。在多元理论并存的情况下，人们对"科学""真理""知识"等的理解将具有不确定性，所以爱因斯坦审慎地说："把一具体的意义和'科学真理'这一术语联系起来已是不易。'真理'这一术语不同于内部经验，不同于数学命题，也不同于自然科学的某个理论。当人说起'严格的真理'时，我真弄不清其中的意义是什么。"[1] 这种态度正是批判合理性所要求的，它与对待真理的教条的或独断的态度完全不同。

在二十世纪以前，欧几里得几何学和形式逻辑同一律作为科学的范型被视为理性的唯一形式。现代物理学革命打破了理性具有唯一形式的神话，全新的理性形式通过新理论的数学反常性（相对论的非欧几何学）和逻辑反常性（量子力学的不确定性原理）表现出来。既然理性本身具

---

[1] 转引自［法］让娜·帕朗-维亚尔《自然科学的哲学》，张来举译，中南工业大学出版社1987年版，第176页。

有多种形式，那么批判合理性注定要通过多元理论来体现。费耶阿本德提出一种"增殖"原则，对此作了说明。关于"增殖"，费耶阿本德写道："大胆发明、详细阐述与公认观点不一致的理论，即使后者碰巧得到高度证实并被人普遍地接受也在所不辞。采纳这条原则的方法论就叫'多元主义方法论'，根据该原则除公认观点之外我们还应予以利用的理论可以叫作公认观点的替代者。"① 费氏认为，增殖与批判是紧密相关的，增殖为批判提供基础："我们从一开始就是采纳多个的理论。"而批判又似乎成为增殖的目标。黑格尔辩证法的核心，是绝对观念的辩证运动，是对立面之间的通过否定进行的发展。在黑格尔的思想影响下，费耶阿本德把理论的否定性因素设想为该理论的对立面：理论的替代者。替代理论愈强，替代的理论之间的矛盾愈尖锐，批判的力量也就愈能显现出来。

第四节 历史合理性

一 理性具有历史性品格

在哲学史上，理性具有历史性品格，首先是通过黑格尔哲学中的巨大历史感而被揭示的。通过历史感，黑格尔意识到理性自身具有自己的历史根源，当文化条件发生变化，理性概念也随之改变。自黑格尔的时代以来，不仅在对人的本性的总体的思考中，而且对在历史中发展着的、从而不断地受到个体和社会生活变化条件影响的理性自身的思考中，这种历史感都强烈地表现出来。理性不是人类认知的、永恒的、普通的原则，而是一种历史地进化着的思维形式，共有效性的标准随着人类生活的要求和社会文化条件的变化而变化。这一点已成为人们的共识。

现代解释学通过肯定"先见"的合法性而使历史本身获得理性的形式；通过"受历史作用的意识"而使理性永远带有历史的印记。"先见"构成人在历史中的存在。无论我们是否愿意承认"先见"介入理解、使理解成为可能，"先见"已经是我们认知主体的历史存在形式，并时刻影响着理解的发生过程。现代解释学之所以关注披露理解对于"先见"的依赖性，并非是要推荐人们去歌颂"先见"，保护偏见。它是在描述和展

---

① [美] 费耶阿本德：《哲学文集》第1卷，剑桥大学出版社1981年英文版，第105—106页。

示理解在人的存在中发生的一种必然过程。理性不是征服"先见"的法宝，而是"先见"使理性的历史存在成为可能，"先见"包容着理性、直觉、情感、下意识、意向。一言以蔽之，"先见"是人从他的历史中所接受的一切。由这种历史的眼光去看待理性，理性本身是"先见"的一部分。

每个人无可选择地要降生并生活于某种历史文化中，"先见"就其来源而言，确要先于他而存在，成为一种带有普遍性格的历史文化之一部分。而"先见"就其表达方式来看，又必须是个人主体在历史中的具体表现。同一种历史文化，要给主体塑造一些共同的认知取向或思维方式，而主体在个人经验中的历史存在，又给具有共性的历史文化认知取向提供了具体的表现方式。这样，由历史文化而来的并构成主体认知取向的"先见"，同时具有了两方面的性格：一是它与历史文化的普遍性之间的存在上的联系；二是它自身无时无刻不存在于人的历史形态——经验之中。"先见"一身集二用，本身既是"具体的普遍性"——作为认知理解的知识起点，同时又是接纳融合新知的"中介"。康德哲学所求助的"先验理性"，被自身具有历史文化共性和个人经验具体性的"先见"所取代了；非历史的、超验的成分，被从人的历史存在方式中剔除出去。认知能力所要求的"先入"条件，在人的历史存在中得到了满足和解释，同时也给了任何"先入"的认知条件以历史的局限，因为这种局限正是人自身的局限。

在伽达默尔的哲学解释学中，"受历史作用的意识"是一个极为重要的观念，它可以被称作哲学解释学的历史意识。"受历史作用的意识"强调的是从"我在先见中存在"到"我在先见中理解"这样一个历史的过程。历史进入意识的方式，并非在意识主动去理解历史时才发生，历史已在存在的层次上，由"先见"为意识形成了它理解的"视野"。在"受历史作用的意识"中，不存在能够摆脱"先见"的理性，理性永远在其自身带有历史的印记。理性站在"先见"之外，并对"先见"进行鸟瞰式的反思审视，以克服个人的特殊历史存在，达到对普遍真理的把握，这乃是思辨哲学对人类历史存在的最大误解。

"受历史作用的意识"强调两个方面的统一：一方面是在历史进程中获得并被历史所规定的意识；另一方面是对这种获得和规定本身的意识。伽达默尔坚持认为，真正的历史思考"还必须思考其自己的历史性"。虽然，某人可能认为他已经对过去获得了像过去本身对自身理解的那种满意的理解，但是，他必须认识到，他的理解仍是被历史地限定着的。所以，其理解便必然是不完全的了，因为一个人必须回答进一步的关于自己历史情境的问题，以了解这些问题是如何在影响着一个人对于过去的理解的。而且，他的理解本身也是受其自己的历史情境所制约的。这种双重的认识就是"受历史作用的意识"。这表明"一个真正的历史思考本身的历史性"。

二　合理性标准是历史的产物

人类的任何活动只能从相对意义和历史限定的意义上讲是合理的，试图否定自身界限的这种合理性，必然表现为非理性。因此，人们应当从历史背景中去判断自身行为的合理性。这也适用于科学和科学活动，其合理性的标准主要取决于所处的历史背景。美国哲学家瓦托夫斯基认为，西方传统哲学依据逻辑的可重建性或解释的演绎模式所规定的合理性标准本身是从科学和经济生活两个方面数学化的成功中发展起来的。"数学和物理学理论的发展，在实践的数学化方面起着巨大的作用；而反过来，数学化的实践在促进和合法化合理性的数学标准上也起着巨大的作用。这两者之间的关系是辩证的。"[①]

人类在自己具体的实践活动和认识活动中，必然会把那些有效的活动结构或程序提炼并内化为认识的方法。随着认识方法的层次、抽象性、严密性和确定性的不断提高，人们心目中的"理性"和"合理性"也不断升高，因而日益远离人类具体的历史活动。最后，通过层层抽象获得了一种严密的、似乎是封闭自明的规则体系，人们心目中的"理性""合理性"也被蒙上一层自身独立性、绝对确定性或先验性的幻象，人们把这种绝对化或先验化了的理性和合理性的标准载入理性法庭的最高法典，用它反过来审判并最终否定它本身赖以产生和发挥作用的人类具体的历史活动。这就整合理性标准的历史根源被人们遗忘的内在原因。正如费耶阿本德所说："当科学家习惯于以某种方式看待理论时，当他们忘记产生这种看法的理由而只是认为它是'科学的本质'或'科学意义的重要组成部分'时，当哲学家将熟悉的程序系统化并表明它们如何可以由一种抽象

[①] 转引自《自然科学哲学问题丛刊》1983年第1期，第24页。

的合理性理论产生出来、从而促成了科学家的健忘性时,那就不会引进为表明基本标准有缺陷所需要的理论。即使引进了这种理论,也不会认真对待,因为它们与通常的习惯及其系统化相冲突。"①

列宁曾指出:"全部历史,特别是历次革命的历史,总是比最优秀的政党,最先进阶级的最觉悟的先锋队所想象的更富有内容,更形式多样,……更生动活泼,'更难以捉摸'。"②列宁的这个思想也适用于科学认识不断增长着的多样性。任何历史总是比合理性理论丰富得多。科学史的新发现表明:首先,在科学发展的某一阶段被视为合法的科学理论,经常不同于另一阶段被视为合法的科学理论;其次,不同阶段使用的不同组标准具有不可比性,没有哪组能被认为比其他标准"更合理""更正确";然后,为一定阶段接受的标准,同该阶段科学信念的内容有密切联系,伟大的艺术作品可能会改变美学标准,伟大的科学成就可能会改变科学的标准,有关标准的历史就是标准与成就之间相互作用的历史;最后,一些重大历史事件,如哥白尼革命、相对论和量子力学革命,都违反了惯常的合理性标准。因此,如果理性在于遵循这些标准,那么科学就是非理性的;如果不遵循这些标准同样可以带来科学的进步,那么科学的合理性显然是历史地变化着的。

因此,科学的普遍性的发展总是被该发展中任何时刻的特殊历史的和文化的事件所打断,人们总是要在受历史制约的特殊性的形式中找到普遍性的真正形式。所以,当前的科学理论在科学实践中被看作是基于整个科学发展历史的最先进的东西,它的起源、发展和批判的检验乃是整个科学史的一部分,不能脱离这一历史过程。科学的合理性决不是某种理论的形式化特征,即某种普遍的数学算法,而是在科学的一定历史类型范围内所具有的一种特征。科学的合理性是固定在具体的科学成就中,这些成就以范式的形式发挥功能,深刻地影响着科学家研究问题的一般思路。在这里,科学的历史实在性成为知识理性的一个极重要的因素,在一定历史时期中取得的科学成就已经把该学科内描述世界的各种原则确定下来,从而也确定了对理论作出评价和改变的理性根据。因此,对科学的合理性标准

---

① [美]保罗·费耶阿本德:《自由社会中的科学》,兰征译,上海译文出版社1994年版,第29—30页。

② 《列宁全集》第39卷,人民出版社1986年版,第74页。

的理解，不是一种根据理论的数理特征作出的逻辑学研究，而是一种深入科学的历史实在性的类型学研究。这种类型学研究着力于考察历史上重大的学科范例——亚里士多德范例、伽利略范例、牛顿范例、爱因斯坦范例等等。去揭示那些以"研究纲领""研究传统""范式""高层背景理论""理由""背景信念"等表征的知识理性的历史类型。

三 历史批判是科学理性的基本特质

当科学家们致力于扩展科学的边界的时候，他们迫切地想要弄清脚手架是否真正牢固，弄清愈来愈复杂的理论大厦是否有倒塌的危险。这意味着必须回到过去。这种批判性的工作，从根本上说具有历史的性质。历史批判提供了解科学进展的可能性，同时也为科学家应该做些什么以促进科学发展提供思路和视野。所以大凡有重大建树的科学家都十分重视历史批判对科学创新的意义。马赫在他第一部重要的历史著作《能量守恒定律的历史和根源》（1872）中写道："科学的启发只有一种——学习历史！"他认为，对自然界的探索，应该立足于专门的第一流的"由科学历史发展知识组成的"教育，以便"借助于历史来研究难题和认识难题，并从理论观点上冷静地思考难题"。奥斯特瓦尔德写了多部历史批判性的科学史著作，他的一些专门性的科学著作，往往也有较多的批判性的历史概述。在他看来，各种观念的历史发展和逻辑发展往往是一致的，所以有可能采取历史批判的性质。他说："我持续致力于清楚地阐述科学的几个领域的历史发展，因此我希望把我的作用贡献给复活科学家的历史感，有必要十分注意发展科学家的这种历史感。"

科学发展的历史，是爱因斯坦长期表现出浓厚兴趣的问题。例如，他经常结合科学实践专题探讨有关科学问题的发展历史；他曾多次同科学史专家讨论科学史上的一些重大事件，探讨科学史研究和科学史著作撰写的方法；他还对科学研究中很多科学家不注意科学史，没有"历史感"的现象提出批评，提醒科学工作者要重视"科学观念的发展历史"问题。在爱因斯坦看来，在科学研究中树立历史观念，重视对有关问题的历史考察，已经成为当代科学研究的重要方法和科学家的必要素质。

从爱因斯坦的科学哲学来看，历史批判确实是科学理性的基本特质，这主要表现在：（1）在科学发展过程中，由于知识的增长，有重大意义的专业化是不可避免的。这虽然有利于科学认识的不断深入，但也由于研究者的个人活动"限于愈来愈狭小的人类知识部门里"而丧失广阔的视野，损害"真正的研究精神"，并最终使从事创造性工作的科学家下降到"匠人的水平"。① 在这种情况下，科学家要想在一个狭小的专业领域里卓有成效地工作，就必须了解科学发展的历史，以便努力"随着科学进步的步调对科学的全貌作个哪怕是大略的了解"，使不同领域里的知识"融会贯通""活了起来"②。从而使科学家能够站得高、看得远，在一定程度上克服科学专业化带来的局限性。（2）在科学大发展时期，新理论、新观点层出不穷，使人眼花缭乱，要把握它们的实质，形成自己的深刻判断，就必须对有关问题的起源和发展进行详尽的历史考察。这种历史考察"比起通过许多同时代人的工作对已完成的题目作出一种流畅的系统的叙述来，往往对于实质提供一种更深刻的理解"③。如果科学家了解科学发展的全部进程，自然就会比那些把视野囿于自己生活年代、只关注在当下发生的精神生活事件的人，更自如、更正确地评述当代的科学运动。（3）科学道路的正确选择对于科学工作有决定性意义。问题在于怎样培养正确选择科学道路的能力。靠教科书是不行的，因为教科书里的"结论几乎总是以完成的形式出现在读者面前。读者……感觉不到思想形成的生动过程，也很难达到清楚地理解全部情况，使他有可能恰好选择这一条道路，而不选择任何别的道路。"④ 在这方面，只有在亲身实践的基础上学习前人经验，其中包括通过考察历史上重大发现的过程，来了解当时的科学家"所追求的是什么，他们是怎样思索他们的问题，并且怎样同他们的问题进行苦斗"⑤，才能丰富和提高自己。而根据原始论文来追踪理论的形成过程具有一种特殊的魅力，这使科学家得以从"科学思想发展的全部过程"中寻求恰当的科学道路。（4）随着新的科学成果的不断涌现，需要对它们的地位和意义作出恰当的判断，以便及时将其纳入一定的科学理论体系之中。解决这个问题同样离不开对有关问题的历史考察。因为理论的发展常常表现为从"以前的思想中接收……概念"，再根据新的

---

① 《爱因斯坦文集》第 1 卷，许良英、范岱年编译，商务印书馆 1976 年版，第 307、308 页。
② 同上。
③ 同上书，第 177 页。
④ 同上书，第 79 页。
⑤ 同上书，第 548 页。

材料"加以修改,使它们更加严格"①。这样,就使新旧理论之间的关系具有一种在继承基础上创新的性质。在这种情况下,要弄清楚新理论的创新意义,显然只有在对具有历史渊源关系的原有理论作历史考察的基础上,把新旧理论联系起来进行比较分析,才有可能正确评价新理论的特殊价值。

四 历史合理性是合理重建的基础

现代西方科学哲学关于"合理重建"有两种极端的看法:一种认为"合理重建"不仅是可能的,而且是普遍的和不变的,"在理论的历史变化下面有一种逻辑和方法的不变性,这种不变性将每一个科学时代与此前的科学时代联系起来";另一种认为"合理重建"根本就是不可能的,尽管对特殊的例子可以作出恰当的合理的科学评价,但不可能有任何一般的科学合理性理论。一切方法论、一切合理重建,都可在编史学上被"证伪":科学是合理的,但它的合理性不能纳入任何方法论的一般规则。这两种极端的看法都是错误的。实际上,在历史合理性中普遍和特殊、不变性和可变性两个方面是内在统一的。历史合理性在科学不同的历史发展阶段,创建了不同类型的、表现为研究理想和规范的体系的"方法网"。经过比较,可以提出一些共同点和特殊点。共同点说明科学的合理性,特殊点体现这种合理性的历史类型和具体学科的差别。合理重建既要立足于科学合理性的一般性质,同时又要考虑到构成合理性的许多具体因素随时间和文化而变化的事实。历史合理性使"合理重建"本身又带有双重性质:一方面,合理性理论有着某些超文化和超时代的非常一般的特点,它们既能应用于新近的科学史,也能应用于前苏格拉底思想之中或中世纪思想发展过程之中;另一方面,历史上具体的合理性部分地随时间、地点和背景而变化,什么样的问题才能被看作科学问题,什么样的观点才能被算作科学的,什么样的标准才能被视为合理的,这一切都随特定科学共同体的方法论——规范信念而变化。因此,任何合理重建都不可能与实际历史恰好重合。

因此,科学哲学既是规范的,又是描述的;既是先验的,又是经验的,视历史事例类型的不同而不同。拉卡托斯套用康德的话说:"没有科学史的科学哲学是空洞的;没有科学哲学的科学史是盲目的。"这恰当地

---

① 《爱因斯坦文集》第 1 卷,许良英、范岱年编译,商务印书馆 1976 年版,第 548 页。

表达了以历史合理性为基础的合理重建理论（科学哲学）的性质。首先，没有某种理论"偏见"的历史是不可能的，科学的历史是以规范的方式加以选择和解释的事件的历史；什么构成历史学家的"内部历史"，这取决于他的哲学，无论他是否认识到这一事实。科学哲学提供规范方法论，历史学家据此重建"内部历史"，并由此对客观知识的增长作出合理的说明。但是，科学史总要比它的合理重建丰富，任何史学研究纲领都不能将全部科学史解释成合理的，因为即使最伟大的科学家也会走错步子，也会判断错误。出于这一原因，合理重建永远要被淹没在反常的海洋中，这些反常最终只能由某个更好的合理重建或者某个"外部的"经验理论作出说明。因而，对历史的任何合理重建都需要经验的和社会—心理学的"外部历史"加以补充。

列宁指出："……真正地认识原因，就是使认识从现象的外在性深入到实体。可以用两种例子来说明这一点：（1）自然科学史的例子，（2）哲学史中的例子。更确切些说：这里应该谈的不是'例子'……而是自然科学史和哲学史＋技术发展中的精华。"① 列宁关于"例子"的说明具有重要的理论意义：他认为科学史不是人们从中为某些随意的认识论观点搜取例证的"认识论的档案库"，而是辩证认识论的基础和组成部分。现代理论物理学已经注意到，科学认识中的每一个重要步骤，不仅同对概念形成的深刻的哲学分析有联系，而且也同对这种概念形成的自身历史的回顾和考察有联系。相对性原则和互补性原则既具有理论物理学的意义，又具有巨大的科学史意义。正因为如此，理论自然科学史就可能成为批判自然科学理性的一种方法。这种方法会把这种自然科学理性转化为历史理性，并为问题的解答奠定深厚的基础，就像历史理性所能做到的一样。

第五节 实践合理性

一 "实践理性"的复兴

一谈到"实践理性"，人们自然首先就想到康德关于理论理性与实践理性的二分法：理论理性运用先天的知性范畴形成普遍必然的科学命题（先天综合判断）；而实践理性则是支配行为的法则，使人的行为合乎理

---

① ［苏］列宁：《哲学笔记》，人民出版社1961年版，第167—168页。

性，即合乎普遍性、必然性的需要，这就是道德实践的要求。按照康德的说法，道德实践要求每个道德行为都是普遍性的、绝对的、必然的。这就是实践理性。康德的实践理性虽然体现了理论理性的特质——普遍性和必然性，但它本质上却与人类的认知活动无关，而限于道德领域，更广泛地说限于行为领域。在康德那里，实践理性相对于理论理性而提出，实践理性外在于理论理性，因而它本身就不包含在人类的认知合理性之中。

伽达默尔指出："解释学不仅是一门有关技术的学问，它更是实践哲学的近邻。因此，它本身也分有着那种构成实践哲学的本质内容。"① 这里的所谓"实践哲学"，不是康德意义上的实践哲学，而是亚里士多德意义上的实践哲学。可以说，现代解释学通过回归亚里士多德的实践哲学，而复兴了一种本身构成认知合理性的实践理性。

对于亚里士多德和古希腊人来说，理论与实践之间的差异并不像现在这样是认知与行为的差异，"实践"实际上并不是"理论"的对立面，因为理论本身便是一种实践的形式。最一般地说，"实践"一词应用于生活的全部领域，应用于仅有的显示出 prohairesis——通过思考进行喜爱和选择的能力——的生物，即人类。实践哲学的任务便是把人类的这种突出的特点引进意识里来，从而人们可以在实际的喜爱、选择的实践中知晓其喜爱、选择与善之间的关系。伽达默尔认为，他自己的哲学解释学类似于亚里士多德的实践哲学，两者都包含了普遍的思考，但这种普遍性受到那种与实际照应相关的需要的约束。

亚里士多德的实践哲学观念是以亚里士多德对柏拉图的善的观念所作的批评为基础的。在古希腊，善的问题是这样提出的，它仿佛是各种技术、科学在它们自己的特殊领域中所追求的知识理念的最大限度的实现。亚里士多德批评柏拉图关于善的看法太普遍太抽象，割裂了普遍与特殊的联系。伽达默尔认为，亚里士多德只是由于发现了一种与理论认知不同的认识能力——实用智慧，所以才有了这种对柏拉图的批评。实用智慧将原则反省的普遍性和感觉的特殊性结合在一个给定的情境之中。它与理论认知不同，它所照应的不是普遍的东西，而是特殊的求西，它需要经验，也需要知识。从这一意义上说，它正像是工匠的知识（技术）一样。但是，

---

① ［德］伽达默尔：《科学时代的理性》，薛华等译，国际文化出版公司 1988 年版，第 85 页。

实用智慧又不同于技术,"制作除了其本身以外是有结局的,而行为则不行,因为好的行为本身便是其结局"。虽然实用智慧并非是纯反省的,但"依靠它,灵魂便通过证实与否定而拥有真理";实用智慧也不是纯直觉的,它包含着"审慎考虑"的推理,这种审慎考虑不同于那种导致科学解释的理论推理。

伽达默尔认为亚里士多德关于实用智慧的许多思想对于普遍的理解来说都是正确的。理解与实用智慧相似,因为它不仅是个反省的问题,而且还是个感觉和经验的问题,是在给定情境中感觉那种至关重要的东西的问题。实用智慧的现象表明,在普遍理解的情形中,思想与行为不是截然分开的两个时刻,而是辩证联系着的。伽达默尔通过发展了理解与经验不可分的这一观念,而详尽阐述了理解的这种辩证结构。然而为了让这一论点站得住脚,他首先必须剥去那些来自笛卡尔传统的关于经验的概念中一些使人误解的内涵。照伽达默尔的用法,"经验"并非是与认识相对的,而只是与明确的自我意识的反省(尤其与思辨哲学)相对的。从这一意义上说,理解本身便是经验。从而,伽达默尔把解释过去的活动说成是"解释学经验"。他的目的是为了表明,在解释传统的实际过程中,该传统不仅作为过去了的、断裂的东西被经验到,而且作为某种在目前仍然重要的东西被经验到。

现代解释学把理解看作是人的实际存在方式本身,因而它复兴"实践理性"的意图就决不仅仅是为社会科学提供它自身合法性的根据。实际上,亚里士多德把实践哲学置于同理论哲学相互设定的关系之中,把人的实践提到一种独立的科学领域。"实践"意味着全部实际的事物,以及一切人类的行为和人在世界中的自我设定。既然"实践"包含着这种十分广泛的意义序列,那么,亚里士多德的实践概念就不是理论科学的对立物,它的特征也不能由此获得界说。事实上,实践本身凸显于生活可能性的广大序列之中。而生活就是理论和实践的统一,个人总是必须把他的理论知识组合进他的实践生活之中,因为他需要实际知识。这对于建筑在科学基础之上的文化生存同样适用:文化本身的生存条件在于,作为文明之工具的合理性组织并不是目的,文化的目的是要使这样的生活成为可能,即人们可以对这种生活说"对"。所以,伽达默尔认为"实践哲学当然是一种'科学',一种可传授的、具有普遍意义的知识。然而,它又是一种只有当某条件具备时才可以成其为科学的科学。它要求学习者和传授者都与实践有着同样稳定的关系。就这一点而言,它与那种适用于技术领域的专门知识反而有某些相似之处。但是,它与后者又有着本质的区别,即它同时明确地提出了善的问题——例如什么是最好的生活方式,什么是最好的国家法规等。"①

总之,现代解释学恢复欧洲文明中自亚里士多德以来称为"实践哲学"的传统,其哲学意趣在于,让"实践理性"取代"理论理性"去统括人的判断力的整个其他领域,行动、知识、信念、价值在其中是有机地结合在一起的。这打破了自然科学的理论理性的一统天下,使理性本身具有了多方面的要求:理论理性、实践理性、工具理性、价值理性、历史理性等等,理性的意义被扩大了,理性多元化、多值化了。

二 实践合理性的表现形式

卡西尔曾说:"黑格尔把理性看作一种恒常存在的实体,看作一种当下呈现的永恒物。但理性绝非一种纯然的当下存在,它并不是一种现实的东西,而是一种恒常不断地现实着;它不是一种给予之物,而是一项任务。而且,理性远非仅为理论之理性,而且还开启着实践理性的疆域。"②因此,在实践理性的结构中,理性与实践不是两种不同的东西,而是同一个辩证过程的组成部分:理性没有实践的制导会使人们走入歧途,而实践则由于增加了理性而得到极大的改进;理性标准不是普遍适用的,它有自己的局限性,需要通过实践来揭露,而实践则可以由于采用不同的标准得到改进。正因为如此,实践合理性本身具有强烈的过程性和动态性,其表现形式因实践的类型不同而具有不确定性,我们只能大致地从一些主要特征上区别为"实践逻辑""实用智慧"和"情境逻辑"三种形式。

1. "实践逻辑"

"实践逻辑"相对于理论逻辑而言,它植根于实践对于理论的内在超越性,也就是说,实践本质上是一种改造世界的创造性活动,在某个时刻总会突破理论设置的原有框架,并按照自己的要求确立起新的思维原则。美国哲学家瓦托夫斯基在其"科学的判断:科学思想的创造力和发现"

---

① [德]伽达默尔:《科学时代的理性》,薛华等译,国际文化出版公司1988年版,第81—82页。

② [德]卡西尔:《符号、神话、文化》,李小兵译,东方出版社1988年版,第15页。

一文中对"判断"作了新的阐释,揭示了一种"实践逻辑"的实际存在性。瓦托夫斯基认为,判断作为指引或提供一种可能的实践的指南,乃是一种"实践的想象"——即依据现实的可能和条件,发明可供选择的行动模式的能力;或者说是摆脱现有的局限而创立新条件的能力。在科学判断中,创造性活动在于设想一些联系现有各种事物的新方式或设想一些新事实,在这种方式下,通过某种行动模式——即通过试验的实践、技术革新,使它们得以实现。科学判断在严格的意义上是实践判断,它的性质在于解释特殊实例中的一般准则,而那些特殊实例还没有由规则或定义给予解释,它突出的是这件事:在实践中懂得如何进行判断,而不是单纯地、归纳地向过去的实践学习。判断实际上是准则式的逻辑——它是一种智慧,或是较好的、较富有成果的、也较有助于行动的逻辑。技艺的、判断的和实践才智的规则,方法论的偏爱,都可以表示在这些准则中。

在创新的科学研究中,不得不涉及新的问题和新的情况,因而严格地遵从程序或方法的规则原则上是不可能的。成功的研究者通晓许多技巧、观点和方法,他能把极不相同的观点和不断变换中的构架结合起来,运用自如。在建构新的理论体系时,科学家们通常采取一种"实践逻辑",以使自己从混乱、不协调中得出结果。这种实践逻辑的大部分规则都是作为权宜之计构思出来的,它们起到排除特殊困难的作用,而不能被普遍化为一种研究原则。爱因斯坦认为:"科学家在构造自己的概念世界时,为(科学家)所设立的那些外部条件不得由于他信奉一种认识论体系而使他太受限制。因此,在前后一贯的认识论者看来,他必定像一个肆无忌惮的机会主义者……"[①] 而玻尔"从来不会试图画出任何完成了的图画的轮廓,而是不厌其烦地全面考虑一个问题的所有方面,从某种明显的悖论开始,逐渐导致它的阐明。……在考虑某种研究路线的前景时,他会取消通常关于简单性、优雅性甚至一致性的考虑,指出这种性质只有事后才能得到恰当的判定。"[②]

2. "实用智慧"

"实用智慧"是人们在特殊类型的实践操作中通过经验积累而形成的

[①] 希尔普编:《爱因斯坦:哲学家——科学家》,纽约1951年版,第683页。
[②] L. 罗森菲尔德:《尼尔斯·玻尔,他的朋友和同事所见到的他的生活和工作》,纽约,1967年。

一种思维品质,即我们通常所说的"悟性"。实用智慧与工匠的艺术不同,它不可能被传授;实用智慧也不是一种纯推理的状态,因为"那样一种状态是可以被忘却的,而实用智慧则不会"。休谟认为,即使有些东西不过是一种想法、一种猜测、一种直觉,而不是从任何选择原理中推导出来,也可能是十分合理的,像其他事实陈述一样合理。皮尔斯强调科学假说的向前看的性质:科学家共同体所从事的是自我校正的程序,并且任何推测的价值事后才能看到,不可能通过某一组方法论原理事先预测它。从十五世纪到十七世纪,当新科学产生和发展时,科学家和哲学家们为了指导科学研究而提出的是一般方法论格言,而不是准确的形式规则,在将一般格言应用于特殊场合时,需要智慧和判断。所有这些都是对"实用智慧"的肯定。

在历史上,更有趣的是,与形式合理性——明晰无误的概念命题、有充分理由的原理、物理学和数学中的逻辑法则——相并列,存在着一种相当不同的互补传统:数学化和灵感的传统;明晰的可形式化和不可言喻的直觉的传统;理性主义和反理性主义的传统。它们在历史上是同时并存的。这种矛盾实际上反映了人的思维结构中理性与悟性、概念思维与"实用智慧"之间的张力。当爱因斯坦说"我们所有的思考都具有用概念来进行自由操作的性质"时,当代科学思维已经融合了两种传统,把概念思维与"实用智慧"有机地统一起来。

"实用智慧"之所以是必需的,是因为对付一种特定的真实客体,通常不止有一种实践,而是有许多种实践。在医学中,我们有西方的科学的方法(它产生于十七世纪的科学向人体领域的探索扩展),还有《内经》的医学和部落医学。由于它们可以治愈疾病并带来其他合意的变化,它们是成功的;它们解决的都是同一个真实的对象,但它们是用极为不同的方法予以解决的。每种方法都有自己的合理性,都是一种"实用智慧"。"实用智慧"尤其表现为以司法、医学诊断和审美评价中的有根据的明智判断为模型的一种合理判断,它包括一般格言或指令在特殊场合的应用,但它不是严格地受规则决定的。它不是逻辑规则的机械运用,但在这样的意义上是合理的:判断可以引证特殊实例,应用格言的先例等来辩护。

3. "情境逻辑"

任何有理性的人都会在特定的情境中作出判断和进行思考,这种根据情境的随机应变能力就是"情境逻辑",通常所说的"当机立断""急中生智"就是"情境逻辑"的表现。波拉尼阐明了"情境逻辑"的合理性。按照他的看法，认识可以或者直接以客体为目标，或者以把这个客体作为一个要素包括在内的系统为目标。我们越是把自己的注意力集中于整体，我们关于各个部分的知识就越贫乏，而每一个要素的意义和它对于整体知识的贡献就变成不明显的、隐秘的了。"不明显的""隐秘的"，但却是永远不能完全排除的。在这两种知识之间存在着类似互补关系的东西。波拉尼解释说，我们知道隐秘的知识的性质，知道如何骑自行车或游泳，但这不是说，我们能够说出我们如何保持平衡或在游泳时浮着。用语言表达出来的关于系统的知识不能完全包括我们关于各个要素的知识。波拉尼写道："与外部客体有关的术语的定义归根到底必须指明作为我们所指的那种东西的例证的事物。这就叫作'直示的定义'；但是，这个术语掩盖着一个缺口，应该通过利用我们的这个定义的个人的脑力活动把它加以填补。如果一个人能做到这一点，他就为自己发现我们不能向他说出的那种东西。正是从这个意义上，我说，我们能知道我们不能说出的东西。"[①] 有的准则可以在没有指明判定必然怎样的情况下影响判定，这在人类生活的许多领域中都是很常见的。这些就是"情境逻辑"的实际作用。

人们常说，一个好的理论的特征之一是它的说明力。范·弗雷森则认为，一个理论并没有这种性质，反之，说明是理论、事情和情境之间的一种三项关系，因此，"说明力"并不是理论本身有或没有的一种特点。情境是最重要的。它包括科学家特殊的、也许是暂时的目的；他已经知道或假定的东西；使他感兴趣的某种现象的特点。因此，对科学家 A 是具有说明力的东西，对科学家 B 可能不是，所以，说明力是实用性的、依赖于情境的。库恩再三指出，在科学共同体内，一种共有观念的影响不总是始终如一的，因为应用这种观念又是另一种方式。即使把精确性、简单性、广泛性等作为选择的价值标准，但每个成员在具体情况下的具体决策还是会各种各样的；团体的行为是由共有的约定来决定的，但单独的选择却是由个人的个性，所受的教育，以及先前的专业研究的方式来决定的。费耶阿本德并不否认方法论的标准的存在和必要性，但同时却强调指出，

---

① 波拉尼：《隐秘的知识：它与某些哲学问题的关系》，载《现代物理学评论》1962 年第 34 卷第 4 期，第 602 页。

"我们在具体情况下采取的方法论的决定,与其说服从于以往的理性准则,不如说构成理性;这些决定不可能事先被弄得更加明确,甚至也不可能借助于形式逻辑规则来弄得更加明确"①。并且,一般说来,不应该让逻辑学家和哲学家,而应该让科学家去表述方法论的准则,因为正是科学家要决定他们在每一具体场合应该利用什么样的工具手段。这三位科学哲学家的思想都强调了"情境逻辑"是合理性的内在方面。

在科学认识中,"情境逻辑"尤其表现在方法论考虑、意义和标准与科学的背景信念密切相关。科学发展的自主性在于,它能够依据背景信念形成自己对问题的看法,对方法的选择,对理论的评价。并且,在科学活动中起作用的不是一种单一的信念,而是一组复合的信念。虽然有些信念比其他信念作用更广泛和更深刻,却没有一个信念以某种单一方式发生作用,来决定处于某个传统中的每项科学活动。科学事业从来不曾是受某种单一的考虑(像可证实性、可证伪性或可观察性等)支配。客观地描述科学事业必须注意"总体的考虑",而这个"总体考虑"的系统决不是由一组可清楚辨明的规则组成的。即使逻辑经验主义者从科学的能动过程中抽取出可观察性特征及其至上性的要求,他们也没有提出一个在科学中应该明确地遵循的精确准则来。实际上,在一个研究领域中是可观察的东西和在另一个研究领域中是可观察的东西之间,由于背景信念的作用,可能只有"家族相似"。因此,不可能从科学中分离出一个单一的要素、特征(如"可观察性"),把它作为一种永恒的中性构架。没有必要再去设置一种显然人为的接受标准了,重要的是把科学当作一种客观的历史活动来考察,重建当时决定实践的信念以及当时决定信念的实践。

---

① [美] 费耶阿本德:《逻辑、学识和格尔纳教授》,《英国科学哲学杂志》1976年第27卷第4期,第384页脚注。

第六章 保持两极张力

第一节 保持两极张力的必要性

"张力"本来是物理学中的一个术语,意指物体受到拉力作用时,存在于其内部而垂直于两相邻部分接触面上的相互牵引力。"张力"一词在科学哲学中的出现,始于库恩的一本论文集——《必要的张力》。库恩在该书中指出,在科学研究中隐含着一种"必要的张力"。他认为,常规研究和科学革命是科学进步的两个环节。全部科学具有某种发散性特征。思想活跃、思想开放是发散式思维的特点,如果没有发散式思维的科学家,就不会有科学革命。但是,科学革命往往以常规研究为必要准备,而常规研究则是一种高度收敛的活动。因此,收敛式思维同发散式思维一样,也是科学进步所必不可少的。按照库恩的观点,这两种思想形式既然不可避免地处于矛盾之中,那么维持一种往往难以维持的张力的能力,就是从事科学研究所必需的首要条件之一。基于上述观点,库恩认为,科学研究只有牢固地扎根于当代科学传统之中,才能打破旧传统,建立新传统。因此,十分常见的是,一个成功的科学家必然同时显示维持传统和反对偶像崇拜这两方面的性格。

黑格尔曾经说过:"对立的两个方面……每一个都是它自身,又是它的他物;因此,每一个都不是在一个他物里,而是在自身里,具有其规定性。——每一个都只是与它的他物相关,才与自身相关。"[①] 恩格斯则更明确地指出:"一切差异都会在中间阶段融合,一切对立都会经过中间环节而互相转移,……辩证法同样不知道什么僵硬的和固定的界限,不知道无条件的普遍有效的'非此即彼!',它使固定的形而上学的差异互相转

---

① [德]黑格尔:《逻辑学》下卷,杨一之译,商务印书馆1982年版,第47页。

移，除了'非此即彼！'，又在恰当的地方，承认'亦此亦彼！'，并且对立相互联系；这样辩证法是唯一在最高度地适合于自然观的这一发展阶段的思维方法。"① 由此可见，无论就事物本身的客观本性而言，还是就思维的主观本性而言，都不应该把对立的两极人为地割裂开来，而要使二者联系、相关、沟通、渗透、融合、转移。对立的两极只是由于它们交替作用而达到互补，由于差异性包含在同一性之中，才具有真理性。

保持两极张力之所以必要，还有其深刻的文化原因，主要决定于以下三个方面：

第一，文化认识形式中既有逻辑结构，也有非逻辑结构，二者相互联系、彼此作用。逻辑结构主要以概念为符号，按照矛盾律、同一律和排中律来抽取对象的形式关系并舍弃其感性内容，以达到对对象本质关系和特征的逻辑把握。非逻辑结构则以形象、意念等心理映象为符号，在保持客体形式和内容统一的前提下，遵循相似性法则，通过类比、模拟揭示对象的本质关系和特征。事物的本质是存于内形于外的。主体既可以通过概念、逻辑的分析来扬弃外部现象而达到对对象本质的把握，也可以反过来利用形与质的具体相关性面对对象作整体的把握。逻辑结构与非逻辑结构形成一种和谐自如的互补，使认知的敏捷性、深刻性、灵活性、条理性和创造性都处于整体最优化状态。两者构成了一种高张力的互补状态：一方面是高度变通、不守恒的认知，即根据实际信息向各种可能性探索，通过经验直观和模式识别来考察对象与经验真实性的关系，突出认知的灵活多变的适应性；另一方面是守恒、可逆的逻辑形式系统的运算和建构，即从各种可能性开始处理实际信息，按照假设演绎推理的模式，分析各种命题之间的逻辑组合关系，突出认知的普遍性和稳定性。这两方面的统一才使主体能够迅速达到对客体的识别和理解。

第二，心理学研究表明，从15岁到大学生时期思维的发展仍可分为若干阶段，各阶段演进的总趋势是认知与评价心理活动从绝对性、刚性走向相对性、韧性，使各种结构的耦合越来越紧密和协调。现代著名的瑞士心理学家荣格断言，与常人不同，具有创造个性的人，在思想和行为中表现出各种相互对立的特征，这种两极对立的特征，在具有极高创造才能的人的身上表现得尤为强烈。爱因斯坦这一典型例证充分支持了荣格的论

---

① [德]恩格斯：《自然辩证法》，于光远等译编，人民出版社1984年版，第84—85页。

点。爱因斯坦在谈到科学家的认识论观点时说:"寻求一个明确体系的认识论者,一旦他要力求贯彻这样的体系,他就会倾向于按照他的体系的意义来解释科学的思想内容,同时排斥那些不适合于他的体系的东西。然而,科学家对认识论体系的追求却没有可能走得那么远。他感激地接受认识论的概念分析;但是,经验事实给他规定的外部条件,不容许他在构造他的概念世界时过分拘泥于一种认识论体系。因而,从一个有体系的认识论者看来,他必定像一个肆无忌惮的机会主义者:就他力求描述一个独立于知觉作用以外的世界而论,他像一个实在论者;就他把概念和理论看成是人的精神的自由发明(不能从经验所给的东西中逻辑地推导出来)而论,他像一个唯心论者;就他认为他的概念和理论只有在它们对感觉经验之间的关系提供出逻辑表示的限度内才能站得住脚而论,他像一个实证论者。就他认为逻辑简单性的观点是他的研究工作所不可缺少的一个有效工具而论,他甚至还可以像一个柏拉图主义者或者毕达哥拉斯主义者。"①爱因斯坦的这段原则性论述,是他的思想和行动的真实写照。敢于正视矛盾的两极,善于在对立的两极之间保持必要的张力,恰恰是爱因斯坦的认识论和方法论的一大特征,也是他在科学探索活动中取得成功的秘诀。那些具有哲学头脑的科学大师们的难能可贵之处,就在于他们能够审时度势,在对立的两极中维持一种往往难以维持的张力或平衡,从而探寻出大异其趣的途径,摸索出别具一格的方法,出奇制胜,解决面临的问题。所以,美国科学史家霍耳顿指出,物理学表面上看起来像铁板一块,但是在平静的水面下,却是两股对立的潮流在激荡。平庸的科学家只置身于其中的一股潮流中,解决日常任务。卓越的科学家就不是这样,他像一个弄潮儿同两股潮流互相撞击激起的波涛相搏击,从而作出惊人的壮举来。

第三,在西方科学史上,原子论的思维方式和整体论的思维方式一直交替出现,早期的科学思维既是整体的又是思辨的;近代科学的思维方式既是经验的又是原子论的。两种思维方式都难免有不足之处:前一种用信念和洞察代替了翔实的探求,后一种牺牲了融会贯通以换取条分缕析。今天,我们正目睹另一场思维方式的转换,转向严谨精细而又是整体论的理论。这就是说,要构成拥有它们自己的性质和关系的集合体,按照同整体联系在一起的事实和事件来思考。用这种关系集合体来看待世界就形成了

---

① 《爱因斯坦文集》第 1 卷,许良英、范岱年编译,商务印书馆 1976 年版,第 480 页。

系统思维方式。这是现代的思维方式,也是继原子论,机械论和未经协调的专业化三种思维方式之后的思维方式。与系统思维方式相适应,科学的发展越来越表现出分化与整合相辅相成、相互强化的特点。交叉学科、边缘学科,横断学科和综合学科的大量涌现,以及软科学和科学学研究的迅速崛起,都是这一趋向的具体表征。它意味着从研究对象到理论内容,乃至理论方法等不同层面上的融会贯通:热动力学×信息论,心理学×生物学,心理语言学×生成语法,逻辑学×心理发生学,等等。最后,哲学的思考被作为一个独立的方面插进去,科学认识论的情况愈来愈依靠各科学的环本身和不断变化着的学科间的关系。正因为如此,《分析的时代》一书的作者 M. 怀特指出:"一个哲学家不必在各个方面都成为专家,也不必像斯宾塞和黑格尔那样,自己对各种知识都作出淡而无味、名不副实的总结,可是,他却应当锻炼自己能在人类的各种主要活动之间发现重要的类似之处和差别之点。"[①]

第二节 科学与非科学的互补关系

一 划界问题的实质

"科学"主要是指"自然科学","非科学"是指"不属于科学的那些意识形态",按这种定义,政治、艺术、哲学等等都属于"非科学"的范围。需要强调的是,"非科学"并不是"反科学""伪科学"之类的同义语和近义词,也不是"不科学"的意思。

当代西方科学哲学把科学与非科学的划界问题作为一个中心问题加以研究,并形成三种主要思想流派:(1)相对主义:把科学理论看作是一个信念的派别,在认识论上它与其他数千个信念的派别处于平等的地位。任何信念系统,包括它的对手都可以自由成长和影响别的信念系统;任何信念系统在认识论上都没有优越性。(2)划界主义:存在有一般的分界标准、方法论或评价标准,可用来区分好知识与坏知识,定义进步和退步。知识产物可以在确定的普遍标准的基础上进行评价和比较;关于这种标准的理论就构成了"方法论"的知识,它们也在世界中生存和成长。(3)权威主义:与相对主义者不同,权威主义者认为好科学与坏科学或

[①] [美] M. 怀特:《分析的时代》,杜任之主译,商务印书馆1987年版,第245页。

伪科学、好一点的科学与坏一点的科学能区别开来；但又与划界主义者不同，权威主义者认为，科学只能由实例规则来判定，仅有的判定者就是科学家自己。

划界问题的实质是，科学是不是理性的唯一形式，如果不是，科学的理性形式能不能与非科学的理性形式共生、共存。占主导地位的逻辑实证主义力图在科学与精神活动的所有其他形式之间划出一条"非此即彼"的边界线，精确而无歧义地区分各种"认识的领域"，以保障科学的特殊主权：这种主权使它的"独立领土"不受任何外来的侵犯，并把它变成其他智能生产形式应该努力加以追求的典范。因此，它特别关注科学和形而上学之间的"划界问题"。马赫及其继承者们（石里克、卡尔纳普、纽拉特、赖辛巴赫、亨普尔、费格尔等等）的中心任务，就是要排除形而上学；形而上学被认为是一切蒙昧主义的、经验上毫无意义的东西的表现，从而是反科学的。逻辑实证主义者"拒斥形而上学"的一个先验设定就是"科学合理性"，科学是理性的唯一形式。对于他们来说，同形而上学作斗争乃是捍卫、论证合理知识的手段。分界线应该严格地确定合理知识的范围；这个范围同科学的领域是完全一致的，即同用真正科学方法取得的知识总和完全一致。这样，合理的知识这个经典问题，在逻辑实证主义中就获得了"划界问题"的特殊形式。

但是，科学并不是理性的唯一形式，形而上学本身也是一种特殊的知识理性，它对于科学来说是不可或缺的。西方科学哲学从逻辑实证主义到批判理性主义到历史主义的发展，愈来愈认识到形而上学作为知识理性的特殊价值，对于各种非科学的文化形式采取了更加宽容的态度，把科学与非科学统一在"大科学""大理论"的框架之中，从而消解了科学与非科学的僵硬界线。首先，波普尔的批判理性主义确认，科学家旨在批判现有科学观念的活动，就是合理的。其虚假性尚未断定的一切知识，只是"假定为科学的"。但是这也就表示，这种知识和形而上学的区别是成问题的。波普尔宽容地对待形而上学就是由此而来的。形而上学之所以从科学中被排除掉，不是像逻辑实证主义者们所认为的那样是因为它反科学或无意义（在波普尔看来，形而上学的意义并不比任何科学理论小），而是因为它不能加以检验，不可能被驳倒。此外，形而上学的各种假设是重要的、富有启发性的科学源泉。将来它们可能获得可以加以检验的成分，从而变成科学的。然后，到了库恩那里，合理性的一切标准都相对化了。每个科学共同体都采用自己特有的合理性标准，每一种范式都确立自己特有的事实；科学的发展带有间断性——"常规科学"时期的平稳发展被革命所打断，破坏了一切先前的知识观念。这样，科学与非科学的界限变得模糊了。实质上，形而上学的观念是库恩范式的基础，范式本身是一个庞大的形而上学系统，系统中的一切要素，直到各种事实，都浸透着作为出发点的形而上学思想。而合理性与科学性已经不能等同：合理性是由占统治地位的范式所决定的。最后，费耶阿本德认为科学与非科学之间没有也不应当有分界标准。在他看来，科学与非科学的分离是人为的，并且对知识的进展有害。科学不理会任何界限和不承认任何规则，这一点也适用于科学本身。"没有一种尽管是古老和荒谬的思想不能改进我们的知识。整个思想史被用来改进每一个理论。"① 他把科学看作是一个复杂的、异质混杂的历史过程，认为实践是多种多样的，它充满了各种各样的传统，每一种传统都可以对我们的知识作出贡献，每一种实践都可以导致有益的发现。因此应该吸收和参加各种传统。当然，每一种传统和实践都有自己的缺陷，科学和理性主义的传统也不例外，它只是许多传统中的一种，并且未必是最好的。他主张在科学与非科学之间进行富有成效的交流，因而把通常意义上的"科学"和"理论"扩展为"大科学"和"大理论"："'理论'一词将用于广泛的意义上。包括日常信念（例如物质客体存在的信念）、神话（例如关于永恒轮回的神话）、宗教信仰等。总之，任何关于事物的足够普遍的观点都可称之为'理论'。"②

尽管西方科学哲学在划界问题上的最终结论是一种文化相对主义，抹掉了科学与非科学之间客观上存在着的区别、差异和界限，但由于它的走向是从绝对固定的界限出发达到这种界限的消解，因而也揭示了科学与非科学的关系除了"非此即彼"之外还有着"亦此亦彼"的一面，这是一种互斥而互补的关系。现代科学家与牛顿时代的科学家不同，他们表现出科学的谦虚和自我克制的美德，清楚地意识到科学是有局限的，不能囊括整个知识范围。梅森伯写道："开始，现代自然科学有着谨慎谦虚的特点；它们的陈述谈的都是严格确定了范围的相互关系，这些关系只在这些

---

① [美] 费耶阿本德：《反对方法》，周昌忠译，上海译文出版社1992年版，第31页。
② [美] 达德利·夏佩尔：《理由与求知》，褚平等译，上海译文出版社1990年版，第128页。

范围内有效。到了十九世纪,这种谦虚的美德在很大程度上被抛弃了。人们把有关物理学的见解,当成是对整个自然界的论述。物理学要求成为哲学,而且,人们还不断要求说,真正的哲学必定是自然科学,今天,物理学正在经历一场根本性变革,变革的最显著特点就是恢复物理学原来的自我克制。自然科学只有开始认识到它的范围时,其哲学内容才能继续保持下去……"玻尔说过:"物理学只不过是众多科学中的一门学科,而所有科学也只是人的众多智力活动中的一项活动。"

二 科学与非科学的界限不是绝对确定的

在科学的相对早期与不发达阶段,"科学"与"非科学"的界限、科学上相关的与不相关的东西之间的界限,都是不清楚的,甚或是不存在的。那时候,不存在着把某些考虑作为与科学无关的东西予以排除的根据。在十七世纪和十八世纪初,在我们今天区分为"科学的"考虑与"神学的"考虑之间不存在明确的界限。牛顿把神学考虑当作是与他的科学相关的东西。他看到他的科学为了保持宇宙的稳定性,有必要让上帝进行奇迹般的周期性干预,以防止由于碰撞而引起的动量连续下降,致使引力坍缩,失去最后的万有引力。然而到了十八世纪中叶,关于动量的问题得到了科学的解决,拉普拉斯证明,行星间的引力是在长时期的过程中自动矫正的。因此,当拿破仑问拉普拉斯上帝在他的科学中的地位时,拉普拉斯的回答是:"我们无须这个假说。"这说明,对于拉普拉斯和其他物理学后继者们来说,神学考虑已被作为与科学无关的东西排除了。科学与非科学之间的界限,亦即科学的考虑与不是科学的考虑之间的界限,就这样成了科学探索所获得的特征,它对于科学事业本身来说不是一开始就确定不变的。历史上,形而上学的、神学的、政治的考虑都在科学思想的发展中起过重要作用。随着科学的发展,成功的信念对于什么是与科学相关的东西作了限制,它时而扩大时而缩小与科学相关的东西的范围。

科学中相关考虑的内在化,既是根据科学所获得的知识对科学的目标、问题和标准等进行重新表述的过程,同时又是在逐渐地把与科学相关的东西同不相关的东西区分开来,逐渐地划定科学与非科学的界限的过程。科学的进步也在不同阶段通过新发展、新方法、新技术和新理论,打开了通向新的可能性的大门——为接受以前被当作不合法的东西打开大门。昨天被科学认为是不可证实的（关于星体构成的假说，或关于生命起源的假说），今天可能成为科学的合法部分；昨天被人们认为是在合法科学的"分界线"之外的（不可观察的、不可证实的、不可证伪的）东西可能在某一阶段有充分的理由成为科学的合法部分（约束夸克的存在是不可证实的，如果夸克理论最终被接受，逻辑实证主义视可证实性为科学性的标准就要被修改）。可观察性、可证实性、可证伪性、合法科学问题标准、科学可能性标准——所有这些在科学发展过程中最终越来越取决于所接受的科学信念的内容，并随着这一内容的变化而变化。既然科学自身的"形象"在变化，科学与非科学的界限也就不是绝对确定的。也正因为如此，科学往往更多地自动解释它自己不是什么，并不是解释自己是什么。这类似古希腊人解释什么是理性。希腊人用说明"野蛮人的"形象，来反面解释理性，科学则通过解释什么是非科学的，来说明什么是科学。科学与非科学的这种相反相成正是科学与非科学的互补关系的体现。

三 非科学的领域是科学的"生态环境"

任何文化的存在与发展都离不开与异质文化的交流和对话，这一点也适用于科学本身。非科学的领域乃是科学的"生态环境"，它既为科学思想的生长提供精神养料，又为科学思想的扩散、传播提供文化氛围。

理性知识和理性活动确实构成了科学研究的主要部分，但不是一切。实际上，如果科学研究的理性部分得不到直觉的补充是没有用的。这种直觉赋予科学家以新的顿悟，并使他们有所创造。它能推动科学家们从非科学的领域（包括艺术、哲学）中，吸取深刻的思想和含义微妙的语言、概念，达到"思接千载、视通万里"，"观古今于须臾，抚四海于一瞬"，越过思维层层推理、步步求证的时空束缚，解开探索宇宙过程中的无头之案。海森堡认为，现代物理学在许多点上接触到人类思想的很古老的倾向，"在人类思想史上，最有成果的发展常常发生在两条不同的思想路线的交叉点上，这一般讲来或许是真实的。这些思想路线可能发源于人类文化的完全不同的部分、不同的时间或不同的文化环境或不同的宗教传统，因此，如果它们在实际上相遇了，即如果它们至少已互相关联到能够发生真实的相互作用的程度，那么，人们可以期望新的和有意义的发展也将随之而来。作为现代科学的一个部门的原子物理学，在我们这个时代，确实已渗透到迥然不同的文化传统中去了。"① 确如海森堡所言,作为欧洲文化主流的自然科学今天越来越接近东方文化,西方科学家们自觉地从东方文化中吸取灵感。

伽利略认为,自然不仅是用一种可被实验解释的数学语言写出的,而且实际上也只有一种这样的语言。然而,现代物理学则表明,自然这本书也可以用类似东方禅宗文化的语言来解读。禅宗用说公案来传授教义。所谓公案是一种精心设计的荒谬的谜,为了让禅宗的弟子以奇特的方式认识到逻辑推理的局限性,它们要设计成使学生在停止思维的一刹那正好不用语言体验到实在。公案往往有唯一答案,一旦找到这个答案,它就不再似是而非了,而成为一种深刻的有意义的陈述。量子力学在形成初期就面对与公案相似的各种佯谬,同禅宗一样,真理隐藏在佯谬背后,无法用惯常的思维方式来解答,只能用新的意识来理解,这就是保持两极张力的互补性意识。玻尔充分认识到他的互补性概念与东方文化的一致性。当他在1937年访问中国时,他对量子力学的解释早已精细周到。古代中国关于对立两极的概念使他深受震惊,从此以后他对东方文化一直保持着浓厚兴趣。当他被封为爵士而必须选择一种盾形纹章的主要花纹时,他就选中了中国的太极图来表示阴阳的互补关系。同时还加上了"对立即互补"的铭文。玻尔承认,在古代东方文化与现代西方科学之间有着深刻的协调性。

没有一个研究领域是和其他领域完全分离的。社会的和思想的联系把知识的不同部分结合在一起,并且允许思想从一个领域扩展到另一个领域,但是这种联结和扩散的方式非常复杂,以至于从某一领域来说,很难明确地把这种方式确认出来。科学家们通常把自己的学科看作是"一个流动的学科,它具有快速变化着的边界,在边界的内部是突然的爆发和消退"。实际上,跨学科的研究工作与科学本身一样古老,科学中绝大多数伟大的发现都是"跨学科的",即都超越了当时存在的"学科"和"学部"的界限。霍尔顿把科学比作一棵树,其主干不断分叉产生新的知识领域和亚领域。他认为新领域部分是由于在旧领域之间结合部的发现而产生的。一个范式一直是在某个领域中发展的,现在应用到另一个不同的领域之中。另一种类型的增长在思想来自各种不同领域的时候产生。一个充

---

① [德] W. 海森堡:《物理学和哲学》,范岱年译,商务印书馆1981年版,第124页。

满生气的研究论题的思想源泉并不局限在狭窄的一系列专业上，而可能是来自最不相同的各个方面。把来自几个不同领域的思想并列起来，可能产生新范式，它被应用到一个新确定的研究论题之中。因此，在每一种类型的科学活动中都存在着从其他类型的活动中接受的思想、观念和范畴。

关于知识增长的模式，西方学术界有两种基本看法。一种模式把增长看作新思想积累的进步，而这些新思想是早先思想的逻辑结果。另一种模式认为新思想不是起源于最近的发展，而来源于这个领域的历史中任何一项早先的发展。在这个模式中，有跨越文化领域全部历史的一种自由选择。如果一个研究领域处于此种情况，科学创新者就要从先前任何年代完成的著作中汲取灵感。这第二种模式更为正确些，因为它反映了科学知识增长所需要的深厚的文化历史积累。现在有几百个学科领域，它们生长着、衰落着，在某种程度上，由那些已经被证明是在几个领域中都有用的概念联系起来，并没有清晰分明的界限，这就可以允许思想的迅速扩散和互不相容的思想的共存。而那些能够应用于更多的领域的思想保存下来的可能性最大。霍尔顿谈到了许多科学领域所共有的重要概念，还有对于科学家收集资料的种类和分析资料的方式产生影响的"主题"。主题是重要的前提，它们既不是客观地观察到的，也不是数量化的。但是非常明显地存在于科学思想中。他强调说，希腊哲学的某些主题持续地影响现代科学，例如，对于潜能原则的信念，是关于力的现代观念的祖先。

第三节 科学与艺术的会通

科学文化与人文文化的区别主要是科学与艺术的区别。从古到今，人文主义者或有人文主义精神的学者总是把艺术作为文化理想，力图用艺术去影响生活、支配生活。怀特海针对科学理性提出一种新理性，这种理性的功能在于增进生活的艺术，向世人提出三重迫切要求：（1）要生活；（2）要生活得好；（3）要生活得更好。马尔库塞力图把科学理性与艺术理性结合起来，他认为，科学原来就包含审美理性、自由游戏甚至想象的讽刺剧和对转化的幻想；科学曾经沉迷于各种可能性的合理化。而在工业化时代，科学的操作主义和实证主义倾向恶性膨胀，失却了超功利的艺术特质。在后工业时代，技术本身就是和平的手段和"生活艺术"的原则，理性的功能与艺术的功能汇聚在一起。"社会的不合理性愈明显，艺术领域的合理性就愈大。"① 不管我们自己怎样看待艺术，有一点必须肯定，即科学文化与人文文化的关系本质上乃是科学与艺术的关系，进一步说，科学与非科学的互补关系主要表现为科学与艺术的会通。

当今，科学和艺术都有其专门的领域。它们各自从不同的途径、不同的角度、不同的层面，运用不同的方法和描述方式，共同担负着人类认识世界、改造世界的使命。科学是关于自然界、社会和思维的知识体系；艺术是用动作、线条、色彩、音响和造型等不同手段构成的形象来反映社会生活，表达作家、艺术家思想感情的一种社会意识形态。科学与艺术之间在学科形态上的界限是清楚的。然而，它们在文化的深层结构中却是内在地一致、相通和暗合。科学与艺术的会通具体地表现为思维结构上的同构性、认知取向上的同一性、活动形式上的相似性和增长模式上的一致性。

一 思维结构上的同构性

美国哈佛大学著名学者鲁道夫·阿恩海姆出版了《视觉思维》一书，在欧美学术界引起了极大反响。通常，人们认为艺术的特质是"视觉"，而科学的特质是"思维"，阿恩海姆不同凡响地提出"视觉思维"概念，通过揭示视知觉的理性本质，来弥合感性与理性、感知与思维、艺术与科学之间的裂缝。阿恩海姆的一系列论述都旨在证明，感知，尤其是视知觉，具有思维的一切本领。这种本领不是指人们在观看外物时高级的理性作用参与到了低级的感觉之中，而是说视知觉本身并非低级，它本身已经具备了思维功能，具备了认识能力和理解能力。

阿恩海姆指出，所谓认识，无非是指积极地探索、选择、对本质的把握，而这一切又都涉及着对外物之形态的简化和组织（抽象、分析、综合、补足、纠正、比较、结合、分离、在背景中突出某物）。他通过大量事实证明，任何思维，尤其是创造性思维。都是通过意象进行的，只不过这种意象不是普通人所说的那种意象。这是通过知觉的选择作用生成的意象。当思维者集中注意于事物之最关键部位，把其无关紧要的部位舍弃时，就会见到一种表面上不清晰、不具体甚至模模糊糊的意象。这种特殊的形象对抽象思维是很有用的，因为只有把一个具体的视觉对象简化为一个具有基本动力特征的结构，才有可能与思维活动本身达到同构。这种心

---

① ［美］马尔库塞：《单向度的人》，刘继译，上海译文出版社1989年版，第214页。

理意象可根据"需要"达到不同的抽象程度。例如，可以完全无视事物的实际空间排列，成为一种仅与思维概念有关的虚幻事件，一种不带任何外界物理世界之痕迹的抽象结构和形体。这是一种既具体又抽象、既清晰又模糊、既完整又不完整的形象，由于它的动力性质，其本身的运动"逻辑"，便成了创造性思维的首要推动者。如果我们考虑到爱因斯坦在创立相当抽象的相对论时"思想实验"所起的导引作用，那么，阿恩海姆认为创造性思维是通过意象进行的，就是完全正确的。而"如果有人断言，哲学或科学领域的创造性思维都包含着'意象'的形成。他就本能地说出了人类理性发展原初阶段的事实。这就是，在这一阶段上，理论大都来自于人们亲身感觉到的事物或想象的事物的感性形式。"[1] 创造性思维超越了艺术与科学的界限，艺术乃是增加感知能力的最强有力的手段，没有这种敏锐的感受能力，任何一个研究领域的创造性思维都将是不可能的。

阿恩海姆从艺术活动是理性活动的一种形式出发，揭示了艺术与科学在思维结构上的同构性，而汤川秀树则从科学中的创造性思维入手揭示了科学与艺术在思维结构上的同构性。汤川秀树首先提出这样一个重要问题："事物之间的相似性使得类比思维能够具有创造性和富有成果，那么，人怎样能确定这种相似的种类呢？"汤川秀树对这个问题的回答是，图像识别（这正是艺术思维的特征）不仅是类比思维的出发点，而且在所有的精神活动中也经常发生，分析识别过程完全可以使我们理解创造性思维的秘密。

汤川秀树认为，人类在儿童时期就具有识别像正方形、圆和三角形这样的简单图形的能力。这种识别能力是理解欧几里得几何学的先决条件。人类获得图像识别的惊人能力不必进学求教，但人类必须进学校学习形式逻辑。而我们之所以能掌握形式逻辑，是因为在儿童时期就已经事先不自觉地获得了识别图像的能力。人类必须从直觉或想象着手，然后才能够借助于自己的抽象能力。抽象不可能单独起作用。在任何富有成效的科学思维中直觉与抽象总是相互影响的。不仅某种东西必须从我们丰富的、但多少有点模糊的直觉图像中抽象出来，而且被当作人类抽象能力的成果而建

---

[1] ［美］鲁道夫·阿恩海姆：《视觉思维——审美直觉心理学》，滕守尧译，光明日报出版社1987年版，第38页。

立的某种概念到最后也确定下来,往往变成了我们直觉图像的一部分。从这种新建立起来的直觉中,人们可以继续作出进一步的抽象。例如,爱因斯坦相对论的四维时空世界,虽然比牛顿力学的空时概念抽象得多,但是,它在今天是属于物理学家们作为进一步抽象基础的直觉图像的一部分。

科学与艺术在思维结构上的同构性还表现在,皮亚杰的发生认识论揭示出人的认识由于图示作用总是沿着同化和顺应两个互相补偿的道路前进的。皮亚杰所发现的这条心理规律也被艺术史的事实所证实。英国著名学者冈布里奇通过潜心研究艺术进化的历史也同样发现了这一重要规律。他写道,在一张描绘十六世纪泰伯河冲决罗马城堤岸的地志画上,尽管画家尽力去描绘罗马的圣安吉罗城堡,但人们看到的不过是一个城堡的图式而已,二者差别极大。十七世纪著名的、技术高超的地志画画家马萨斯·梅里安在画巴黎圣母院一画时,把窄而尖的哥特式窗画成了大而圆的窗,把一边七扇窗、另一边六扇窗画成两边对称的四扇窗。画家所出现的差错均不是技术原因造成的,而是与当时的传统和画家的图式有关,如果有人向画家指出他的错误,他能够修改他的作品。所以,冈布里奇得出结论说:"这些似乎不太重要的文献确实提供了大量关于要为一个独特形式制作真实记录的艺术家的程序的材料,他不是从视觉印象开始而是从观念或概念开始:那个德国画家运用了——也是他所能运用的——城堡的概念到一个个别的城堡上,梅里安从他关于教堂的观念开始,那个铜版画家则从他的一种教堂的固定模式开始。"绘画与现实的"匹配常常是个一步一步进行的过程,这个过程有多长、多么困难,将依赖于对适应一幅画的目的的最初图示的选择"[①]。

冈布里奇指出,支配知觉过程和艺术再现过程的是同一个规律,即"图示和修正",这相当于皮亚杰的"同化和顺应"。他认为,主体对事物的解释(包括摹写和再现)总是图式解释,如果没有一些初始图示,我们就永远不能把握个别事物。由于图示和对象的关系是一般和个别的关系而不是全等关系,所以在运用图式"同化"对象时,图式本身也被修正,直到适合于打算再现的事物形状为止。与皮亚杰不同,冈布里奇的贡献在于他提出了"制作先于匹配"以及"匹配战胜了制作"这样两个新命题

[①] [英]E. H. 冈布里奇:《艺术与幻觉》,卢晓华译,工人出版社1988年版,第69页。

上。在他看来，任何形象的制作或创造都不能逃避图式和修正的规律，但图式和修正在形象制作过程中的地位是不同的。"制作先于匹配"就是强调观念模式的先导性。由于任何创造和制作总是从预成图示开始，所以图示先于所要参照和匹配的对象起作用就是理所当然的事了。人的知觉过程和艺术形象的制作当然要和它所描绘的自然事物相匹配，而匹配的过程正是通过图式与修正的程序进行的，知觉和艺术再现的"逼真性"即客观性是这一过程的目的和最终产物。因此，冈布里奇又认为，一件对自然准确描绘的艺术作品表明"匹配战胜了制作"。这样，从一般图式开始，通过逐步修正和调整，直到主体真正实现对特定对象的观念把握，就是图式先于匹配、匹配战胜了图式的完整过程。它具体地阐明了艺术和科学一样都要经历从自我中心到解除自我中心、从主观性走向客观性的道路。在人类历史上作出伟大发现的科学家和艺术家的最宝贵的品质，就是敢于并成功地克服了历史传统和习惯图式加给他的限制，实现了观念图式的更新。

二 认知取向上的同一性

科学求真、艺术求美，这两种认知取向有着同一性，其客观基础就是自然界体现出来的种种美的形式：万事万物发展变化的有序和无序的相互转换，自然界和谐性在广袤天体和细微物质中的显示，以及对称性、简单性、相似性在诸种差异极大的自然现象中的表露等等。在科学认识中，真的必定同时也是美的。在物理学中真正有价值的知识都表现理论的美和逻辑结构的美。理论的美是在各种不同的现象之间确立了出人意料的联系，是用数目极少的几条似真的假设得出了丰富而又意义重大的结论，是论据的巧妙机智。理论美的一个表现是自然规律的对称。所谓对称是指现象和描述这些现象的方程，在任何变换下都具有不变性，要求对称可以发现自然规律。爱因斯坦的引力方程，几乎唯一地是从关于四维时空中局域性坐标变换的对称要求中推导出来的。整个现代物理学，从基本粒子理论到金属理论，都浸透着对称的思想。对称是和各种守恒定律紧密地联系在一起的。最纯粹的逻辑结构的美，是在数学中表现出来的。相对论和量子论的成就对狄拉克的最大的启示，是在物理学的研究中，数学方程所起的巨大作用，这就是对数学美的追求。狄拉克由此得出结论说："今天我觉得，在物理学中，人们最好的出发点，就是假定物理学定律务必要建立在优美的方程式上。这里唯一真正重要的条件是：这些奠基性的方程应具有触目的数学的'美'。"① 爱因斯坦在建造他的引力理论大厦时，一点也不试图去凑合一些观察结果。他的整个进程是研究一个完美的理论。他想象大自然，然后把它抽象出来。整个研究过程都受到了对方程美妙的思考的指导。他产生了一点引力与曲度空间相联系的想法，并能把这些想法放在数学方案里发展。其结果是理论在它的基本观念上格外简洁完善。追求美，即追求自然规律的统一和对称，这是二十世纪，特别是近几十年来物理学的特点。

审美的冲动和美感体验实际上已经成为现代科学认识活动中的一个调节机制。法国数学家阿达马写道："在我们用下意识所形成的大量组合中，大多数是乏味的和没有用的，它们无法作用于我们的美感，它们永远不会被我们意识到；其中只有若干组合是和谐的，因此同时是美的和有用的，它们能够激起我们特殊的几何直觉，这种几何直觉把我们的注意力引向这些组合，使它们能够被我们意识到。"② 科学家的美感犹如一个筛子，是其思维信息选择活动的重要标准。彭加勒曾说："选择不可避免地由科学上的美感所支配。""正是对这种特殊美，即对宇宙和谐的意义的追求，才使我们选择那些最适合于为这种和谐起一份作用的事实。"③

科学家常常是以美审真、由美求真。正如海森堡所说："美是真理的光辉。"美学标准也是科学理论合理性的重要判据。科学家关于科学理论合理性的判断在很大程度上是直觉的和美学的。爱因斯坦拒不承认量子力学的完备性，就是因为他在直觉上预感"上帝不会掷骰子"。这种直觉的预感是一种内在的心理场，在其中真、善、美的标准无法明确地予以区分，它们没有清楚的界限。直觉，特别是审美直觉之所以能在科学研究中发挥如此巨大的作用，甚至被认为是为理论的选择和评价提供了"独立的"标准，其根本原因是直觉和美感都是人类整个认识框架中的有机组成部分，而这种认识系统的有效性又是为长期的实践所证实了的。

必须指出，不是任何水平、层次上的美感和审美体验都接近真理。大科学家通常所体验到的美本质上不是感官印象的美，也不是质地表现的美。彭加勒说："我的意思是说那种比较深奥的美，这种美在于各部分的

---

① 转引自《世界科学译刊》1979年第9期，第3页。
② 周昌忠：《创造心理学》，中国青年出版社1983年版，第194页。
③ 转引自《科学与哲学》1983年第1辑。

和谐秩序,并且纯粹的理智能够把握它。"① 这并不是说,凭理智所把握的就是这种美感的全部,而是说离开了理性的深层审美意识,人们便无法感受到自然对象符合特定的科学审美范畴的外表;只有具备了理智的审美意识,我们才能够认识事物的结构"具有让我们感官满意的外表"。美感不同层次的这种相互依存关系植根于科学认识和科学发现的真、善、美统一关系。如果把美感理解为仅仅是凭感官体验到的心理浅层的快感,那就无法理解彭加勒和许多科学家所说的这种深奥的,全身心的美感。在"深奥的"美感中,对于对象的真理价值、科学价值和审美价值的理解综合为一个整体,使它类似于一种直觉,这种直觉决定了主体对于审美对象信息的选择,决定了在主客体之间能否建立一种和谐的审美联系。

三 活动形式上的相似性

伟大的艺术作品会改变美学标准,形成新的风格;伟大的科学成就会改变科学标准,形成新的范式。艺术以各种不同的风格表现自己,而科学则以各种不同的范式表现自己,这两种活动形式有着相似性。一个艺术流派的成员具有共同的风格和美学观点,他们也以此共同观点而被人识别。正是这种共同的风格和美学观点,先于解决问题的共同方式而成为他们的集体得以团结一致的决定因素。这种情况类似于科学研究者被一个共同的范式所联结,并以此组织和协调他们的科研活动。

美国文化人类学家克罗伯发现,各个时期和民族的文化都存在着类似艺术风格那样的独特统一特征。他指出,科学、哲学、时装和饮食习惯中都带有艺术风格那样的特征,从而用各种风格来概括文明中各个层次的文化模式。他在某种意义上引申了艺术风格一词的含义,对"风格"下了新的定义:"一种风格是某种自我融贯的行为方式或行事方式。它在各种可能的行事方式中参照价值而选择了一种方式,这就是说,被选择的行事风格是人们感到具有内在价值——它们本身就是善的、正确的、美的、令人愉快或合乎人的愿望的。"② 因此,这种含义上的风格相当于外显的行为模式。

纯粹科学的发展历程类似于艺术风格的变迁,两者在某种程度上都是

---

① [法]彭加勒:《科学的价值》,李醒民译,光明日报出版社1988年版,第357页。
② [美]克罗伯:《文化的性质》,芝加哥大学出版社1952年版,第402页。

非累积性的。克罗伯在这个问题上的观点与库恩的"科学范式论"暗合。克罗伯写道:"纯粹科学以跳跃式的勃发而出现,各个学科专攻一组独特的问题。当这些问题被现有的方法和观点解决时,便很少再会出现新颖的或深刻的成果。于是科学发展减缓了,只有一些细节上的发现。只有当发现了某种新的研究方向的时候,例如二十世纪的遗传学或亚原子结构,具有创造性和超越意义的发现才会再度产生,才会有天才人物的再度勃然出现。新的解释的累积性只是就它们横扫了先前的所有知识而言的。旧材料加上了具有更深刻意义的新材料;但是它们大多数并没有被抛弃,而只是作了重新解释,被赋予了新的意义。然而创造性活动的前沿发生了变化,它重新进入了自己的历程。这是纯粹科学和艺术发展差不多共同的方式。"① 因此,只要把科学发展的外显模式(风格)看作是库恩所说的范式,那么克罗伯和库恩作出了同样的发现:只有风格上的革命才会带来科学的蓬勃发展;科学以一组独特的问题为中心,而带有审美价值和理想因素的新范式决定了发现的深度和广度;科学和艺术中的风格都有其生命的极限,当其创造性的潜力耗竭之后就会衰落,直至由新的风格所取代。

风格的革命也说明了天才人物像天空的星座一样成群出现的现象。克罗伯发现,哲学、科学、诗歌、戏剧、音乐、绘画和雕刻在各个领域中的天才人物都是集中在某个时期成群出现的。例如公元前六世纪希腊的三大悲剧作家,前585至前280年前的希腊哲学家,意大利文艺复兴时期的画家,1550年至1659年英国的科学家,都形成了一次次文化的高峰。根据生物学的原理,人的天赋才智在各个时期和地区总体上是均匀的,因此各时期潜在的天才数当多至不可计数,真正实现的不过是其中的百分之二、三。这样,从历史的长期趋势来考察,带着个人癖性的天才人物也显得不重要了,重要的是整个风格和基本模式的变化。"在一种意义上,人创造了风格;在另一种意义上,他们本身又是风格的产物。"②

风格对科学研究的重要性正像对文学、艺术一样,它也规定着科学家的科学创造,体现着每一个科学家的创造特色。风格之于科学研究就像它对文学、艺术和音乐一样是至关重要的。风格作为科学工作者个人创造性活动的集中体现,它的形成意味着一个人在科学研究上的成熟。如果说有

---

① [美]克罗伯:《风格与文明》,康奈尔大学出版社1957年版,第62—63页。
② 同上书,第60页。

了趣味,标志着一个人具备了做学问的条件,那么形成了风格,则说明他对研究对象有了一定的感受,发展了自己的研究方向和方法,并且相应地在科学上取得了一定的成功,得到了大家的公认。纵观科学发展史,凡是作出重大贡献的科学大师,在他们的科学活动、科学思想、科学著作中,无不显示出自己显著的风格。

和艺术风格一样,科学风格也具有多样性,并且多样性也是科学风格的必然特性。首先,每一门科学,甚至在同一学科中的不同方向,都有各自的特点,因此,在这些不同领域内的科学工作者要受到研究对象特点的影响,他们的风格自然也各不一样。其次,研究方法的不同更是风格的显著特征,可以讲有什么样的方法,就会有什么样的风格。最后,研究者的个性也是决定风格的重要因素,因为一个人的个性就是区别于他人的主观方面各种具有相对稳定性的显著特征,它存在于研究者身上,而通过他们所进行的创造性活动表现出来。

四 增长模式上的一致性

今天,人们谈到科学知识增长的模式时都倾向于接受库恩在其名著《科学革命的结构》中所阐明的观点,即累积性增长被周期性的不连续所打断。非常有趣的是,艺术批评家冈布里奇提出的艺术增长的模式和库恩所描述的科学增长模式非常相似。在这个模式中,艺术作品的性质决定于创造者对于现实本性的感受。这种"世界观"时时刻刻都在调整。当整个理论观点改变了的时候,这些重新调整可能是激烈的;当决定去研究一个新现象或者从前被忽视的现象的时候,调整可能是微小的。库恩毫不讳言地承认自己在研究科学增长模式时曾受到冈布里奇的深刻影响。他写道:"在讨论到科学中的创造性革新的发展模式或性质时,书中论述了这样一些论题,如竞争中的各学派以及不可比的各种传统的作用,变化中的价值标准以及改变后的感觉模式的作用。像这样一些论题对于艺术史学家早已成为基本因素,但是在科学史著作中却极少提到。因此,不足为奇的是,使这些论题在科学中具有中心地位的那本书也就要否定(至少是以很强烈的暗示去否定)这样一种观点,即只要在价值世界和事实世界之间、在主观与客观之间、直觉因素与演绎因素之间应用一条经典的二分法,就很容易把艺术与科学区分开来。贡布里希(冈布里奇)的工作在许多方面沿着这个方向发展,曾给予我以很大的鼓舞,哈夫纳的文章亦复如此。在这种情况下，我必须同意其中的主要结论：'我们越细心地力图区别艺术家和科学家。我们这样做就碰到越多的困难。'的确，这段话表述了我自己有过的经验。"①

本质地看，科学增长模式与艺术增长模式的一致性根源于科学革命的反常性特征与艺术的本性相符。艺术诉诸直觉，这种直觉乃是对规则的违反、对障碍的克服、对通例和常规的反叛。反常性就是艺术的本性。雪莱在《诗辩》中，把诗人描绘成为"没有得到世人承认的立法者"：它（诗歌）把我们变成了另一个世界的居民，而人们所熟悉的世界对于这另一个世界来说。不过是一片混乱。这种摆脱正常状态和生活在反常之中的愿望就是诗人和艺术家的强烈愿望。因此，在歌德身上，信仰鬼神和崇尚理性，摆脱束缚、限制的愿望和超然物外的明智所包含的规范意识始终处于紧张对峙状态。对席勒来说，每一个创作时期和每一部作品都代表着一次道德冒险和美学冒险。诗人和艺术家总是试图生活在各种限制和规范之外，哪怕是在想象中。科学革命最具反常性。在这个时期，科学家们往往无视通例和规则，异常关注反常问题，有意违反惯常的思维模式，设法突破原有理论框架，提出新观念、新方法，建构新理论。"概念是思维的自由创造"，爱因斯坦的这句名言集中地表现了处于科学革命时期的科学家们所获得的精神解放感，这同艺术家们摆脱各种限制的强烈愿望有异曲同工处。

一方面，科学革命特别要求思想活跃和思想解放，即"发散式思维"。另一方面，科学革命是常规研究的累积性发展的必然结果，而常规研究是一种高度收敛的活动，科学家为了完成自己的任务，必须要受到一系列复杂的思想上和操作上的约束。因此，某种"收敛式思维"也同发散式思维一样，是科学进步所必不可少的。所以库恩强调，为了取得富有成果的进展，科学家必须在"发散式思维"与"收敛式思维"之间保持"必要的张力"。如果我们从更加广泛的文化学意义来看待这个问题，把科学活动与艺术特质融为一体，就有可能在冒险与安全二者之间取得某种精神上的平衡。实质上是使冒险与安全这两个极端有机地组合起来，形成一种推动精神活动前进的机制，互相制约、互相促进、互相补充。思辨的

---

① ［美］托马斯·库恩：《必要的张力》，范岱年、纪树立等译，北京大学出版社2004年版，第331—332页。

冒险，犹如艺术想象，汪洋恣肆，或超越时空、超越自我，扩展到精神领域的最广远处。当此之时，逻辑的"安全制动阀门"也即时开启，用严密的、犀利的、分析的利刃，校正精神之翼飞行的航向，批判地考察探险主体的精神自身，或限制其使用范围，或揭示它未曾清楚地显露出来的先定前提，并对之进行分析，从而使下一步精神的探险在更稳固、更安全的地基上进行。事实上，不可能有绝对的安全，也不可能有不受任何制约的冒险。绝对的安全犹如绝对的精确性只是一种幻想，而无节制的绝对的冒险也是不存在的，任何冒险总是有一个冒险的出发点，冒险的基地，一旦承认这种出发点和基地的存在，就已经不是绝对的冒险了。科学与艺术的结合使得安全与冒险都是必需的。

参考书目

1. ［德］胡塞尔：《现象学与哲学的危机》，吕祥译，国际文化出版公司1988年版。

2. 刘小枫：《诗化哲学》，山东文艺出版社1986年版。

3. ［美］弗兰克：《科学的哲学》，许良英译，上海人民出版社1986年版。

4. 叶秀山：《思·史·诗》，人民出版社1988年版。

5. ［美］贝尔：《后工业社会的来临》，高锋译，商务印书馆1984年版。

6. ［德］海森堡：《严密自然科学基础近年来的变化》，《海森堡论文选》翻译组译，上海译文出版社1978年版。

7. ［德］伽达默尔：《赞美理论——伽达默尔选集》，夏镇平译，生活·读书·新知三联书店1988年版。

8. 傅铿：《文化：人类的镜子》，上海人民出版社1990年版。

9. 汪信砚：《认知的两极性及其张力》，浙江科学技术出版社1990年版。

10. 孙显元：《现代国外自然科学家哲学思想》，中国科学技术大学出版社1991年版。

11. 周寄中：《"科学——社会"学》，中国科学技术大学出版社1991年版。

12. 成中英：《中国文化的现代化与世界化》，中国和平出版社1988年版。

13. ［美］桑迪拉纳：《冒险的时代》，周建章等译，光明日报出版社1989年版。

14. 景天魁：《社会认识的结构和悖论》，中国社会科学出版社1990年版。

15. ［德］卡西尔：《符号、神话、文化》，李小兵译，东方出版社1988年版。

16. 刘述先：《文化哲学》，黑龙江教育出版社1988年版。

17. 苏国勋：《理性化及其限制》，上海人民出版社1988年版。

18. ［德］兰德曼：《哲学人类学》，彭富国译，工人出版社1988年版。

19. 司马云杰：《文化价值论》，人民出版社1988年版。

20. ［英］波普尔：《科学知识进化论》，纪树立编译，生活·读书·新知三联书店1987年版。

21. ［以色列］约瑟夫·本—戴维：《科学家在社会中的角色》，赵佳苓译，四川人民出版社1988年版。

22. ［美］阿金：《思想体系的时代》，王国良译，光明日报出版社1989年版。

23. ［美］穆尼茨：《当代分析哲学》，吴矣人等译，复旦大学出版社1986年版。

24. ［苏］科尔涅耶：《唯心辩证法观批判》，贾泽林译，东方出版社1991年版。

25. ［美］加斯顿：《科学的社会运行》，顾昕等译，光明日报出版社1988年版。

26. ［德］胡塞尔：《欧洲科学危机和超验现象学》，张庆熊译，上海译文出版社1988年版。

27. ［美］汉姆普西耳：《理性的时代》，陈嘉明译，光明日报出版社1989年版。

29. ［德］海德格尔：《存在与时间》，陈嘉映译，生活·读书·新知三联书店1987年版。

29. ［美］查尔斯沃斯：《哲学的还原》，田晓春译，四川人民出版社1987年版。

30. 殷鼎：《理解的命运》，东大图书股份有限公司1988年版。

31. ［苏］库兹涅佐夫：《现代科学和哲学》，孙慕天译，中国人民大学出版社1987年版。

32. 灌耕：《现代物理学与东方神秘主义》，四川人民出版社1983年版。

33. ［美］萨顿：《科学的生命》，刘珺珺译，商务印书馆1987年版。

34. ［荷］范坡伊森：《维特根斯坦哲学导论》，刘东等译，四川人民出版社1988年版。

35. 叶舒宪：《探索非理性的世界》，四川人民出版社1986年版。

36. ［德］柏林：《启蒙的时代》，孙向阳等译，光明日报出版社1989年版。

37. ［美］拉兹洛：《进化——广义综合理论》，闵家胤译，社会科学文献出版社1988年版。

38. ［法］萨特：《存在与虚无》，陈宣良等译，生活·读书·新知三联书店1987年版。

39. ［德］伽达默尔：《科学时代的理性》，薛华等译，国际文化出版公司1988年版。

40. ［德］胡塞尔：《现象学的观念》，倪梁康译，上海译文出版社1986年版。

41. ［法］埃尔：《文化概念》，康斯文等译，上海人民出版社1988年版。

42. ［美］戈兰：《科学与反科学》，王德禄等译，中国国际广播出版社1988年版。

43. ［波］奥辛廷斯基：《未来启示录》，徐元译，上海译文出版社1988年版。

44. ［美］李维：《现代世界的预言者》，谭振球译，黑龙江教育出版社1989年版。

45. ［美］亨普尔：《自然科学的哲学》，张华夏译，生活·读书·新知三联书店1987年版。

46. ［美］赖兴巴赫：《科学哲学的兴起》，佰尼译，商务印书馆1984年版。

47. ［英］霍克斯：《结构主义和符号学》，瞿铁鹏译，上海译文出版社1987年版。

48. ［德］海森堡：《物理学和哲学》，范岱年译，商务印书馆1981

年版。

49．庄锡昌等编：《多维视野中的文化理论》，浙江人民出版社1987年版。

50．［美］拉兹洛：《系统、结构和经验》，李剑同译，上海译文出版社1987年版。

51．［美］蒂利希：《文化神学》，陈新权译，工人出版社1988年版。

52．［德］卡西尔：《人论》，甘阳译，上海译文出版社1985年版。

53．［苏］凯勒：《文化的本质与历程》，陈文江译，浙江人民出版社1989年版。

54．［美］里夫金、霍华德：《熵：一种新的世界观》，吕明等译，上海译文出版社1987年版。

55．［美］巴格比：《文化：历史的投影》，陈天岗等译，上海人民出版社1987年版。

56．［苏］拉皮茨基：《认识主体的结构和功能》，唐健等译，中国人民大学出版社1990年版。

57．［英］艾耶尔：《二十世纪哲学》，李步楼等译，上海译文出版社1987年版。

58．［英］丹西：《当代认识论导论》，周文彰等译，中国人民大学出版社1990年版。

59．［英］罗素：《人类的知识——其范围与限度》，张金言译，商务印书馆1983年版。

60．［比利时］普里戈金：《从混沌到有序》，曾庆宏等译，上海译文出版社1987年版。

61．［美］巴特菲尔德：《近代科学的起源》，张丽萍等译，华夏出版社1988年版。

62．［美］劳丹：《进步及其问题》，刘新民译，华夏出版社1990年版。

63．［德］李凯尔特：《文化科学和自然科学》，涂纪亮译，商务印书馆1986年版。

64．［法］彭加勒：《科学的价值》，李醒民译，光明日报出版社1988年版。

65．［美］卡尔纳普：《科学哲学和科学方法论》，江天冀译，华夏出版社1990年版。

66. ［美］戈布尔：《第三思潮：马斯洛心理学》，吕明等译，上海译文出版社1987年版。

67. ［美］怀特：《文化的科学》，曹锦清译，浙江人民出版社1988年版。

68. ［法］巴特：《符号学美学》，董学文译，辽宁人民出版社1987年版。

69. ［美］阿恩海姆：《视觉思维》，滕守尧译，光明日报出版社1987年版。

70. ［美］理查德·罗蒂：《哲学和自然之镜》，李幼蒸译，生活·读书·新知三联书店1987年版。

71. ［美］库恩：《科学革命的结构》，李宝恒等译，上海科学技术出版社1980年版。

72. 叶舒宪选译：《结构主义神话学》，陕西师范大学出版社1988年版。

73. ［美］克兰：《无形学院》，刘珺珺等译，华夏出版社1988年版。

74. ［英］拉卡托斯：《科学研究纲领方法论》，兰征译，上海译文出版社1986年版。

75. ［英］波普尔：《猜想与反驳——科学知识的增长》，傅季重等译，上海译文出版社1986年版。

76. ［美］库恩：《必要的张力》，纪树立等译，福建人民出版社1981年版。

77. ［法］列维－斯特劳斯：《野性的思维》，李幼蒸译，商务印书馆1987年版。

78. ［英］波普尔：《无穷的探索》，邱仁宗等译，福建人民出版社1984年版。

79. ［英］波普尔：《客观知识》，舒炜光等译，上海译文出版社1987年版。

80. ［美］霍埃：《批评的循环》，兰金仁译，辽宁人民出版社1987年版。

81. ［澳］贝塔朗菲：《人的系统观》，张志伟等译，华夏出版社1989年版。

82．［美］马尔库塞：《单向度的人》，刘继译，上海译文出版社1989年版。

83．［美］费耶阿本德：《自由社会中的科学》，兰征译，上海译文出版社1990年版。

84．［美］夏佩尔：《理由与求知》，褚平等译，上海译文出版社1990年版。

85．［意］维柯：《新科学》，朱光潜译，商务印书馆1989年版。

86．［英］拉卡托斯：《批判与知识的增长》，周寄中译，华夏出版社1987年版。

87．［德］卡西尔：《语言与神话》，于晓等译，生活·读书·新知三联书店1988年版。

88．［美］拉兹洛：《用系统论的观点看世界》，中国社会科学出版社1987年版。

89．李晓明：《模糊性，人类认识之谜》，人民出版社1985年版。

90．［英］怀特海：《科学与近代世界》，王敏煦译，商务印书馆1935年版。

91．［瑞士］皮亚杰：《儿童心理学》，吴福元译，商务印书馆1980年版。

92．［法］列维—布留尔：《原始思维》，丁由译，商务印书馆1985年版。

93．［瑞士］皮亚杰：《结构主义》，倪连生等译，商务印书馆1988年版。

94．［英］贝尔纳：《科学的社会功能》，陈体芳译，商务印书馆1986年版。

95．［德］伽达默尔：《真理与方法》，洪汉鼎译，上海译文出版社1999年版。

96．［美］怀特：《分析的时代》，杜任之译，商务印书馆1981年版。

97．［美］瓦托夫斯基：《科学思想的概念基础》，范岱年译，求实出版社1989年版。

第二部分

认识论研究的若干重要问题和理论向度(学术论文)

二十世纪科学认识中的主体创造*

科学认识是主体观念地掌握客体的最高方式，因而反映出认识的本质特征。相对论标志着科学认识发展的新阶段，集中体现着二十世纪科学认识的本质特征。这一本质特征是以科学认识中的主体创造来表征的，对此爱因斯坦作了如下概括："物理学家的最高使命是要得到那些普遍的基本定律，由此世界体系就能用单纯的演绎法建立起来。要通向这些定律，并没有逻辑的道路；只有通过那种以对经验的共鸣的理解为依据的直觉，才能得到这些定律。由于有这种方法论上的不确定性，人们可以假定，会有许多个同样站得住脚的理论物理体系；这种看法在理论上无疑是正确的。"[①]

一

科学认识的直接目的是对客观世界作理论表达，解释和预见世界的过程和现象，它要通过建立理论体系来实现。理论体系是以基本原理为基础的，逻辑上相互联系着的概念、命题系统。概念、相应的命题及其推论构成理论体系的组成要素；概念和命题之间的逻辑关系的总和组成理论体系的逻辑结构，借助于演绎法则，可以保证从少数真实的前提得到大量新的逻辑必然的推论。科学认识对客观世界作理论表达，就是在理论体系的概念、命题的逻辑结构中表达主体对客观世界有所认识的理论内容；而从少数真实的前提逻辑地推论出许多具体结论，则是从理论上对已知事实作出解释或对未知事实作出预见。因此，科学认识不满足于形成个别概念和个

---

* 原文发表于《哲学研究》1987年第7期。
① 《爱因斯坦文集》第1卷，许良英、范岱年编译，商务印书馆1976年版，第102页。

别判断，而致力于建立理论体系。

理论体系是科学认识的成熟形态，这是由理论体系的性质和特点所决定的。

首先，理论体系是主体观念地掌握客体的最高方式。单个概念只是反映客观事物某一方面的本质规定，而逻辑上相互联系着的概念体系却能把握客观事物的本质关系，反映客观规律的必然联系。在理论体系的逻辑结构中，前提蕴含着丰富的认识内容，它们决不是主体通过直观地审查所能立即看得出来的，而必须经由逻辑推论逐步展开。逻辑展开的推论并不只对已知事实作出解释，有些推论往往出乎主体意料，超出已知事实的经验范围而产生的科学预见。它们反映着客观规律的必然联系，揭示新事实的存在。一般说来，本来是为解释已知事实建立的理论体系却能预见未知事实，这是科学认识成熟的标志之一。理论体系以自身作出预见的逻辑力量表明它是主体观念地掌握客体的最高方式。

其次，理论体系是综合的最高形式。作为主体掌握自然现象之网的网上扭结，概念、范畴的基本认识功能就是综合。但是，概念、范畴还不是综合的最高形式。综合的最高形式是理论体系。理论体系中命题之间的逻辑关系具有双重意义：其一是基本命题（或原理）的真理性由一般性的前提传递到个别性的结论，使个别性和特殊性的知识得到解释；其二是基本命题增强导出命题的可靠性，"这是因为当一知识可以用推理方法从另一知识推论出来时，它就获得了比它以前只靠本身所有的要大的可信程度。"[1] 由于以上两点，建立在普遍性原理基础上的理论体系具有高度的综合能力，它能够把前驱理论作为其逻辑推论综合于自身之中，而且它在综合前驱理论的同时导致新理论。新理论比前驱理论在更加广泛的范围内同化经验事实，预见前驱理论所无法预见的东西。哲学史上，康德特别强调概念、范畴的综合功能，然而，在他看来，理性乃是比知性更高的综合形式。他认为，知性把直观归入范畴，理性把判断（或命题）和概念归入原则（或原理）；理性的逻辑职能与知性不同，不是判断，而是推理，推理同更高的综合形式相联系。在理论体系的逻辑结构中，不仅实现着理论对理论的综合，而且实现着理论对事实的综合。理论体系的综合程度越

---

[1] ［英］罗素：《人类的知识——其范围与限度》，张金言译，商务印书馆1983年版，第94页。

高，就越表明它具有更大的普遍性和科学认识的成熟性。

最后，理论体系是主体认识活动的自主形式。理论体系作出预见的逻辑必然性，其概念结构的严谨性为主体认识活动提供一个确定的研究规范。按照研究规范，主体能够自主地对问题作出选择，对理论作出评估，深入分析规范所提供的现象，集中注意力于比较深奥的专门问题。具有一种研究规范以指导和调节主体的认识过程，这是任何一个科学部门达到成熟的标志。

在二十世纪，科学认识的明显目标，是以少数几个基本原理为基础建立理论体系，使得观察到的事实都能通过逻辑演绎从该体系中导引出来。人们不再要求基本原理或者它们的某些直接推论应当符合于我们的日常经验，所要求的是理论体系的逻辑推论应当作出新的预见，能够独立地经受严格的检验。皮亚杰认为，知觉结构和智力结构的基本区别之一就在于，知觉所给予的东西本身仍是一种材料，它并没有促使人们进行演绎的重新建构，而智力甚至面对给予的客体也总是通过解释的重新建构超越材料。主体以建构理论体系为中介超越直接经验，作出新的预见，揭示客体的本质关系和必然联系，这是二十世纪科学认识中主体创造性地反映客体的新特点。狭义相对论的创立集中体现了这一点。

爱因斯坦在创立狭义相对论之前，最初曾尝试根据已知事实概括真实定律，但是这样做显得毫无成效，经过长时期的科学探索，他确信只有发现一个普遍性原理，以此为基础建构一个演绎体系，才能得到可靠的结果。后来，他通过创造性思维找到一条普遍性原理即相对性原理，并把它与光速不变原理结合起来，以二者为基础建立了狭义相对论，从狭义相对论的相对性原理和光速不变原理中导出的推论，预言了相对论效应——长度缩短和时间变慢，揭示了时间和空间，时间、空间和物质运动的本质关系和必然联系。爱因斯坦的科学认识活动表明，当前驱理论遇到反常现象时，认识主体不应当使自己服从于经验事实，专注于从经验事实中概括新理论，而应当充分发挥自己的创造能力，提出基本原理，以此建构理论体系，使逻辑演绎成为主体超越直接经验、把握客体的本质关系的手段。

二

基本原理反映着研究对象最一般的本质和最普遍的规律，因而它是贯穿在理论体系中把其他概念和命题统一起来的核心，履行着形成理论体系的职能。因此，建立理论体系的关键在于形成基本原理。基本原理只能通过主体的创造性思维才能形成，而主体的创造性思维集中体现着主体的创造性能力。

与一般概念和一般判断不同，基本原理不是通过归纳概括经验材料由感性直观上升到理性思维的产物，在经验材料与基本原理之间并没有一条由归纳连接起来的逻辑通路。这是因为：

第一，基本原理具有普遍性，它作为理论体系的逻辑基础是不能用其他概念或判断加以解说的。而归纳经验材料所形成的概念或判断，无论有多大程度的概括性，其内涵仍需用更加概括的概念或判断加以解说，其外延则是不可能穷尽经验而具有普适性。

第二，由基本原理作出的推论，能够预见未知事实，远远超出基本原理所依据的经验事实的范围。在演绎逻辑中，结论蕴含于前提，不可能超出前提的内容。如果前提由归纳经验材料形成，其逻辑推论也不应当超出经验事实的范围。基本原理蕴含着超出经验事实的丰富内容，因而它不可能是归纳经验材料的产物。

第三，基本原理履行着形成理论体系的职能，理论体系中那些接近经验的概念和命题是通过逻辑演绎而统一于基本原理的。理论体系的这种结构要求在一定程度上脱离经验材料。从基本原理到对应于经验事实的具体结论要经过许多逻辑环节的中介。

由于上述原因，基本原理不可能从经验材料中归纳形成，它对经验有一种逻辑独立性。因而使得基本原理的形成较之一般概念和一般判断的形成在更大程度上依赖于主体的思维创造。

但是，主体的思维创造必须导向客观真理，建立在基本原理基础上的理论体系必须导出有相应的经验事实与之对应的具体结论。就此而言，在形成基本原理的过程中，主体的思维创造不可能完全脱离经验，相反，它必须面对经验，这是因为：第一，基本原理是在总结前人理论知识的基础上产生的，这些理论知识归根到底是人类认识经验的理论概括；第二，从基本原理导出的结论不仅应当解释已知的经验事实，而且必须预言未知的经验事实，比前驱理论包含更多的经验信息，这是理论进步的要求；第三，建立在基本原理基础上的理论体系应当具有严密的逻辑性，以至于从基本原理导出的许多结论，只要一个被经验证伪，整个理论体系就必须放弃。

在直观反映论者那里，思维和经验的联系仅仅被归结为思维对经验材料进行归纳概括。而我们认为经验并不构成基本原理，但经验却是使基本原理及其理论体系得以成立的决定因素。一方面，基本原理不直接源于经验而依赖于主体的思维创造，正因为如此，建立在基本原理基础上的理论体系才能超出直接经验，作出新的预见；另一方面，主体的思维创造之所以能形成基本原理，建立理论体系，主要是通过经验成果的内容和经验成果的联系，借助于概括着人类认识经验的理论知识来加以说明的。基本原理及其理论体系的重要性和有效性正是包含在这种说明的可能性之中。

因此，只有在思维和经验之间保持一种张力，使思维既依据经验而又不局限于经验并充分发挥其创造性，主体的思维创造才能形成基本原理。创造性思维是以对经验的理解为依据，对客观事物之间的联系所进行的新的探索，并能创造新的思维形态（假说、原理、理论等）来概括、反映这些联系的思维过程。如果说，主体以建构理论体系为中介超越直接经验，作出新的预见，是二十世纪科学认识中主体创造性地反映客体的新特点，那么，创造性思维则是二十世纪科学认识中主体思维的基本形式。相对论赖以建立的基本原理的形成集中体现了这一点。正如爱因斯坦所说，十八、十九世纪的大多数自然科学家中渗透着这样一个思想："认为物理学的基本概念和假设，在逻辑意义上并不是人类思想的自由发明，而是可以用'抽象法'——即用逻辑方法——从经验中推导出来。实际上，只是由于出现了广义相对论，人们才清楚认识到这种见解的错误。"[1]

创造性思维是一种有其特殊属性的思维形式。创造性思维具有一般思维所具有的特点，而又不同于一般思维。它是感性因素和理性因素、形象因素和概念因素的有机结合，因而统一物本身具有新质。在创造性思维中，一方面，直观形象丰富、生动，较之概念保守性较少，与直观形象统一的概念思维易于超出旧概念的逻辑框架，对客观事物之间的联系进行新的探索；另一方面，概念思维单纯、深刻，较之直观形象更加倾向于理解，与概念思维统一的直观形象易于突破直接经验的局限，"飞跃"到本质地把握客观事物之间的新联系，促使新的思维形态（假说、原理等）形成。因此，创造性思维具有特殊的认识功能，它能使思维主体不受旧概

---

[1] 《爱因斯坦文集》第1卷，许良英、范岱年编译，商务印书馆1976年版，第315页。

念的逻辑框架的约束，依据对经验的深刻理解直接把握客观事物的本质联系。用爱因斯坦的话来说，创造性思维能使思维主体通过那种以对经验的共鸣的理解为依据的直觉，抓住那些反映客观事物最普遍的本质的普遍性原理。

相对性原理就是爱因斯坦通过创造性思维而提出的。相对性原理是牛顿力学的一个基本原理，但是在爱因斯坦以前，相对性原理并不是一个普遍性原理。麦克斯韦电磁理论预设存在一种具有特殊优越地位的某种惯性系（静止光以太），牛顿力学的相对性原理似乎不适用于电动力学。迈克尔逊—莫雷实验的否定结果使爱因斯坦直觉到相对性原理也许比牛顿力学定律本身具有更大的普遍性，应当加以推广，使之适用于电动力学。但是，相对性原理的普遍化是以批判地分析牛顿力学的基本概念为前提条件的，因而普遍性的相对性原理本身是爱因斯坦对经验事实作出深刻理解的产物。在牛顿力学的概念框架内，把相对性原理直接推广到电动力学，会引起相对性原理与光速不变原理的悖论。爱因斯坦深刻地领悟到引起这种悖论的根本原因，在于牛顿力学的基本概念即时间的绝对性或同时的绝对性概念。他认为，如果不超出牛顿力学的概念框架，提出新的观念，就不可能消除悖论，确立普遍性的相对性原理。爱因斯坦大胆创新，提出同时性的相对性，消除了相对性原理与光速不变原理的悖论，从而把相对性原理成功地推广到电动力学，使之成为一条普遍性原理。

作为对感性直观与概念思维的扬弃，创造性思维集中体现着主体的创造性能力。在创造性思维的过程中，主体能够不受经验材料的局限和旧概念的逻辑框架的约束，通过直觉的洞察、灵感的迸发、想象的发挥、假设的试探，创造性地提出基本原理。在创造性思维中，主体的各种创造性能力——观察力、直觉力、想象力、判断力、抽象思维能力等等综合地起着作用，全面地被调动起来，因而主体的创造性能力得到集中体现。因此，创造性思维是透过认识主体的主体因素的"三棱镜"去形成基本原理的，认识结果不可避免地带有主体属性。如果说，在实践中，我们是从主观方面去理解实践结果的，那么，在认识中，我们也应当从主观方面去理解认识结果。在直观反映论者看来，理论是对经验的直接的归纳概括，在理论中没有任何超出经验的东西。因此，认识的客观性被归结为认识的经验来源，认为思维对经验的任何超越与改造，都会歪曲直观地反映到主体中的客观原型，损害认识的客观性。由于认识的客观性是由排除认识中的一切主观因素来保证的，客观性与主观性的尖锐对立使直观反映论者不可能从主观方面去理解认识结果。与此相反，对能动反映论者来说，主观性不仅可以在它的消极意义上被理解为歪曲、损害，而且可以在它的积极意义上被理解为主体的创造性能力。积极意义上的主观性与认识的客观性是有机统一的，认识结果反映、再现客体的全面程度和深刻程度是以主体发挥创造性能力的程度来加以表征的。认识中主观性与客观性的内在联系使我们必须从主观方面去理解认识结果。主体在充分发挥创造性能力的条件下通过创造性思维提出基本原理，借助于基本原理，主体以自己主观创造的形式能动地反映客体。这种能动反映的特点在于，当主体通过创造性思维提出基本原理时，基本原理由于把握了客体最普遍的本质，从而以改造了的形式联结旧理论的原有概念，揭示它们新的含义，形成主体观念地掌握客体的本质关系的新的概念结构，于其中导出许多出乎主体意料的认识结论。

当爱因斯坦通过创造性思维提出相对性原理，并把它与光速不变原理结合起来时，由于这两条原理，质量和能量、时间和空间、时空和物质运动这些在牛顿力学中不相关的概念，便以新的形式联结起来，形成狭义相对论全新的概念结构，于其中导出许多与牛顿力学全异的认识结论。这些认识结论已经超出爱因斯坦最初所要解决的问题的范围，而展示出一个新的世界图景。狭义相对论表明：认识的客观性并非唯一地由认识的经验来源来保证，恰恰相反，全面而深刻地反映客体的真理性认识是在主体超越经验通过创造性思维提出基本原理时达到的。由于创造性思维集中体现着主体的创造性能力，所以归根到底，认识是在主体充分发挥创造性能力的条件下达到客观真理的。因此，主体创造性能力的提高是科学认识向着更深刻、更全面地揭示客体本质的道路前进的一个必需条件。

三

科学认识一旦进入需要主体充分发挥创造性能力的领域，便出现了真实理论的多样性。

随着相对论的诞生，有一点已经变得很清楚，这就是同一个经验领域可以借助于不同的理论体系来加以解释，这些理论体系却以原则上不同的基本原理为依据。从基本原理上看，爱因斯坦引力理论（即广义相对论）

同牛顿引力理论分歧很大，但是，它的实际结果却同牛顿引力理论的结果非常接近，以至于在经验所及的范围内，很难找到区别它们的判断依据。我们能够指出两条根本不同的基本原理，两者的推论与同一个思维事实相符合。这一点表明，基本原理本身是可以由主体加以选择的，对应于同一个思维领域可以有多种不同的理论体系。在十八、十九世纪，理论被认为是产生于对经验事实的归纳概括，理论与经验事实之间由归纳逻辑单值地联系起来，对经验事实作归纳概括的唯一性不可避免地导致主张真实理论的唯一性。二十世纪却迥然不同：理论体系建立在基本原理的基础上，而基本原理是通过创造性思维形成的；基本原理与经验事实之间并没有一条由归纳逻辑连接起来的通路，因而理论体系同经验领域的对立关系就可能是多样性的，而不是唯一性的。事实上，主体所拥有或所接受的背景知识、经验材料、科学世界图景、价值观点和哲学立场等等都会深刻地影响到他的创造性思维。对于爱因斯坦来说，选择"相对性原理"与"光速不变原理"作为狭义相对论的基本原理，不单纯是出于理论的考虑，其他因素譬如美学方面的逻辑简单性的要求也有重要影响。因此，在创造性思维中，由于方法论上的不确定性，不同的认识主体可能选择不同的基本原理，从而出现不同的理论体系。如果说，创造性思维是二十世纪科学认识中主体思维的基本形式，那么，作为创造性思维的结果，对应于同一个经验领域必然出现多种不同的理论体系。真实理论的多样性是二十世纪科学认识中与创造性思维密切相关的新特征。因此，爱因斯坦认为，"由于有这种方法论上的不确定性，人们可以假定，会有许多个同样站得住脚的理论物理体系；这种看法在理论上无疑是正确的"[①]。

二十世纪整个自然科学都表明，在同样的实验基础上可以建立多种理论体系，其基本原理是可以由主体加以选择的。这种选择的可能性在于理论体系的形式对内容的相对独立性，因此，当建立理论体系时，主体可以相对自由地采用不同的数学形式，并把某个基本原理或基本概念确定为理论体系的逻辑基础。现代科学认识就微观世界的量子现象提出了多种理论解释的方案。海森堡从原子的间断性的观点出发，论述了量子力学的矩阵方案；薛定谔根据波动性的观点建立了量子力学的波动方案；费曼提出解释量子效应的连续性观点，并为此引入"轨道积分"的概念创立了量子

[①]《爱因斯坦文集》第 1 卷，许良英、范岱年编译，商务印书馆 1976 年版，第 102 页。

力学的连续性方案。

虽然主体在建立理论体系时有某种选择自由，但是，某个理论体系的客观真理性并不是以主体选择为根据的，而是在理论体系中对客观世界的本质关系的真实反映。相对论指出对观察现象的描述依赖于观察者对参考系的选择，这并不意味着观察描述不具有任何不依赖于主体的客观内容。相对论描述也是客观的，因为每一个观察者都能通过洛伦兹变换客观地了解到另一个观察者将会觉察到什么或者已经觉察到什么。同样，在上述三种量子力学的解释方案中，无论我们选择其中哪一种方案作为基准，都可以借助一系列的形式变换，使其余方案归结为量子力学体系。三种解释方案在数学形式上是等价的，而数学形式不过是客观世界的客观结构的抽象反映。因此，三种解释方案都反映着客观世界中同一层次的客观结构——微观领域的波粒二象性，同属于量子力学体系。

由此可见，主体作出选择的最终根据，是建立在基本原理基础上的理论体系能够真实地反映客观世界的本质关系。因此，主体对基本原理及其理论体系作出选择的自由是一种特殊的自由，正如爱因斯坦所说："它完全不同于作家写小说时的自由。它倒多少有点像一个人在猜一个设计得很巧妙的字谜时的那种自由。"[①] 这是创造性思维在接近或符合客观逻辑的条件下所具有的自由。

[①] 《爱因斯坦文集》第1卷，许良英、范岱年编译，商务印书馆1976年版，第346页。

论科学认识数学化的内在原因[*]

科学认识数学化是现代科学认识的显著特征之一，作为反思科学的认识论力求对科学认识数学化本身作出理解，因而着力于把握科学认识数学化的内在原因。

传统认识论从质、量范畴及其关系入手去接近、切入和把握科学认识数学化的内在原因，这种思维框架建立在两种信念之上：其一是认为先认识客体质的规定性，而后把握其量的规定性以深化质的认识，乃是认识过程的一般逻辑；其二是认为数学是研究事物量的关系和变化的科学，要把握客体量的规定性，就必然要运用数学。

在二十世纪，数学在科学认识中的作用之改变，数学本身之发展业已表明上述两种信念的不可靠性。在现代科学认识中，新思想、新理论是在数学结构的基础上获得表达的，量子力学与牛顿力学的区别可以相当抽象地表示如下：量子力学的动力学变量服从一种乘法交换律不成立的代数学。数学已成为科学认识主体深入研究自然界的全新领域、揭示其新质和新规律的不可缺少的认识形式。因此，与其说数学只是在主体对客体质的规定性有所认识进而要求把握其量的规定性以深化质的认识的时候起作用，毋宁说主体深刻地把握和理解客体的新质从一开始就必须借助数学，并以此为先决条件。此外，数学不只是研究事物量的关系和变化的科学。恩格斯关于数学是研究现实世界的空间形式和数量关系的定义，反映的是数学的来源，它符合十九世纪的科学状况，因而整个来说是正确的。但是，它在现代数学发展阶段上已经不甚完全了。现代数学直接涉及抽象结构，是关于"纯粹的"抽象结构的科学。二十世纪物理学理论的数学基础是群论、微分几何学、泛函分析，它们都是研

---

[*] 原文发表于《哲学研究》1988年第7期。

究抽象结构的。

现代科学认识数学化"使我们得到的教益,似乎已带领我们又在那种追求内容和形式的和谐的永无休止的努力中迈出了决定性的一步,而且似乎已经再一次告诉我们没有一个形式构架,内容就是无法把握的"。[①] 因此,我们的思路与传统认识论的思路迥然不同,我们是从形式、内容范畴及其关系入手去接近、切入和把握科学认识数学化的内在原因的。

二

二十世纪科学认识数学化的实质在于,数学愈益成为科学认识本身得以形成的形式构架。科学认识只有以数学形式为中介才能获得其理论表达,具有一定理论形态。其所以如此,根本原因在于数学的特殊性。

与物理学等经验科学不同,数学是形式科学。这主要表现在:第一,数学较多地研究可能的逻辑世界,而较少地研究现实的实在世界。数学客体一般都是理想化的客体,它们既是反映实在世界的结果,又是逻辑构造的结果。数学的高度抽象性正在于数学概念包含较多的逻辑构造因素。第二,符合于数学理想化客体的特征,数学最基本和最主要的思维方式是形式运演。数学借助符号把思维运算简明扼要地再现出来,把对象的结构表现为其不变式,形式地刻画对象。数学语言乃是一种形式化语言。

作为形式科学的数学,既不是经验也不是知识,而是用以同化经验构成知识的认知结构。按照皮亚杰的理解,数学认知结构是一切认识主体所共有的认知核心,亦即人类理性的普遍智力结构。智力成熟的标志正在于,主体能够在思维中单纯地进行形式运演。如果说,知觉所给予的东西本身仍是一种材料,那么智力总是倾向于通过运演的建构超越材料。数学在整个人类认识中的最大价值就在于,它提供主体用以同化经验、反映客体的某种框架、结构和内部组织。因此,数学认知结构乃是科学认识赖以形成的普遍智力条件。

康德曾认为,客观普遍性的知识是质料与形式共生的结果,这一观点

---

① 玻尔语,转引自《科学与哲学》1985 年第 3 辑,第 180 页。

已为二十世纪的认知科学和自然科学所确认和发展。皮亚杰和爱因斯坦都指出，经验事实和形式构架是科学概念和理论形式的两大基本要素。皮亚杰认为，"我们不应该坚持这种主张，即认为智慧思维的概念仅仅来源于知觉的抽象和概括。……如果没有一种超出知觉范围的逻辑—数理结构，那就不可能精确地形成这些概念"。① 爱因斯坦则从广义相对论的建立中领悟道："经验事实不论收集得多么丰富，仍然不能引导到提出如此复杂的方程式"，而"人们一旦有了那些足够强有力的形式条件，那么，为了创立理论，就只需要少量关于事实的知识"。②

与经验事实相比，形式构架在客观普遍性的知识的形成中起决定性作用，经验事实只是提供客体的信息，而形式构架则提供普遍抽象的条件。一般而言，客观普遍性的知识的形成机制包含两个基本方面：其一是包含有新东西的加工制作的一面，这使知识超越于直接经验而有更为丰富的信息，因而使知识的普遍性成为可能。其二是包含接近客体的一面，这使知识的客观性成为可能。这样两个基本方面的同时实现在科学认识中是以数学认知结构为中介的。

数学认知结构的形式运演具有两个基本特点：其一是通过运演，把低级的形式整合到高级的形式中，逐级建构能够顺应新的认识情景，同化新的经验事实的认知结构；其二是它把形式的联结与内容的真实性分开，使形式独立于它的内容而用于思维操作，以便确定思维的所有推论的必要条件和充分条件，使得思维过程的所有中间步骤与其结论的关联都成为必然的。由此数学认知结构获得独特的认知功能，它使认识超越于对客体的直接经验，把客体纳入可能性与必然性的范围内，使主体在普遍性方面达到对客体的理解。二十世纪物理学数学化的历史表明，一定的物理理论有其相应的数学形式，而最重要的是，一些完全独立于直接经验而在数学内部演绎地建构起来的数学形式，却为后来才发现的物理现象提供了解释构架，非欧几何学之于相对论，矩阵代数之于量子力学无一不是如此。数学预示了物理学的发展，这表明在现代科学认识中，只有把认识客体置于可能性和必然性之间，使它作为数学运演的必然推论而呈现于主体面前，认

---

① ［瑞士］J. 皮亚杰、B. 英海德尔：《儿童心理学》，吴福元译，商务印书馆1981年版，第39—40页。

② 《爱因斯坦文集》第1卷，许良英、范岱年编译，商务印书馆1976年版，第403页。

识客体才能真正被主体所理解。

按照皮亚杰的观点,数学认知结构的形式运演与主体活动形式的一般调节(联合、排列顺序、对应等)联系着。它是主体操作客体的活动形式通过反身抽象内化的结果。而主体在进行反身抽象时,客体方面只有那些与主体活动形式相关的特性才内化于主体中,作为其结果,形式运演与任何客体的符合一致就在下述意义上得到保证,即"没有物理经验能够曲解运演结构,因为它们是依存于活动或运演的特性而不是依存于客体的特性的"①。与直接经验所拥有的肤浅的客观性不同,数学认知结构所达到的客观性是在必然性中被把握的深刻的客观性。狄拉克在谈到磁单极子的发现时说,他最初只不过想去考察物理学家们使用的一类数学量,试图以有趣的方式把它们结合起来,最后由于数学美而不得不设想磁单极子存在,"数学执拗地引向了磁单极子"②。

由于数学认知结构在客观普遍性的知识的形成中起决定性作用,所以,二十世纪的物理学家们在建立他们的科学理论时自觉地把数学当作一种决定性的因素,力求使物理的经验事实转换为数学的形式表达。数学认知结构已经显示出其现实性和力量。但是,正如马克思所说:"人应该在实践中证明自己思维的真理性,即自己思维的现实性和力量。"③

作为科学认识赖以形成的普遍智力条件,数学认知结构既不是在客体中预成的,因为客体本身在科学认识中总是被同化到那些超越于客体之上的数学框架中去,也不是在主体中先在的,因为数学认知结构在提供新东西的同时又具有客观必然性。"人的智力是按照人如何学会改变自然界而发展的。"④ 数学认知结构作为反映客体所必需的智力条件,只能是从人类实践的本性中产生出来。

按照皮亚杰的观点,人的数理运算能力来源于人的行为动作,它是从人的行为动作的协调中抽绎出来的。实践作为与客体的普遍规定性相适应的操作工具的物质活动,依靠全人类的经验和知识,因此,它不是一次完成的个体动作,而是重复进行的集体行为。随着实践活动的重复,某种普遍性的活动程序就从具体行为的情景中分离出来,这种普遍性的活动程序

---

① [瑞士]皮亚杰:《发生认识论原理》,王宪钿等译,商务印书馆1985年版,第84页。
② 《自然科学哲学问题丛刊》1983年第4期,第27页。
③ 《马克思恩格斯选集》第1卷,人民出版社1995年版,第55页。
④ [德]恩格斯:《自然辩证法》,人民出版社1971年版,第192页。

对应着客观世界的最普遍的形式，当它通过反身抽象内化于主体之中，客体的普遍规定性就转化为数学思维的逻辑。其实就如恩格斯所说，"从现实世界抽象出来的规律，在一定的发展阶段上就和现实世界脱离，并且作为某种独立的东西，作为世界必须遵循的外来的规律而同现实世界相对立"，被应用于现实世界。① 另一方面，实践是主体处置客体的一种方式，在这种方式中，客体的性质与主体活动的性质相互制约，因此，作为主体活动形式内化的产物，数学认知结构既反映着主体把握客体的方式，同时也反映着客体本身。显而易见，数学认知结构在形成客观普遍性的知识中所显示的现实性和力量，不过是以内化的形式反映着实践本身具有的普遍性和直接现实性的双重品格。

综上所述，数学的特殊性——一方面作为形式科学的特殊性，另一方面作为主体活动形式内化的产物的特殊性，使它具有同化经验构成客观普遍性的知识的认知功能，从而成为科学认识赖以形成的普遍智力条件，这就是科学认识数学化的内在原因之一。

三

主观的思维和客观的世界都服从于同一的规律，二者必须彼此一致，这是理论思维不自觉的和无条件的前提。数学认知结构的真理性必定反映着自然界中的某种数学性质。按照海森堡的观点，自然界允许存在的只是那种可以用数学形式加以表达的东西，就是说，自然界符合于数学形式的内在逻辑，而这种情况之所以可能，是因为数学形式本身反映着自然界的某些客观结构。

毕达哥拉斯学派认为，万物是数的摹写或模拟。按照这个观点，数学形式的世界被看作是更高级的和更根本的现实。黑格尔正确指出："这种说法的大胆，它一下子推翻了想象所认为是存在的或本质的（真实的）一切东西，根绝了感觉的本质。"② 现代物理学理论使我们在更高阶段上回复到这种认识：形式是当主体认识客体的深层本质时所必然要涉及的东西。

---

① 《马克思恩格斯选集》第3卷，人民出版社1995年版，第378页。
② 转引自恩格斯《自然辩证法》，人民出版社1971年版，第152页。

现代物理学理论揭明，各种场，作为非机械的物理实体，具有只能用数学方程式描述的形式性质；各种基本粒子也具有只能用数学语言来描述的形式性质，如自旋、宇称、奇异性等等，基本粒子的复杂结构同样需要用数学语言来描述。对此，我们的理解是，作为客体内在要素的结合方式，形式实质上是客体的本质规定性。科学认识愈是深入到对客体的深层本质之把握，就愈是涉及对客体的形式之理解，日益增多的物理学规律能够用数学形式加以表达的这个事实，表明科学认识已经接近于研究那些可以用数学准确表述的物质形式，这些形式表征着客体的深层本质。

实体是内容和形式的统一物，客体的内容采取其自身的形式，客体的形式则把内容作为其固有的另一方面。对于科学认识来说，为了深刻地把握内容，把形式从内容中分离出来，做专门研究确有必要。列宁关于统一物分解的思想和关于对立的各部分的辩证法及其在更高水平上综合的认识，对于理解形式研究的必要性具有启发意义。预先对形式做专门研究，借助这种研究成果，从形式返回到内容，有可能对内容本身作出更为深刻的理解。因此，对形式的研究能够扩展和加深对内容的认识。

现代物理学对客体内容的认识在广度和深度两方面的进展直接依赖于数学对形式的研究。数学研究抽象结构，它构造出一些逻辑无矛盾的结构使之成为现实结构的可能类似物，而且常常还是现实结构本质上的可能类似物。因此，每当发现物理结构含有抽象结构的本质时，它必定具有已被确定的抽象结构的一切性质。如果各种物理结构的基本关系满足抽象结构的一些确定的公理，那么它们必定具有相同的一些基本性质。海森堡谈到广义相对论的建立时写道："为了实现以这寥寥数语概括出来的纲领，爱因斯坦必须把基本的物理观念和黎曼所建立的一般几何学的数学方案联系起来。因为空间的性质似乎连续地随引力场而变化，它的几何学就必须与曲面几何学相类似，……作为最后的结果，爱因斯坦能够给出质量分布与几何学的决定性参数间的联系的数学形式系统。"[①] 在这里，非欧几何学的形式框架正好包容了引力场的物理内容，而与广义相对论相适合。相对论对宇观领域的研究引入了非欧几何学，量子力学对微观领域的研究引入

---

① [德] W. 海森堡：《物理学与哲学》，范岱年译，商务印书馆1981年版，第74页。

了矩阵代数,可以预料,物理学研究扩展到新的物质层次,必然要引入新的数学形式。对于已达到的科学认识水平的超越,要由数学本身的发展来保证,"日益完善的数学方法的发展,使我们能够期待更好地理解宇宙"。①

另一方面,还在广义相对论建立之前,罗巴切斯基就发现非欧几何公理与欧氏几何定理一一对应,从而断定非欧几何各定理之间的内在联系与欧氏几何一样有着丰富的实际内容,估计到非欧几何学终究会在现实中找到原型。数学家感到有意义的抽象结构恰好具有相应的物理结构的配对物,每当数学形式暗示出物质客体的某些性质,它们的物理内容则必定在后来进一步的科学认识中被揭示出来。由此,数学与物理学最终将趋向统一,那时,纯粹数学的每个分支都在物理学上有所应用,它在物理学中的重要性与其在数学中的重要性成正比。爱因斯坦甚至认为:"理论家深入把握实在的希望就在于:数学上存在的简单的场的类型,以及它们之间可能存在的简单方程,两者的数目都是有限的。"② 这样,科学认识将内在地包含数学研究,把数学研究纳入其活动结构之中。在现代科学认识中,科学认识主体的主要活动之一就是去发现一种抽象结构,这种结构具有与他所研究的特殊现实结构一样的主要性质,因而能为他把握相应的客体内容提供一种解释构架。没有数学研究的必要准备,没有由这种研究所提供的形式框架,客体内容本身就是无法把握的。这一点已为现代基本粒子物理学、现代宇宙学所确认。

综上所述,由于形式是客观世界的基本结构和本质规定性,科学认识愈是深入到对客体的深层本质之把握,就愈是涉及对客体的形式之理解,因此,随着科学认识在广度和深度两方面的进展,主体深刻地把握客体内容,必然要以数学对客体形式的专门研究为前提;对于已达到的科学认识水平的超越,必然要由数学本身的发展来保证。最终,科学认识必然要包含数学研究于自身之中。这就是科学认识数学化的内在原因之二。

---

① 狄拉克语,转引自[苏]奥米里扬诺夫斯基等《现代自然科学中的哲学思想斗争》,商务印书馆1987年版,第104页。

② 《爱因斯坦文集》第1卷,许良英、范岱年编译,商务印书馆1976年版,第317页。

四

科学认识内在地包含数学研究，它对客体内容的把握是以一定的数学形式为中介的。作为其结果，科学理论本身是内容构成和形式构成两方面的结合物，理论内容和数学形式是一道生成的，没有一定的数学形式，相应的理论内容就无从得到揭示。

量子力学的形成特点正在于，数学形式的理论之建立在前，而物理原理及图景解释的澄清在后。量子力学的基本理论内容——量子概念、几率概念和不确定性原理，互补性原理是对量子力学的数学概念及形式表述的物理意义作出语义解释而形成的。量子力学的这一形成特点表明，数学形式是主体借以"剪裁"客体内容的一种形式，因而使客体的本质得以揭示，使表达这一本质的理论内容得以形成。因此，如海森堡所说，现代科学理论的形成过程"也就是发现某些结构的过程，这些结构是丰富多彩的各种现象的基础，它们与我们的概念性的知识所固有的基本结构相对应，并因此而可以形成新的概念"[1]。

在现代科学理论的形成过程中，主体借助数学形式"剪裁"客体内容，使相应的理论内容得以揭示，具体表现在以下三方面：

第一，主体借助数学形式提出新的概念。数学形式是思维抽象化的一种形式。当科学认识的对象涉及那些不能为人的感官直接感知的现象和过程时，主体唯有借助数学形式，才可能达到高度的抽象，形成新的概念。爱因斯坦就曾坚信，"我们能够用纯粹数学的构造来发现概念以及把这些概念联系起来的定律"[2]。数学形式以某种抽象的语言即公式、方程式、不变式等数学语言，整理和表述各种实验数据，建立各种物理参量之间的不变关系式。由于物理参量之间的不变关系式抽象地反映着客体的某些规律性特征，所以对不变关系式作出语义解释有可能形成反映客体本质的新概念。

为了便于整理自己的实验资料，普朗克尝试找出一个不与资料相矛盾

---

[1] 转引自［苏］拉扎列夫《认识结构和科学革命》，王鹏令译，中国社会科学出版社1985年版，第58页。

[2] 《爱因斯坦文集》第1卷，许良英、范岱年编译，商务印书馆1976年版，第184页。

的关于黑体辐射的普遍公式。经过一番探讨以后，他找到了这样一个公式，它与实验极好地吻合，但是，它所包含的数学表达式却没有明显的物理意义。为了理解自己所建立的关于黑体辐射的普遍公式，普朗克假定物体不能连续辐射能量，而只能间断地发出分立的能量，这种分立能量被他称为量子。量子揭示了微观客体的普遍本质在于它的不连续性或分立性，关于微观现象的理解必须考虑到微观客体的不连续性或分立性，因此量子就成为量子力学的基本概念。由此可见，数学形式起着物理概念的"创造者"的作用，这些物理概念尔后才获得语义的解释，从而具有明确的物理意义。

第二，主体借助数学形式揭示新的概念结构。科学理论中各种概念之间的联系方式即概念结构不是人们主观随意创造的结果，而是以一定的形式反映着客观事物的内部结构。如前所述，数学形式抽象地反映着自然界的某些客观结构，应用于新的研究领域的数学形式能够帮助主体揭示新的科学理论的概念结构。此种情形典型地表现在物理学研究由宏观领域转入微观领域而形成的量子力学中。

在量子力学的数学形式中，通常用来定义物理状态的那些物理量，被换成了一些符号性的算符，这些算符服从着和普朗克常数有关的非对易算法。这是经典力学和量子力学的本质差别，它表明代表电子的位置和动量的矩阵是不对易的，从而暗含了测不准关系。海森堡确信数学形式与自然界客观结构有着同构关系，因而提出这样一个问题："只有能在数学形式系统中表示出来的实验状况才能在自然中发生，也许这是正确的？"① 循着这个思路，海森堡提出了不确定性原理——不可能同时准确地测量出粒子的位置和速度，以后玻尔又提出互补性原理对此作了进一步阐释。至此，量子力学不同于经典力学的新的概念结构便确立了：粒子图像和波动图像是同一个物理对象的两个互补的描述，这两个描述中的任何一个都只能是部分正确的，使用粒子概念和波概念必须有所限制，否则就不可能避免矛盾。量子力学的这种概念结构正是微观领域中波粒二象性的客观结构的反映。

第三，主体借助数学形式作出新的预见。数学研究各种不同的有蕴含的命题体系，它能够不求助于直接经验而由相应的有蕴含的命题体系中获

---

① ［德］W. 海森堡：《物理学和哲学》，范岱年译，商务印书馆1981年版，第12页。

得严密的推论。此外，数学的抽象结构与事物的真实结构之间可能存在着对应的关系，正确的数学结构可以作为物理结构的缩影而存在，因此通过该数学结构逻辑推出的结论也可能具有相应的物理结构的配对物，从而预见新事实的存在。

主体借助数学形式作出新的预见，这在现代科学理论的发展中屡见不鲜。麦克斯韦通过对描述电磁变化规律的一组偏微分方程的研究预言了电磁波的存在；爱因斯坦通过对洛伦兹方程式的研究预言了相对论效应——长度缩短和时间变慢；狄拉克通过对描述单个电子行为的相对性波动方程的解的研究预言了电子的存在。由此可见，数学形式日益成为主体揭示事物的本质、预言本质上新的现象存在的有效手段。

由于量子力学的建立，数学形式已经或正在发挥着主体借以"剪裁"客体内容的认识功能，在现代科学理论的形成中，理论的内容构成和形式构成的联系已愈益密切，以至于"人们一旦有了那些足够的强有力的形式条件，那么，为了创立理论，就只需要少量关于事物的知识"[①]。科学理论愈是更多地利用数学形式，它创造出的概念和概念结构就愈是更加接近客体的本质和规律。科学理论的内容构成和形式构成的这种内在联系，就是科学认识数学化的内在原因之三。

五

既然科学理论是内容构成和形式构成的结合物，是内容和形式共生的结果，那么，主体实际地获得科学知识，最终要依赖于主体对科学理论的形式表达式的接受和领悟。

早在古希腊时期，亚里士多德就曾认为，真正的确实知识涉及形式，要求对形式作出理解。这一看法在经典力学的时代是难以为人们所接受的。因为经典力学实质上是人们日常经验或人们周围的各种宏观条件的理论概括，直观性原则具有重要作用，感觉上的可靠性被当作真理的决定性标准。但是，二十世纪则不同了。科学认识深入到自然界中不能为感性直观所把握的领域——宇观领域和微观领域，这些领域中的研究对象是一些不能为人的感官直接感知的现象和过程，如电磁场、超声

[①]《爱因斯坦文集》第1卷，许良英、范岱年编译，商务印书馆1976年版，第403页。

波、基本粒子等等。从科学认识的内容中消除直观性的过程，使科学认识变得越来越抽象，"理论科学家在探索理论时，就不得不听从纯粹数学的形式的考虑，因为实验家的物理经验不能把我们提高到最抽象的领域中去"。①

量子力学研究微观客体，而微观客体是不可能直接被感知的。因此，来自日常经验的经典力学概念不足以描述微观客体内部发生的过程，如果硬要把经典力学概念用于微观客体的描述上，就会产生波粒二重性佯谬。按照经典力学概念，对微观客体做观测所得到的实验结果的描述，似乎微观客体有时呈现波动性质，有时又呈现粒子性质。在经典概念不足以恰当地描述微观客体的地方，量子力学的创立者们创造了崭新的量子语言，即引进超出日常经验的数学语言。按照量子力学的数学语言，微观过程能用波或粒子两种图景同样地构想出来，也就是说，波粒两种经典概念对微观客体来说是完全等效的，从粒子类似出发建立的矩阵力学方程式与从波类似出发建立的波动力学方程式，二者是完全等价的。因此，表观上的二重性佯谬实际上是一个实物，这个实物特征的恰当描述只能用数学语言来全面表达。玻尔谈到量子力学的上述情形时写道："对于物理学家们来说，起初似乎很悲惨的是我们在原子问题中已经明显地遇到我们可见的形象化手段的一种很大局限。然而，这种抱怨将不得不让位于一种感激：在这一领域中，数学也给我们提供着为更大的进步准备道路的工具。"② 可见，数学语言乃是主体表达没有直观性的认识内容所必需的科学语言，物理学理论不得不遵循并使自己的经验内容服从于这种语言。

在微观领域，要描述和谈论微观客体本身，必须拒斥任何直观图象，而诉诸数学语言。微观客体的运动状况是用一个适合于薛定谔方程的波函数来描述，而波函数这种基本的量则是以最抽象的数学形式出现在量子力学中，并且以非常复杂的方式同直接被观察到的实验结果相联系。服从薛定谔方程的波函数能够圆满地解释微观客体在任何时刻的状况。如果抛开经典力学的直观性原则，而转向抽象的数学语言，那么就不仅可以无矛盾地表述经验研究的结果，而且有可能预见未来实验的结

---

① 《爱因斯坦文集》第1卷，许良英、范岱年编译，商务印书馆1976年版，第262页。
② [丹麦] N. 玻尔：《原子论和自然的描述》，郁韬译，商务印书馆1964年版，第38页。

果。由此，现代物理学家们普遍认识到，真正的确实知识在形式上必然是数学的，正如康德所说的那样，科学包含多少数学，也就包含多少知识。今天，如果拿物理规律的数学表达式与实验结果的直观表象作比较的话，那么现代物理学家们是更相信前者的。既然只有在数学语言的层次上，才能描述和谈论那些不能直接被感知的研究对象本身，才能获得关于它们的确实知识，那么随着科学认识向着自然界中不能为感性直观所把握的领域扩展，数学语言必然日益为人们所接受，而成为表达科学知识的普遍语言。

以数学语言表达的科学知识没有任何明显的表象，其概念—理论原则隐藏在数学表达式中。数学化的科学知识采用高度抽象的数学结构，即使在拥有由实验或观察获得的某些事实时，也不能明显地、轻易地确立其研究对象的客观结构和规律，并由此提出与之相符的概念—理论原则。为了把抽象的数学形式转换为有具体内容的科学知识，主体必须对其数学表达式作出领悟。而这种领悟是通过对科学知识的数学概念及形式表述的认识意义作出语义解释而实现的。

在经典力学中，科学知识的概念—理论原则与经验有对应关系，因此，只有经验解释而没有语义解释，或者确切地说，经验解释与语义解释合而为一。而在现代物理学中，经验解释与语义解释严格区分开来。科学知识的经验解释在于把其数学表达式同宏观经验的相应领域联系起来，而语义解释则在于揭示其数学表达式所隐含的概念—理论原则，语义解释仅仅涉及科学知识的形式因素，着力于理解它的数学表达式的认识意义。诚然，离开概念—理论原则，数学表达式就毫无意义，但是，如果科学知识有任何成效的话，那么和它的数学表达式联系在一起的认识意义就是唯一的。量子力学特别明显地具有这种唯一性特征。哥本哈根学派对量子力学的数学表达式所作的语义解释，由此而提出的量子跃迁语言，不确定性原理和互补性原理，已在物理学界赢得普遍的采用，并深刻地影响着二十世纪科学思维的风格和科学研究的范式。总之，在现代物理学中，语义解释的作用有了实质性的增长，它已成为一种揭示抽象的形式体系的认识意义的逻辑环节，中介着由科学知识的数学表达式向其概念—理论原则的转化、过渡。而只有通过语义解释领悟了数学化的科学知识的丰富内涵，主体才能实际地掌握和运用它们。

随着量子力学的建立，摆脱经典力学的直观性原则已成为一个历史事实。如狄拉克所说,"物理科学的主要任务不是为我们提供直观的图像,而是陈述制约着现象的规律,……对于原子现象来说,不能指望得到通常意义上的直观图象,所谓'直观'模型,就是指它是按照经典原则起作用的"。[①] 一旦从科学认识的内容中消除了直观性,科学知识必定采取数学表达式,而对其概念—理论原则的掌握必定以语义解释为中介,这就是科学认识数学化的内在原因之四。

---

① 转引自[苏]拉扎列夫《认识结构和科学革命》,王鹏令译,中国社会科学出版社1985年版,第21页。

对爱因斯坦的"内在的完备" 标准的再认识[*]

二十世纪初，爱因斯坦提出的"内在的完备"标准，是现代科学理论评价中的一个主要尺度，因而它在国内哲学同仁中引起了极大关注。《哲学研究》曾在 1985 年第 6 期和 1989 年第 3 期上先后发表了李醒民同志的《科学理论的评价标准》和李正风、李勇枝同志的《爱因斯坦为什么反对量子力学》。二文从不同视角揭示并阐释了爱因斯坦的"内在的完备"标准的两个方面，即作为准美学标准的方面和作为哲学标准的方面。无疑，双方都有其深刻性的一面，但由于视角的限制不可避免地都有其片面性的一面。克服这种片面性需要一次新的综合，它不可能是两种观点的简单相加，理论上同样要求转换视角。因此，新的综合导致对原有观点的重新评价，导致对理解的理解。本文就试图这样做，以求得对爱因斯坦的"内在的完备"标准的再认识。

一

爱因斯坦明确地提出科学理论的"内在的完备"问题，并把它作为评价标准，本质上是现代物理学革命的内在要求。

科学认识是一个自组织、自调节的过程，因而它总是在某种认识标准的基础上完成的。科学的认识标准通常是某些本体论和方法论的预示，这类预设充当了科学假设得以在其中被阐述的概念图示，提供了科学理论据以修改和变化的学科理想，因而它们对于常规科学时期而言是相当先验的，以至于被假定为科学的必然要求或科学的内在规定性。只有在经历了

---

[*] 原文发表于《自然辩证法研究》1991 年第 8 期。

科学革命之后，根据不断扩展的新理论逐渐地揭示并审查那些未经反思的各种预设，人们才能接近或达到对科学的真实本性的领悟。

以相对论和量子力学为代表的现代物理学革命，首先开始于对经典物理学的前提知识和逻辑基础作批判性考察。关于欧几里得几何学不可违背的思想；关于空间是绝对虚空的思想；关于实体的所有状态变项都必须同时具有确定值的思想；关于自然界的基本规律必定是决定论的思想——所有这些经典物理学的预设曾被当作绝对真理，而相对论和量子力学则揭明，它们不具有任何普遍性和必然性，其适用性和精确性都是有限的。现代物理学理论本质上的非经典特征使人们认识到：以前被认为是科学研究的必然要求的许多方法原来并不是必然要求；以前被认为对科学和科学的定义是基本的许多特征原来并不是基本的。由此不可避免地提出了科学的合理性问题：科学的本质是什么，科学性的标准是什么。对此，爱因斯坦已清楚地意识到了，他指出："在每一次新旧观点之间戏剧性的冲突中，我们都认识到求理解的永恒的欲望……"[①] 然而，对合理性问题的理解既不能完全由形式体系中通过逻辑推演得出，又不能从实验材料中用归纳方法得到，而是需要一种合理性标准。它涉及科学知识的元理论原理，其中包括世界观方法论的各种公设——它们表现着对任何一种科学认识和任何一种科学理论的基本要求。爱因斯坦提出的"内在的完备"标准首先就是指表达某种世界观方法论要求的科学合理性标准。正是在这个意义上，"内在的完备"标准是一个哲学标准。

与合理性问题内在相关的是科学的理性问题，因为合理性乃是理性能力和理性活动的属性，合理性标准总是按照人类特定的理性思维形式所达到的高度和水平来刻画的。在二十世纪以前，欧几里得几何学和形式逻辑同一律作为科学的范型被视为理性的唯一形式，理性实际上被等同于悟性，它按照严格规定的模式、方法进行活动，但并不理解模式、方法本身，以及它们的界限和可能性。现代物理学革命打破了理性具有唯一形式的神话。全新的理性形式通过新理论的数学反常性（相对论的非欧几何学）和逻辑反常性（量子力学的不确定性原理）表现出来，使科学内容和理性形式的关系原则上改观了。尤其重要的是，思维与存在具有同一性，新理论的数学反常性和逻辑反常性正是物理世界本身的反常性的反

[①]《爱因斯坦文集》第1卷，许良英、范岱年编译，商务印书馆1976年版，第379页。

映,它们受制于支配宇宙的客观理性——逻各斯。这是非欧几何学和不确定性原理作为相对论和量子力学的解释构架的内在根据。因此,现代物理学提出的理性问题实质上就是,在理性已经改变了自己形式的时候,所谓认识自然界究竟意味着什么。

恩格斯曾指出:"我们的主观的思维和客观的世界服从于同样的规律,因而两者在自己的结果中不能互相矛盾,而必须彼此一致,这个事实绝对地统治着我们的整个理论思维。它是我们的理论思维的不自觉的和无条件的前提。十八世纪的唯物主义,由于它在本质上是形而上学的性质,只就这个前提的内容去研究这个前提。……只有现代唯心主义的而同时也是辩证的哲学,特别是黑格尔,还从形式方面研究了这个前提。"[①] 现代物理学革命正是首先从形式方面要求我们对上述前提进行研究。科学内容和理性形式的内在统一决定了评价科学理论的标准必然是双重的:"外部的证实"标准表明理论与外部世界相一致、相符合的程度,而"内在的完备"标准则判明理论是否增进我们对世界的理解,是否提供一个理智上可接受的自洽的世界图景。正是在这方面,"内在的完备"标准同时又是一个准美学标准。

虽然现代物理学革命的内在要求突出了科学理论的"内在的完备"问题,但是在爱因斯坦那里,"内在的完备"标准主要是概括了他对量子力学进行选择和评价的特殊经验。这是因为量子力学提出的问题最集中地表现了现代物理学革命中那些涉及科学理论的"内在的完备"的因素。首先,量子力学是一种全新的理论形态,它改变了科学理论的格局,使科学以前所熟悉的一切变得反常。量子力学提出的问题已超出物理学本身的范围,触及科学认识的最隐蔽的方面,关系到科学理论的基本原理和发展道路,因而属于元理论层次上的科学合理性问题。其次,波粒二象性、不确定性是量子力学的出发点,这似乎使物理学理论充满了矛盾。为了排除逻辑上和理论上的佯谬,使量子力学的理论体系达到充分自洽,以某种方式重新审查物理学惯常的思维方式显得尤为迫切,由此量子力学不可避免地触及科学的理性问题,它要求人们从形式方面对理论内容作出自洽的解释。

---

① [德]恩格斯:《自然辩证法》,人民出版社1971年版,第243—244页。

二

关于"内在的完备"标准的含义,爱因斯坦本人并没有作出十分明晰的阐释,他只是认为这个标准"从来都在选择和评价各种理论时起着重大的作用,但是确切地把它表达出来却有很大困难"[①]。这一陈述是我们深刻地理解爱因斯坦的"内在的完备"标准的出发点。即使是最伟大的思想家,深层的东西总是无意识的。"内在的完备"标准建立在爱因斯坦的背景信念之上,依赖于他在哲学上和科学上的直觉,因而他自己不可能明确地把它表达出来。后人在新的背景知识上有可能比前人看得更清楚,但是,深刻的理解必须充分注意到爱因斯坦在选择和评价量子力学中的无意识方面,由此才能在与他的背景信念的相关性中把握"内在的完备"标准的确定含义。在"内在的完备"标准的理解上,我也许同李醒民和李正风、李勇枝在结论方面大体一致,但是,形成这一结论的思路却是很不相同的,因而其中的理论蕴含就有区别。

量子力学有一个完善的理论结构:(1)丰富的实验材料;(2)精确的数学形式体系;(3)把二者精确地联系起来的几率解释。就物理学意义而言,这个理论的完备性是不容置疑的,爱因斯坦本人也承认这一点。但是,对爱因斯坦来说,量子力学本身是一回事,而对它的解释是另一回事。他从量子力学的哥本哈根解释中看出新理论所包含的更普遍和更深刻的特征,即同他的物理学理想相矛盾的、破坏物理学本身存在基础的特征,这使他不得不怀疑量子力学的完备性,而诉诸他自己的哲学信念以寻找更完备的观念。

量子力学的"哥本哈根解释"的基本精神就是,量子力学并不打算给出关于实际上发生了什么或空间与时间中发生了什么的物理见解,它不是要给出一个描述实在本身的模型,它给出的是各种可能量度的概率分布;在这一点上,量子力学根本不同于过去的一切物理理论,它彻底修正了经典的物理实在观,彻底抛弃了经典的因果性思想。量子力学的这一本性与爱因斯坦心目中的物理学理想是矛盾的,对他来说,否定"实在本身",否定因果性,就是背离对任何一种科学都是不可动摇的、由全部实

---

① 《爱因斯坦文集》第 1 卷,许良英、范岱年编译,商务印书馆 1976 年版,第 10 页。

验检验过的基础。对此加以接受，就意味着物理学的终结。那样，"我宁愿作一个补鞋匠，甚或做一个赌场里的雇员，而不愿意做一个物理学家"。①

爱因斯坦的物理学直觉使他认定任何一个内在完备的物理理论都必须遵循一条基本原则："存在着某种类似物理系统'现实状态'的东西，它客观地存在着，不依赖于任何观测或测量，原则上可以靠物理学现有的手段（即因果性描述手段——引者注）来加以描述。"② 这一基本原则实际上隐含着爱因斯坦在世界观方法论上的两个基本信念，这就是关于实在是不依赖于人的任何活动而存在的信念和关于这种实在原则上可以借助决定论方法加以认识的信念。对爱因斯坦来说，量子力学不符合世界观方法论上的实在论和决定论要求，正是这种非实在性和非决定性，"完备的理论"才是根本不可能的。关于这一点，玻尔在回忆1920年他和爱因斯坦的分歧时写道："但是，态度上和看法上的一定差别还是存在的；因为，爱因斯坦最不善于抛弃连续性和因果性来标示表面上矛盾的经验，他或许比别人更不愿意放弃这些概念，而在别人看来，放弃这些概念却显得是……所能遵循的唯一道路。"③

一般说来，在科学理论的评价中，理论的可接受性不仅决定于它与经验事实的相符性，而且决定于它与作为背景的哲学信念的一致性。哲学信念处在总的时代精神之中，影响科学家思维的深层结构，得到科学家的"偏爱"，作为主旨、原则、纲要指导科学家对理论的选择和评价。尤其应当注意，那些把与某个世界观方法论要求相一致看成是理论的可接受性的先决条件的人，也必定把这种要求本身当作是唯一真实的。对爱因斯坦来说，实在性和因果性对任何理论都是真实的，且无一例外。爱因斯坦非常清楚量子力学的几率解释和经验事实没有矛盾，但是，在他看来，这并不排除把"精确的决定论"应用于微观世界的可能性。他认为，能够想象一幅基本过程的图像，其进程是被精确地决定的，因而他希望量子力学最终能够从一种更深刻的非几率性理论中推出来。爱因斯坦关于"隐参量"的假设就是认为几率分布是由于随机关联的亚量子因果性运动真实

---

① 转引自《科学与哲学》1985年第1期，第222页。
② 转引自《科学与哲学》1986年第6期，第162页。
③ 转引自《自然辩证法通讯》1987年第5期，第3页。

作用的结果。他甚至相信，如果我们知道了"隐参量"，那么一切有关实在性、二象性、不确定性等问题都会迎刃而解。

总而言之，在量子力学的解释中，爱因斯坦的哲学信念使他确信量子力学是不完备的，同时也促使他去寻找量子力学的另一种内在完备性，这就是从客观实在的更普遍的图像中，从因果关系的更普遍的形式中推导出量子力学的可能性。显然，从哲学的背景信念来看，爱因斯坦所谓的"内在的完备"就是任何科学理论都必须符合世界观方法论上的实在论和决定论要求。由于是从世界观方法论高度对理论提出要求，所以"内在的完备"标准就超出具体理论的范围而成为科学本身的合理性标准。

三

爱因斯坦的哲学信念导源于以前科学发展的某种传统，在古典物理学中有深厚的渊源。"实在本身"是爱因斯坦注意的中心，然而这一概念正是古典物理学的基本抽象之一。古典物理学的实在观，就是主张物理客体的存在或物理事件的实在性不依赖于观察过程本身。同时，"实在本身"这一抽象还与否认几率是实在的可能性度量密切联系着，因为严格的因果性是与物理事件的观测无关性一致的。爱因斯坦在哲学信念上的实在论和决定论要求实际上反映着他在科学信念上的古典理想。

爱因斯坦经常把牛顿的名字当作科学的古典理想的象征，他说过，"牛顿纲领"（物体的相互作用决定一切）和"麦克斯韦纲领"（物体的运动在每一点上都取决于场对这个物体的作用）是物理学的核心纲领。他忠于古典理想，忠于这样一幅世界图景，其中粒子的相互作用将绝对准确地解释世界上发生的一切。在古典物理学中，粒子行为的时空描述和因果性描述一起构成理论的完备的物理表征，同样，爱因斯坦坚持"完备"的古典性，认为对实在的完备描述必须同时精确地包含时空描述和因果性描述。在创立相对论时，爱因斯坦对空间时间的基本概念以及它们之间的关系进行过深入分析，但是，尽管结果是十分革命的，而他却只能在经典物理学的构架之内进行分析。相对性原理已包含着一种关于物理现象的描述对观察者所选参照系的依赖的认识，然而这种认识并没有从本质上改变"习见的因果描述"构架，对于每一观察者来说，理论描述仍然是以空间和时间的惯常区分为基础，同时还保留了描述的决定论特性。

应当看到，相对论变革和量子力学变革属于科学革命中不同类型的理论变革。科学理论系统不具有逻辑上和语义上的同构性，而具有明显的层状结构，大致包含三个层次：经验层次，理论层次和元理论层次。在各个层次之间存在着各种各样的逻辑上和语义上的间断性，这种间断性的存在使某一层次上的变化不致波及整个理论系统的各个层面。尽管一个层次并非与其他层次相隔绝，但是，在产生和消融变化方面却具有相对自律性。因此，科学理论的变革可以有不同类型。相对论变革和量子力学变革都开始于对新的物理经验事实——光速常数和普朗克常数——所作的批判性考察，但是，进一步的发展道路是很不相同的。相对论变革始终局限于理论层次中，经典物理学的元理论原理，诸如自然规律是理性的、逻辑的、数学的，它过去、现在和将来都已精确限定；自然规律必须对参考框架的选择保持不变，必须与不同观察者对自然的描述无关。在相对论的通俗阐述和在更富有哲学意味的专著中，爱因斯坦明确表示，他不仅不必在元理论层次中做任何改动，而且恰是这些基本原理曾对他探求新的表达式颇有启发。相反地，量子力学变革却深刻地触及经典物理学的元理论原理，以至于理论层次上发生的相应变化，不仅仅是引入某种新常数，或提出某些新概念，而是整个理论格局的根本改造：海森堡的测不准原理确定了因果性描述和空时描述同时精确地加以使用的客观限度，而玻尔的互补性原理则提供了一种全新的构架，使那些从古典立场看来是"悖谬"的东西得到合理性解释。

科学信念上的古典理想和相对论变革的特殊方式影响了爱因斯坦对研究纲领的选择。爱因斯坦认为，量子力学抛弃了连续性和因果性从而中断了物理学的传统，而完备的理论则应当是建立在普适性的基本原理之上。因此，他长期思考物理学的最一般原理，想从中推导出有关个别问题，尤其是量子问题的结论。他一如既往地在科学的古典理想中探索这些原理。在爱因斯坦创立相对论之前，麦克斯韦纲领成了因果性的一种新形式的原型：一旦假设场量在整个空间中初值为已知，这些量在时间进程中的变化就确定了。当爱因斯坦用一种无与伦比的简单而优美的广义相对论把万有引力纳入场物理学中，就又一次可能像在拉普拉斯时代一样相信科学能够完成一次新的综合。爱因斯坦曾声称："我坚决要维护广义相对性原理，决不能无视它的启发性功能。"① 这表明他对于作为统一理论框架的场这一概念的信念是不可动摇的。

爱因斯坦之所以对统一场论这样执着,是期望他所寻找的理论会成为整个物理学的基础,尤其是为他认为是不完备的量子力学提供一个适合的基础。在他看来,概率性的统计规律不能是初始的、基本的东西,量子力学差强人意,总有一天这种理论会被因果性的统一场论所替代。他写道:"人们无法预见这一理论是否包含了量子现象,然而人们也不能预先排除这样的可能性,即这一理论或许包含了它们。"② 然而,量子力学毕竟是在间断性量子纲领指导下形成和发展的,爱因斯坦把它纳入场连续轨道的纲领始终没有成功,到后来,他不得不承认"整整五十年的自觉思考没有使我更接近于解答'光量子是什么'这个问题"③。

尽管爱因斯坦的研究纲领始终未取得具有物理意义的结果,但它却触及物理学理论进一步综合的可能性,触及量子力学如何发展到更深的层次。因此,在这个从未实现的研究纲领中,爱因斯坦实际上表达了他对理论的内在完备性的另一种理解:所谓"内在的完备"就是基本原理和概念的尽可能大的普遍性。这里,"内在的完备"是同爱因斯坦关于世界统一性的思想相一致的。世界统一性的思想从本体论上说,就是认为世界有统一的基础;而从认识论上说,则是要探索统一的普遍原理,以便从中推导出局部性的特殊情况。因此,也可以说,爱因斯坦的"内在的完备"标准,就是从普遍原理推演出具体理论的要求。需要指出的是,爱因斯坦所理解的普遍原理,不是指一般物理定律,而是指表达某种学科理想的元理论原理,如统一场论原理,它构成科学研究纲领的"硬核"部分,对具体理论起选择和评价作用。因此,与从一般前提推导出具体结论的检验蕴含不同,从普遍原理推导出具体理论的"内在的完备"标准具有规范意义,因而它是一种准美学标准,而不是一种美学标准。

---

① 转引自《自然科学哲学问题丛刊》1987年第3期,第53页。
② 转引自《科学与哲学》1986年第3期,第18页。
③ 《爱因斯坦文集》第3卷,许良英、赵中立、张宣三编译,商务印书馆1979年版,第485页。

四

以上，我们从爱因斯坦的哲学信念和科学信念两个方面分别地阐释了他的"内在的完备"标准的二重含义。爱因斯坦的哲学信念和科学信念本身是内在统一的，对他的"内在的完备"标准的任何评价都必须同时考虑到它本身的二重含义，否则就会失之偏颇。基于此，本文作出三点新结论：

第一，爱因斯坦的"内在的完备"标准是哲学标准与准美学标准的统一。

哲学的世界观方法论信念使爱因斯坦确信科学的理论必须是能够提供物理实在之完备的描述的理论；而科学的学科理想则使他断定科学家的使命就是寻求高度概括的普遍原理，从中推演出具体理论。引力理论的成功使爱因斯坦深信，物理上真实的东西一定是逻辑上简单的东西。正如实在性与逻辑简单性是统一的一样，哲学标准与准美学标准也是统一的。

本质地看，哲学标准与准美学标准的内在统一更在于，爱因斯坦的哲学信念不是以哲学理论的明确形式表达的，而是以科学的世界图景为基础，以某种直觉的形式表现出来的。爱因斯坦和所有科学家一样，相信有一个离开知觉主体而独立的实在世界，这个实在世界是一切科学的基础。同时，对物理学发展史的深刻领悟又使他看到，"我们关于物理实在的观念决不会是最终的。为了以逻辑上最完善的方式来正确地处理所知觉到的事实，我们必须经常准备改变这些观念"。[①] 但是，在新理论创始之初，新的物理实在观念尚不具有比较具体的形式，要从哲学上弄清其真实意义是不可能的。因此，在爱因斯坦诉诸哲学信念以寻求理论的内在完备性时，不可能体现为具体的形式，只能是一种不确定的、基本上是直觉的预感。这种直觉的预感是一种内在的心理场，在其中真、善、美的标准无法明确地予以区分，它们没有清楚的界限。这一点突出地表现在，爱因斯坦的"内在的完备"标准与斯宾诺莎的上帝有特别密切的关系。

---

① 转引自《世界科学》1984年第10期，第53页。

爱因斯坦的挚友和合作者索末菲回忆说："有很多次，当一种新的理论在他看来会是武断或勉强的时候，他就说：'上帝不会像这样做任何事情'。"① 爱因斯坦本人也声称："我信仰斯宾诺莎的那个在存在事物的有秩序的和谐中显示出来的上帝。"② 对他来说，斯宾诺莎的上帝是实在性、决定论性和统一性思想的最一般表现，而这些思想已体现在他的"内在的完备"标准中。爱因斯坦拒不承认量子力学的完备性，就是因为他在直觉上预感"上帝不会掷骰子"。在这里，哲学标准与准美学标准是合而为一、难分难解的。

第二，爱因斯坦的"内在的完备"标准具有双重作用。

爱因斯坦的"内在的完备"标准在科学理论的选择和评价中具有双重作用：一方面，作为哲学标准，它从世界观方法论高度对理论提出要求，把理论深化所涉及的一些普遍性和一般性问题突出出来，具有明显的启发性功能；另一方面，作为准美学标准，它诉诸古典理想，相信直觉预感，因而对新理论有一种削足适履的倾向。

在量子力学的解释中，爱因斯坦所捍卫的世界观方法论原理——关于客观实在存在于主观意识之外，并且不以主观意识为转移的原理；关于这种实在原则上可以借助决定论方法加以认识的原理——已成为科学认识的不可取消的逻辑前提，以致人们在思想上很难根本抛弃这些原理。最清楚地意识到这一点的正是爱因斯坦的对手玻尔。玻尔在回顾争论的历史时指出，爱因斯坦的批评对确立始终一贯的量子力学解释起了重大作用。爱因斯坦深入地探讨了量子力学新理论与现有的科学世界观方法论发生分歧的那些关节点，并以自己的批判去引起人们的注意：必须认真对待和思考这些关节点。因此，问题不在于抛弃这些原理，而在于如何在新的认识条件下重新理解这些原理，揭示它们在量子力学中更广泛地在现代物理学中的新含义。由于"内在的完备"标准具有这种启发性功能，爱因斯坦和玻尔之间的争论便获得一种哲学上的深刻性，如玻尔所说："一种真理是极简单明了的论断，简单明了到与之对立的论断昭然错误的程度。相反，另一种真理，即所谓'深奥的真理'则是这样一些论断，即与之对立的论

---

① 转引自《自然科学哲学问题丛刊》1986 年第 2 期，第 30 页。
② 《爱因斯坦文集》第 1 卷，许良英、范岱年编译，商务印书馆 1976 年版，第 243 页。

断也包含着深奥的真理。"①

但是，爱因斯坦恪守古典理想，未能根据正确的世界观方法论原理彻底理解量子领域内新型的物理实在性，他要求量子力学对"实在本身"作出完备描述，仍然停留在传统实在论的水平上。传统实在论主张本体论高于认识论的观点：（A_1）只有存在着的东西才是科学认识的对象；（A_2）物理客体的存在不依赖于认识过程，尤其不依赖于它是否被观察。在这里，（A_1）表示了作为认识对象的一个必要条件，而（A_2）则主张这个条件与观察过程无关。如果（A_1）被否定，（A_2）也不能被接受，但是，反过来说则是错误的。哥本哈根解释的各种变形都接受（A_1），而反对（A_2）。因为量子力学在内容上包含着对认识条件的描述，认识条件作为不可避免的参照系，它在物理客体对于观察者的现实性上和在主体对于物理客体的理论表象中留下相应"印记"，因而关于客体的任何认识都表征着在观察层次和理论层次上实在本身对于观察者和研究者的现实性的一定方式。这种与认识条件相关的客观实在性是不能用传统的本体论实在观加以理解的，它要求人们在理解理论与实在的关系以及量子力学类型的物理实在所具有的特点时，要有一些新的方法论观点。

第三，爱因斯坦的"内在的完备"标准与"外部的证实"标准是矛盾的。

爱因斯坦曾明确指出，科学理论的评价标准包含两个方面："外部的证实"和"内在的完备"。但是，我们不能就此断定爱因斯坦在科学理论的评价中事实上已把二者结合起来。思想家本人的陈述与他实际上所做的通常是有距离的。爱因斯坦对待量子力学的态度表明，他实际上是借强调"内在的完备"来排斥和反对量子力学的"外部的证实"。

引力理论的成功加强了爱因斯坦的理性主义信仰，他深信科学必定有某种统一的基础。他一如既往地在科学的古典理想中寻求物理学的普遍原理，根本不可能充分理解量子力学的新特点。他认为，量子力学从波粒二象性的实验材料出发要求对古典概念作出限制，全然不考虑物理学的普遍原理，把"需要当成天经地义"，因此，尽管它与经验事实一致，得到"外部的证实"，但是作为理论体系却不具有"内在的完备"。

与爱因斯坦的精神气质大相异趣，玻尔认为，除了需要避免逻辑上的

---

① 转引自《科学与哲学》1986年第6期，第156页。

矛盾以外，我们几乎不能信任任何惯常的原理，无论它是多么普遍。玻尔特别注意量子理论发展中那些非经典特征，致力于新的认知框架的推广，他所提出的互补性原理就是一种全新的理性思维形式。玻尔所遵循的原则，实质上接近辩证法关于没有抽象的真理，真理总是具体的观点。整个量子力学的哥本哈根解释也遵循这种原则。在哥本哈根解释中，不确定性关系和量子力学规律的统计性质是从微观客体与观察主体的不可分割性中，从微观世界的因果解释的客观限度中引申出来的。

然而，在理性主义者爱因斯坦看来，这些不过是"人们对暗示的服从"，是"把需要当成天经地义"。①"外部的证实"还不说明问题，必须从普适性的物理学原理中推导出观点。如前所述，爱因斯坦对量子力学的批评是从无条件地运用古典概念的立场，从容许"隐参量"的立场进行的，似乎知道了"隐参量"，一切有关不确定性、二象性、实在性等的问题都会迎刃而解。然而事与愿违，物理学界关于"隐参量"的理想实验迄今没被证实，相反，却不断给出有利于量子力学的否定性判据。在这里，科学理论的"内在的完备"与"外部的证实"显然是矛盾的。

过分浓重的理性主义色彩使爱因斯坦只看到科学的合理性标准的绝对性、不变性和普适性，而看不到它的相对性、变异性和历史局限性。结果，在科学理论的评价中，他实际上是偏爱"内在的完备"，而轻视"外部的证实"，以致把"内在的完备"当成科学的唯一尺度。他不懂得理性本身也要依据经验调整和改变自己的形式，科学的合理性标准在指导科学理论的同时也随着科学理论而发展——"标准根据自己所引起的结果而被修改"（夏佩尔）。科学的合理性标准是现实思维过程的现实产物，标准与信念、规则与行动之间相互纠正、相互促进。只有这样，"内在的完备"标准才不会凝固，变成某种理论必须与之相适的先验框架，才能根据新的认识经验进行自我修正，达到与科学理论的"外部的证实"相一致。

---

① 参见《爱因斯坦文集》第 1 卷，许良英、范岱年编译，商务印书馆 1976 年版，第 381 页。

论客观相对性和主观相对性[*]

二十世纪以来，科学认识的相对性问题主要是与参照系的确立和选择相关的。认识是主体和客体的相互作用，如果我们把参照系推广到这个相互作用的两极，那么，相对于客体参照系的相对性就是客观相对性，相对于主体参照系的相对性就是主观相对性。本文拟就这两种相对性作一些探讨。

一

客观相对性来自外部世界，外部世界中客体与环境的相关性以及物质结构的多维性和多质性决定了任何认识都不可避免地具有一种不以人的意志为转移的客观相对性。

任何一个具体客体都总是在某些确定条件中存在的，因此，它所显现出来的特征并不是它的性质的全部多样性，而仅仅是其中的某一或某些方面。我们把某一客体赖以存在的各种条件的总和称之为环境。具体客体的真实存在只有在某一环境中，即相对于某一参照物才是现实的。对于这个环境——参照物来说，客体性质的全部多样性被"简化"为一组有限的性质，其余的性质都是潜在的。

认为性质"本身"是客体所固有的，这是经典物理学的实在观。按照这种观点，客体与环境处于绝对对立的状态，而环境则被理解为一种"容器"，即被理解为事件借以存在其中的"器皿"。在牛顿那里，这个"容器"就是以绝对空间来表征的绝对参照系，从绝对参照系的角度来看，认识对象也就是认识与其存在条件无关的对象本身，在研究和描述对

---

[*] 原文发表于《人文杂志》1990年第2期。

象时可以不考虑它的环境和环境的特点。这种观点暗含着一个前提，即认为认识本身乃是"绝对观察者"的认识，而这正是牛顿力学研究纲领的逻辑基础。因此，在牛顿力学中，物体相对于绝对空间（绝对参照系）运动的轨迹被看成是唯一真实的，而所有其他的轨迹（即根据其他参照系所确定的轨迹）则被认为是不真实的。

然而，相对论从否定绝对参照系在物理上实现的可能性出发，认为不可能在运动物体的许多轨迹中确定一条轨迹是唯一真实的，不能一般地谈论同具体的参照系无关的轨迹"本身"，每一条运动的轨迹都是真实的，尽管它们就一个参照系而言是不相容的，关于两个事件的同时性、物质长度、时间间隔和一系列其他的参数亦如此，这些物理量只是对于选定的参照系才具有物理的规定性。

从哲学角度看，相对论的意义不在于把一组物理量"相对化"这件事本身，而在于它使人们对客体和环境的相互作用机制本身有了新的理解。在客体和环境的相互作用中，客体的某些特征依赖了它们的定域性条件，即它们相对于所给定的参照系的封闭性。在这里，客体性质的相对性是以两种形式表现出来的：第一，必须确定参照系；第二，同一性质的许多特征依赖于参照系的选择。于是，在环境的作用下，客体性质的全部多样性就划分为实存性和潜存性两类。

在科学认识中，人们只能集中注意于现实地出现在给定环境（条件）中的属性和那些相关于该种相互作用的特征，而舍弃在该关系中没有显现的，因而是不相干的属性、特征，实践作为变革对象的物质力量和形成认识的客观基础，对每一个体来说是一种特殊的环境。正是人们有意识、有目的地认识和变革对象的实践，才在具有无穷多的属性、关系、方面的客观世界中，把与人们的实践价值有关的那个部分、那个方面实现出来，成为自己的研究对象。因此，列宁指出："必须把人的全部实践——作为真理的标准，也作为事物同人所需要它的那一点的联系的实际确定者——包括到事物的完满的'定义'中去。"[①] 因此，人的认识只有在忽略许多不相干因素的条件下，才能获得对事物某一方面的正确认识，只有在不奢望解决整个世界所涉及的一切问题的前提下，才能深入研究某种局部的规律性。这种不可避免的"片面性"实质上是由客体与环境（包括人的实践）

---

① 《列宁选集》第4卷，人民出版社1972年版，第453页。

的相关性所赋予认识的客观相对性。

认识的客观相对性还决定于物质结构的多维性和多质性。现代科学的世界图景表明，世界由三种水平的客观现实组成：微观水平——"元素""基本粒子"等；中观水平——自然与社会领域的普遍客体与个体；宏观水平——超实物的和超个体的宏观的综合，如社会经济结构、动植物种、地球系统和生态系统等。在物质世界的多维性结构中，任何一种水平的事物都是某些"质的交叉点"，就是说同一事物中存在着由不同水平的系统所赋予的多种本质。一般说来，任何事物都具有三个客观的测度特征：第一，它表现为实物界的某个实存，这个实存本身就是系统；第二，它同时是自己种类的宏观系统的部分，并服从该系统的规律性；第三，它同时服从在这种条件下起作用的微观系统的规律性。

要多维地认识世界，把握事物的多质性，关于事物的完整知识必须包括三个组成部分：第一，关于事物本身的知识；第二，关于它作为某一宏观系统的部分的知识；第三，关于它作为微观结构的表现的知识。这也就是关于同一事物的三种测度的知识。这种多测度的知识层次乃是二十世纪科学认识中的新情况。

在人类尚未认识宏观世界和微观世界之前，人们对于现实世界的认识还是单向度的，在一个平面上展开，所有关于事物的知识都是处于同一层次上的关于事物本身的知识。事物中心的观点将认识对象的一切均视为该对象所固有的质的直接显现，这是古典哲学中的实体—属性范畴的抽象基础，按照实体—属性范畴，认识的深化被归结为对某种基质的寻求。经典物理学就是以寻求物质的终极组成部分（基本粒子）为目标的，现代物理学表明，"基本粒子"的存在是不可能的，物质之间具有复杂的相互联系或所谓"靴袢机制"：每一粒子都帮助其他粒子产生，其他粒子反过来又生成它。自然界无法还原为最基本的实体，它的组成部分彼此组成。这种新的科学世界观把宇宙看成相互关联事件的动态网络，它不承认任何基本的东西。要解释相互联系的自然现象中的任何一个都必须了解所有其他的一切，而这是不可能的。科学家只能描述所选择的一组现象，近似地理解自然的不同方面，而不是一下子理解所有的一切。因此，必须从根本上抛弃实体—属性范畴的认知模式，采用新的方法论观点，即在不同参照系中观察事物的系统观点。按照系统观点，所有事物都有系统属性。它们本身就是系统，并纳入更大的系统，由构成系统的存在条件将它们联系起来。认识的对象既可以是客体—系统本身，又可以是关系的系统、根据和决定的系统、亚系统、超系统。人们在按系统方式认识事物的时候，从事物相互关联的网络中区分出确定的"质的交叉点"，从而完整地考察被选出来的客体。这样，系统的具体确定方式便赋予具体客体以一个明确的参照系，并规定该参照系的质、界限、度，借此人们就可以在不同的水平、层次发现世界的多个侧面，获得关于同一事物的多测度的知识。

综上所述，物质结构的多维性和多质性决定了人们对事物的认识总是具有这样的相对性，即当原有事物被置于另一系统——参照系中加以考察时，人们总是能发现该事物的新质，获得关于同一事物的新知识。

二

与客观相对性不同，主观相对性是由主体所拥有的认识条件赋予的。

如前所述，牛顿力学假定"绝对观察者"（即绝对参照系）的存在，是想从物理理论的内容中完全排除主体的认识条件对客体的影响，以便得到关于"自在的"物理客体的纯粹知识。量子力学告诉我们，由于作用量子 h 的存在，观察过程中观察手段（包括仪器和观察者）对观察对象的影响，一般是无法消除和无法补偿的。因此，现象和观察手段就不可能分别具有"通常意义下的独立实在性"。换言之，任何物理现象都是不能完全脱离开观察条件来确切定义的。由于对量子现象的观察过程的原则上的不可分离性，谈论量子客体"本身"的存在，即与观察实际手段无关的存在是没有意义的。因此，如海森堡所说："我们所观察的不是自然界本身，而是由我们来探索问题的方法所揭示的自然。"[①] "即在科学方面，我们不是在同自然本身而是在同自然科学打交道——这也就是说，在同被思考和描述的自然界打交道。"[②] 总而言之，量子力学揭示了主体及测量工具对客体的干扰不可能从认识过程和结果中加以排除，主体的认识条件直接影响着认识结果。

相对论和量子力学把主体的认识条件因素引进科学认识结构中，使经

---

　① 转引自《哲学研究》1981 年第 1 期，第 71 页。
　② ［德］W. 海森堡：《严密自然科学基础近年来的变化》，《海森堡论文选》翻译组译，上海译文出版社 1978 年版，第 180 页。

典物理学的物理客体—观察者的直观认识模型转变为物理客体—认识条件—观察者的辩证认识图示，认识条件在认识过程中作为观察者同物理客体之间的中间环节而出现，这样，认识条件作为不可避免的背景——参照系，它在客体对于观察者的现实性上和在主体对于客体的理论认识中留下相应的"印记"，从而影响认识的最终结果。人们对于客体的认识受制于认识本身借以完成的那些条件，因而总是相对的，认识所把握的东西不是实在本身而是它在认识条件的背景——参照系上的"投影"。认识条件包括两个层次：观察层次上的认识条件和理论层次上的认识条件，相应地，关于客体的任何认识都表征着在观察层次和理论层次上实在本身对于观察者和研究者的现实性的一定方式（在相对论中，以参考系的方式；在量子力学中，以一定类型的仪器的方式）。这就是主观相对性。

观察层次上的认识条件通常是指观察手段与相应的理论准备，与之相应，观察层次上主观相对性主要表现为观察认识结果对主体所拥有的观察手段和理论的双重依赖性。

无论在经典物理学中，还是在量子力学中，观察仪器都是必需的。但是，仪器在认识中的作用是很不相同的。在经典物理学中，客观世界呈现为"单一的"世界——宏观世界，由于观察对象与观察仪器处于同一个宏观水平，仪器被认为是我们感官的简单延长，意识同客观世界的联系实质上只有一个环节，即感觉。因此，观察仪器对客体的作用可以忽略不计。然而，在量子力学中，科学研究微观世界致使原来单一的世界划分为宏观与微观两大部分，由于人属于宏观世界，这个微观的部分只能通过宏观形式，即通过仪器加以把握。这样，仪器就不再是我们感官的简单延长，而是主体与微观客体发生现实的认识关系的中介。借助宏观仪器的中介，在每个特定的观察过程中我们所获得的不是微观客体性质的完备知识，而只是它的一定的宏观投影。并且，不同类型的仪器会造成关于物理实在的不同映象，空间—时间类型的仪器使人们得到电子的粒子图像，而动量—能量类型的仪器则使人们得到电子的波动图像。仪器本质地进入到物理实在的理论表象中，所以第一种情况下的实在不同于第二种情况下的实在，第一种情况下的电子"不同于"第二种情况下的电子。这就是说，在观察过程中，客体原型是透过观察仪器的折射而反映到主体映象中的，观察结果总是相对于某种观察手段，或是相对于某个参照系来描述的。

观察结果还依赖于相应的理论准备。爱因斯坦曾说过，你能不能观察眼前的现象，取决于你运用什么样的理论，理论决定着你到底能观察到什么。这就是说，观察必须要以某些已有的理论知识为前提，观察不仅仅是占有一些感觉资料，感觉资料是含混的、可误的、本身是没有意义的，我们必须把它们组织起来，使它们和已有的理论知识发生某些关系，它们才会成为某种确定的东西，才会对于我们有意义。以视觉经验为例，一个线条就是一个线条，一块色彩就是一块色彩，它们本身并不意味着什么。我们要把它们看作一匹马，就要求这些线条、色彩和我们已有的关于马的知识发生关系。只有在已有的理论知识的背景下，才能看出对象是什么东西。观察结果不是作为既定的东西，而是作为主体的理论框架所确定的东西出现在我们眼前的。观察的结果既与观察者所要研究的客体的那一断面有关，也与理论本身允许以什么样的方式分解出这一断面有关。

理论层次上的认识条件主要是指对理论认识起规范性和指导性作用的那些包括各种本体论和认识论的公设的元理论体系。在每一个具体理论的深层都有其元理论作为基础，作为理论认识的先在前提，元理论体系制约着理论认识的深度、广度及局限性，这种制约性同时表征着理论层次上的主观相对性。

在科学的理论认识中，元理论体系（"范式""研究纲领""研究传统"）的功能在于：第一，它们通过提供范例为具体理论的建构指出明确的线索，起着示范作用；第二，它们规定着问题的转换方式，把科学的问题与非科学的问题加以区分，并确定哪些问题是常规问题，哪些问题是反常问题；第三，它们设定了相应的解释性结构，这一解释性结构通过类比和暗示启发人们的思维——如何着手和深化研究、如何检验理论等。总而言之，元理论体系决定着理论思维模式，它为理论研究划定了可能的事实和可能的问题的范围，从而给出了相应的，仅仅为它自身所特有的分解实在的方式。人们在采纳不同的元理论体系时，也就接受了相应的不同的理论思维模式，世界嵌入他们的各种思维模式中，会产生不同性质和程度的变形，使他们可以在不同的水平、层次、角度和方位发现世界的多个侧面，使人们所理解的世界各不相同。在这里，理论层次上的主观相对性表现为，在不同的理论思维模式中反映相应客体具有不同的深度和广度。

一般而言，任何知识体系都包含三个层次：经验层次、理论层次和元理论层次，经验层次和理论层次是知识体系的显含部分，而元理论层次则是知识体系的隐含部分。隐含着的元理论作为知识体系的前提知识通常是未经反思的东西。在任何一种知识体系中都有一些为当时使用这一知识的人们所不知的内容，只有在科学认识的历史发展过程中这些内容才被弄清楚。科学在自身的发展中根据不断扩充的知识逐渐地揭示并审查它所假定的东西，对以前无法说明的前提知识加以阐释、修正或抛弃。在相对论和量子力学产生以前，关于欧几里得几何学不可违背的思想，关于空间是绝对虚空的思想，关于实体的所有状态变项都必须同时具有确定的值的思想，关于自然界的基本规律必定是决定论的思想——所有这些经典物理学的前提知识都被人们当作是必然真理。而今，相对论和量子力学则证明，经典物理学的这些前提知识不具有任何普遍性和必然性，其适用性和精确性都是有限的。对前提知识进行批判反思并揭示其局限性，最能实现科学的相对性——科学中不存在原则上可免受修改的因素：以前被认为是必然真理的许多思想原来并不是必然真理，以前被认为是科学研究的必然要求的许多标准原来并不是必然要求，以前被认为对科学是基本的许多特征原来并不是基本的。相对论和量子力学革命所引起的认识论结果正是这样，对此玻尔写道："今天，我们已经可以令人信服地指出：人类的一切见解都具有相对性。这个观点，是在重新考察了那种最基本的概念的一义使用都以之作为基础的前提之后，才得出的。"[①]

三

知识的相对性既有"来自内部的"、由主体所拥有的认识条件决定的主观相对性，又有"来自外部的"、由外部世界决定的客观相对性。但是，如果片面地夸大主观相对性，把知识的相对性看成是唯一地由自主体所拥有的认识条件决定的，那就会导致相对主义。因此，在相对性和客观性、相对范畴和客观范畴的关系问题仍然不清楚的情况下，从绝对到相对的运动就会被视为从客观到主观的运动，由此相对性原则必然导致某种形式的唯心主义。为了正确地理解相对性原则，必须弄清客观相对性与知识的相对性的关系。

知识的相对性受制于客观相对性，具体地说，概念的有限适用性与客

[①] 转引自［苏］扎拉列夫《认识结构和科学革命》，王鹏令译，中国社会科学出版社1985年版，第52页。

体性质相对于一定的环境——参照系所表现出来的相对性有关,而理论的确定界限与物质结构的多维性和多质性相对于一定的系统——参照系所表现出来的相对性有关。

概念是通过抽象形成的,而任何抽象都是对客体性质的某种分解,这种分解之所以可能,原因在于环境——参照系使客体性质的全部多样性划分为实存性与潜存性两类,人们可以集中注意于现实地出现在给定的环境——参照系中的属性、特征。而舍弃那些不相干的东西。任何具有客观意义的抽象都是与客体性质相对于一定的环境——参照系所表现出来的相对性相关的,因此,任何概念都有其有限的适用范围,而不能无限制地加以推广。随着认识视野的扩展,我们会发现某些界限,此时潜在的东西变为现实的东西,不相干的东西变成相干的东西,不变的东西成为相对的东西。例如,光速的有限性在经典力学中作为不相干的东西没有引起注意,而相对论一开始就是从光速有限这一抽象出发的。在物体速度接近光速的新的环境——参照系内,绝对空间、绝对时间的概念就失效了,取而代之的是时间、空间的相对性,以及时空与物质运动的相对性概念。可见,客体性质相对于一定的环境——参照系所表现出来的相对性,既是概念形成的客观基础,同时又决定着概念的适用范围。对此,墨西哥科学家托马斯·阿·布罗金曾作了精辟论述:"制定概念的基本条件是:物理自然界尽管是完整统一的,但同时至少又可以分解成各种单独的部分。不然的话,哪怕在最简单的认识过程中,我们也将不得不考虑宇宙中的一切因素;而且任何一种研究,即对自然过程的任何一种理解,也似乎都将成为不可能,尽管这和我们头脑的局限性也不无关系。我们可以忽略几乎整个宇宙,并可以把我们的注意力集中于我们感兴趣的那些因素上,这种做法是如此得自然,以致我们几乎从来都不会提到它。但是我们不应当忘记,这实际上是我们的宇宙的一种令人惊异的特性,而这种特性又不是绝对的。'分立'帮助我们建立起我们的各种概念,但它总是局部的和暂时的,因为只要我们刚一超出某种界限,宇宙的其余部分就开始被我们感觉到,因而概念的有效性也就达到了它的界限。"[①]

从知识论角度来看,任何一个理论体系都不是充分自足的,都有自身

[①] 转引自[苏]拉扎列夫《认识结构和科学革命》,王鹏令译,中国社会科学出版社1985年版,第61页。

确定的界限，并且这个界限只能由更高层次的理论体系来确立。其所以如此，根本原因在于，理论的确定界限是与物质结构的多维性和多质性相对于一定的系统——参照系所表现出来的相对性内在相关的。任何一个理论都只是对物质结构的多维性和多质性的某一测度的反映，具体反映哪一测度则依赖于系统——参照系的具体确定方式。但是，存在着系统悖论：描述任何给定系统这一任务，只有在把该系统描述为更大系统的元素这一任务获得解决的条件下，才能得到解决。而把该系统作为更大系统的元素来描述的任务，又只有在把该系统作为系统来描述的任务得到解决的条件下，才可能解决。由于系统悖论的存在，对系统——参照系的任何确定（描述）基本上是相对的。这样，在理论知识中，它的每一个相对独立的测度，只有在与其他的测度的联系中才能建立起来，理论的确定界限就是在这种联系中被确立的。例如，在相对论和量子力学出现之前，牛顿力学并不知道自己的有效极限，只有在相对论和量子力学分别地反映了物质结构的宏观测度和微观测度的条件下，牛顿力学才从相对论和量子力学那里接受了有效极限。牛顿力学具有来自相对论的有效极限和来自量子力学的有效极限，这些极限共同给出了牛顿力学的适用范围。发现科学理论与明了它的适用范围之间的不同步性，贯穿整个人类认识史。正是在这个意义上，列宁指出："科学发展的每一阶段，都在给这个绝对真理的总和增添新的一粟，可是每一科学原理的真理界限都是相对的，它随着知识的增加时而扩张，时而缩小。"[1]

---

[1] ［苏联］列宁：《唯物主义和经验批判主义》，人民出版社1998年版，第126页。

论理论对事实的超越性[*]

关于理论和事实的相互关系,传统认识论过分强调理论对事实的依赖性,而忽视了理论对事实的超越性。全面地看,理论对事实既有依赖性一面,又有超越性一面。其超越性决定于理论的相对独立性和能动反作用,因而在理论的任何发展阶段都存在着。但是,随着理论的历史发展,理论对事实的这种二重性关系本身会经历某种改变和调整。在理论的不成熟形态上,理论对事实的依赖性更显著,而对事实的超越性却表现得不充分;但是,在理论的成熟形态上,理论对事实的超越性较之依赖性不仅表现得更显著,对理论本身来说也显得更重要。成熟理论通常是指:第一,高层次的理论,它能够把前驱理论作为其推论综合于自身之中,而且它在综合的同时导致新理论,在更大范围内同化经验事实;第二,直接作为理论思维产物的理论,它能够相对地远离经验事实自己构筑自己;第三,具有完整而严密的内部结构的理论,它具有高度的启发能力和自我改进机制,借以自己发展自己。成熟理论所充分表现出来的对事实的超越性主要是:理论在其出发点上的自我规定性;理论在其形成过程中的自组织性;理论在其发展过程中的自主性。本文拟就此加以阐述。

一 理论在其出发点上的自我规定性

传统认识论相信,认识活动是从经验地收集事实开始的,理论不过是收集、积累和概括事实的结果。由此,传统认识论赋予事实以理论的经验基础的意义,这种基础主义从根本上否认了理论在其出发点上的自我规定性。

---

[*] 原文发表于《陕西师范大学学报》(社会科学版)1990年第2期。

与传统认识论不同，我们认为，在理论成熟阶段上，事实对于理论不具有唯一的基础性，理论的出发点不是由事实直接给定的，而是由理论发展所间接规定的；理论的研究对象主要不是经验问题，而是概念问题，表现出理论在其出发点上的自我规定性。

　　二十世纪，科学主要是由高层次理论组成的。在高层次理论中，不仅仅是理论对事实的综合，重要的是理论对理论的综合，后继理论把前驱理论作为其推论整合于自身之中。因此，高层次理论是考虑某种逻辑前提而建立起来的，前提的本性并不具有以事实为依据的经验性质。例如，爱因斯坦建立相对论的出发点不是某种实验结果给出了的经验事实，而是涉及整个物理学的基础问题。他力图发现隐藏在牛顿力学和电磁学理论中的逻辑结构的不对称性，根据导入的相对性原理和光速不变原理，用一般的形式彻底地解决问题。关于以太的运动问题以及迈克耳孙－莫雷实验，他只不过是作为个别事例加以列举的。

　　高层次理论的出现从根本上动摇了事实对理论的基础地位。首先，在高层次理论中，事实本身愈来愈以间接的方式表现以往的各种理论构成，新理论的经验基础是由对应原理来揭示的。按照对应原理，任何一种普遍性程度更高的理论，在极限情况下都应归结为它所由以出发的那种理论。因此，理论的经验基础并不是由未经解释、因而不包含理论的"原始事实"构成的，而是可以随着理论本身的发展而得到改进的，其次，各种竞争理论描述和解释同样一些观察和实验事实，这是高层次理论的典型情况。它表明理论被事实决定的不充分性。

　　当事实已经丧失了对理论的基础地位时，理论和事实的相互作用便达到这样一种水平：理论已经开始在很大程度上同化事实。事实本身乃是把经验材料整理成某种便于进行理论加工，并和一定的理论观念相适应的形式的结果。事实总是以一定的理论体系间接地表现出来的，它们在这个体系中产生，并得到理解和说明。不仅人们认作事实的东西以及对事实的解释和事实的意义依赖于理论，甚至事实与理论的关系本身也依赖于理论。

　　对于科学的主导理论来说，它所关注的只是扩大那些其研究纲领特别能够加以说明的事实的知识，凡不适合研究纲领的现象，实际上往往落在研究者的视野之外。换言之，当研究者在理论提供的概念结构中工作的时候，作为事实的东西是经过相应的理论棱镜的折射而呈现在他面前的。因此，理论的研究领域并不单纯是客观世界的某一方面，而是包括理论的和事实的两方面的一个整体。按照美国科学家夏皮尔的观点，一个研究领域具有以下四个特征：第一，各个项目在它们之间的某种关系的基础上联合为一个整体；第二，对于这样相关联的整体发生了某些疑难问题；第三，那是一个重要问题；第四，科学对于讨论这个问题是有准备的，客观世界所呈现于我们的并不是完整而明显地划分好的研究领域，相反，理论愈是成熟，其研究领域的形成就愈是依靠已有的累积的知识。因此，理论的出发点不是由事实直接给定的，而是由理论发展所间接规定的。

一种理论原则上涉及三种类型的事实。第一类是由现存理论已经很好地说明了的现象组成的，这些现象很少为新的理论建设提供出发点。第二类是由那些其性质为现存理论表明但其细节只有通过它的进一步完善才能被理解的现象组成的，对这些现象的研究通常只是发展原有理论，而不要求建立新理论。第三类是已被确认的反常现象，其特征是它们顽强地拒绝被现存理论所吸收和同化，只有这类作为理论发展间接地表现出来的反常现象才为新的理论建设提供出发点。

通常，理论总会遇到反例，通过引进个别新概念或对理论原理作出某些限制可以逐步消除，但反常现象则不同，它是理论和事实之间稳定的、根本的不相适应，具体表现为：第一，无法进行全面解释的经验事实迅速增加；第二，在理论上发现了内在矛盾，证明理论已经到适用范围的极限，理论原理的启发能力已经殆尽。新理论的经验前提通常就是这样在原有理论内部以反常现象的形式产生的。这是理论在其出发点上的自我规定，它与其说是提供了事实本身，不如说是表明理论缺乏一个适合的概念结构，已丧失了同化事实的功能。正因为如此，在解决反常的经验问题时，不可避免地要涉及概念问题。理论只有首先解决了它自身所引起的各种概念问题，然后才能对反常的经验问题提供连贯而恰当的解决。

海森堡在谈到相对论和量子力学的建立时曾写道："凡是在逻辑上脱离经典概念的地方，这种地方的确定便每每成为现代物理学的核心。狭义相对论的核心，就在于我们断定了两个发生在不同地方的事件的同时性是一个很成问题的概念，同时，对于量子论来说，非常重要的一点就是我们确定了同时谈论一个粒子的精确位置和精确动量是毫无意义的。"① 现代

---

① ［德］W. 海森堡：《严密自然科学基础近年来的变化》，《海森堡论文选》翻译组译，上海译文出版社1978年版，第44页。

科学理论的研究重心已经由经验问题转入概念问题，某一个知识领域在自己的发展过程中愈是达到了成熟的阶段，就愈是对自己的基础，即对它的整个理论大厦树立其上的那些基本概念给予极大关注。而对基本概念进行分析，并试图赋予这些概念以更严格的客观意义，其结果往往并不是使原有理论简单地精确化，而是导致更为深刻的理论。可见，理论在其出发点上的自我规定性，体现着成熟理论的自我意识：理论把自身作为研究对象，以反思它拥有的概念手段为中介来深化对客体的认识。正因为如此，理论可以改造经验，并且在这个改造过程中，我们有某种把握地利用不与经验相联系的概念。

二 理论在其形成过程中的自组织性

传统认识论在强调事实对理论的基础地位的同时，仅仅从认识的发生学方面研究理论认识。它坚持理论认识只能在经验认识的基础上产生的观点，把理论的形成过程简单地归结为对感性材料加以去粗取精、去伪存真、由此及彼、由表及里的加工制作，由此，理论在其形成过程中的自组织性便完全被抹杀了。

与传统认识论不同，我们认为，在认识成熟阶段上，理论认识已经从经验认识中分化出来，它们代表着特定的认识发展水平上科学活动的不同类型和科学认识的不同方式，理论认识具有不同于经验认识的新质。由于这种新质，科学理论相对地远离经验事实走着自己构筑自己的道路，充分显示出理论在其形成过程中的自组织性。

在经验认识水平上，科学活动的类型和科学认识的方式是经验研究。经验研究致力于寻找和整理事实的工作，将各种现象进行分类，按其特征确定它们的相互关系。由此形成的理论始终都是对观察和实验结果的整理，这是经验研究的本质特征。这一点在牛顿"通过归纳从实验和观察中得出一般的结论"的警句中得到充分表达。牛顿力学本身就是人们日常经验的理论概括，它代表着经验研究的传统。经验研究要求揭示出观察和实验中的现象特征及其相互关系，而这些特征及其相互关系的存在则又是以作为经验研究之基础的由概念作出的假设为前提的。因此，即使是在经验认识中，从一开始就存在着某种概念分析，这种概念分析是与反映经验研究的对象的本质特征相联系的。但是，在经验认识水平上，概念分析尚未进入到对"概念本身的本质的研究"（恩格斯语），因而研讨和改进科学认识的概念手段还没有成为理论发展的自觉形式。经验研究之所以使理论局限于整理观察和实验材料，而无法使理论超越经验事实，根本原因在于，在经验认识水平上，对"概念本身的本质的研究"的理论思维能力还得不到足够充分的发展。

而从科学的经验认识水平过渡到理论认识水平，正是以对"概念本身的本质的研究"的理论思维能力之充分发展为前提的。如前所述，相对论和量子力学都是在批判地分析和深刻地反省牛顿力学赖以建立的各种基本概念的基础上产生的。有关科学概念的本质，这些概念与客观实在的联系，赋予这些概念以精确含义的方式，以及在这些概念的基础上建立不矛盾的物理图景的方式等等，已经成为现代科学研究的主要内容。由此，科学的理论思维便成熟起来。

理论思维是深究概念内容和改进概念手段的专门活动，概念结构的不断精确、完善和发展，乃是理论思维的特点。列宁指出："一切科学的（正确的、郑重的、不是荒唐的）抽象，都更深刻、更正确、更完全地反映着自然。"[①] 在科学抽象的基础上之所以有可能进行这种更深刻的、更正确的、更充分的反映，正是由于在理论思维中有关科学认识的概念手段成了专门研究的对象。理论思维的这种创造性、建设性的特点在于，它不是从外部现成地采取自己的内容，而是通过自己的概念手段再现现实的深刻图景，形成自身的理论思维内容。

与经验认识水平上的情形不同，在理论认识水平上，由于理论思维起主导作用，经验研究已具有新特点。它不再表现为寻找和整理事实的活动，而是以相应的概念形式同化经验事实的方式出现的。因此，理论认识中科学活动的类型和科学认识的方式是由两个方面构成的一个整体：内部方面——分析、改进和发展概念结构的理论思维；外部方面——应用这种概念结构同化经验事实的经验研究。这是理论认识不同于经验认识的新质，其特点在于，当理论思维和经验研究相互作用结为一体时，理论的经验基础只是起功能作用的形成物，经验事实只是由于它们同理论有一定的功能联系，为一定概念结构所同化，才作为理论的构成要素而纳入理论之中。正如爱因斯坦所说："思维使我们有可能创立一个体系，而经验成果

---

① 《列宁全集》第38卷，人民出版社1986年版，第181页。

的内容和经验成果之间的联系则借助于从理论中得到的那些结论来加以证明。"① 这样就使得理论有可能相对地远离经验事实，走自己构筑自己的道路。

在理论认识水平上，理论思维的主导作用使科学研究获得了一种在概念的理论层中相对地不依赖于经验事实进行思想运动的可能性，而这个思想运动又使人们有可能阐明理论的内容，在真正理论的基础上将理论内容再现出来。理论内容这种内部发展的可能性，是通过理论思维创造出某种观念化的抽象客体而实现的。观念化的抽象客体乃是理论赖以建立的初始抽象，它在理论的形成过程中经常作为前提浮现在研究者的理论表象面前，引导着思想运动。如马克思《资本论》中的"商品"观念，量子力学理论中的"量子"观念。作为初始抽象，观念化的抽象客体之建立是最困难的理论问题，要求对以往理论作出深刻的反省，因而它本质上是理论思维的创造物。观念化的抽象客体一旦形成，便预先规定了一个特定的理论研究纲领，是进一步扩展理论体系的基础，理论的一切要素和联系都是依靠观念化的抽象客体而被揭示的，通过理论思维建立观念化的抽象客体，以此使思想在概念的理论层中运动，实现理论的自我建构，这就是理论在其形成过程中的自组织性。

量子力学的形成过程就充分表现了理论的这种自组织性。1900年，普朗克经过对经典力学的基本概念之一——连续性观念的批判反思，提出了"量子"观念。"量子"观念表征微观客体的普遍本质——不连续性，它为理解微观客体的各种现象提供了解释构架，因而作为观念化的抽象客体引导科学研究在概念的理论层中进行思想运动。1912年，玻尔把"量子"观念引进原子结构的理论中，提出量子跃迁概念，解释原子光谱，说明了电子从一个轨道跃迁到另一个轨道上所激发的原子辐射谱线也具有不连续性的特征。1905年，爱因斯坦运用"量子"观念解释光电现象，提出光量子概念，揭示了微观客体的波粒二象性。1925年，德布罗意进一步加以推广，提出物质波概念。事后他写道："在1923年期间，经过一段长时间的沉思以后，我突然有这样一个思想，爱因斯坦在1905年所作

---

① 转引自［苏］柯普宁《辩证法、逻辑、科学》，王天厚、彭漪涟译，华东师大出版社1981年版，第188页。

的发现（光的二象性）应该推广到所有物质粒子，明显地可以推广到电子。"① 可见，能量跃迁、光量子、波粒二象性和物质波这些量子力学的理论概念，都是"量子"这一观念化的抽象客体的某种发展，是用"量子"观念理解微观现象的思维产物，而它们之间的逻辑联系则把它们统一起来构成量子力学的概念体系。正如马克思所说："具体总体作为思想总体、作为思想具体，事实上是思维的、理解的产物；但是，决不是处于直观和表象之外或驾乎其上而思维着的、自我产生着的概念的产物，而是把直观和表象加工成概念这一过程的产物。"② 这种加工决不单纯是对经验事实的整理，而是要求理论内容本身的发展，最终依赖于理论在其形成过程中的自组织性。

三 理论在其发展过程中的自主性

传统认识论不仅认为理论的产生是由经验事实决定的，而且认为理论的发展也是由经验事实决定的。在它看来，理论和事实之间发生任何不一致，都表明理论的不正确性，都应该自动地推翻和放弃原有理论，另起炉灶重建理论。理论的命运决定于外部的经验事实，这样，理论在其发展过程中的自主性便完全被否定了。

与传统认识论不同，我们认为，成熟理论的发展与不成熟理论的发展有显著的区别。对不成熟理论来说，它作为一种不稳定的原始理论产生于经验资料的环境中，其变化主要是由外部引起的。而对成熟理论来说，它发展了自身的内部组织，从而免于由可能出现的反例所引起的直接解体。理论结构的存在使成熟理论具有扩大自己边界，消化"反例"的内在潜力，因此它能够从经验事实的外部制约中摆脱出来，获得发展的自主性。

任何成熟理论都具有相对的逻辑充分性、不矛盾性和封闭自洽性的本质特征，所谓相对的逻辑充分性，是指在该理论内关于研究对象的基本论断是相互联系的，不存在彼此无关的论断；所谓不矛盾性，是指在该理论内不可能得出相互矛盾的结论；所谓封闭自洽性，是指该理论的概念手段是完备的，它们能起到全面分析一定现象领域的作用。成熟理论的这些本质特征，表征着理论结构上的完整性、严谨性和系统性，它们赋予理论以

---

① 转引自《自然杂志》1984年第3期，第221页。
② 《马克思恩格斯选集》第2卷，人民出版社1995年版，第19页。

启发能力和自我改进机制。正是这种启发能力和自我改进机制保证了理论在其发展过程中的自主性。

理论的启发能力是理论结构的功能表现。在理论结构中，各种概念和命题的逻辑联系蕴含着深刻的理论内容，其推论往往出乎主体意料，超出给定事实的经验范围而产生关于新颖事实的预见。对于科学来说，给定事实只有与新颖事实一起得到了说明，给定事实本身才算被科学地说明了。因此，有关新颖事实的预见便作为科学研究的范例，为理论进一步应该如何发展规定了明确的线索。理论的这种启发能力使科学家不被大量的反例所迷惑，他专注于按照理论预见所指示的线索进行研究，发展理论，以至于不太考虑观察和实验过程中所暴露出的矛盾事实。例如，在长达60年的时间内，根据牛顿计算而预见的月亮近地点的位移，只是观察值的一半；然而，关于修改牛顿万有引力定律的建议，当时无论哪一个有权威的科学家都没有认真采纳过。实际上，这种对经验事实的超然态度，被证明是正确的。1750年克列罗证明，这里是所用的数据资料错了，牛顿理论本身可以保持原有的形式不变。

由于理论具有启发能力，当理论和事实之间发生不一致时，任何"好的"理论都力图重新解释事实，对经验上的各种反例可以暂时不予理睬，并希望进一步同化它们，如果不能成功地解释这些矛盾的事实，不能将它们同化，那么事实就仍然还是事实，我们最终才不得不改变理论。成熟理论与不成熟理论的区别就在于，成熟理论具有启发能力，它在解释给定事实的同时预见了未曾料到的新颖事实，构成进步的问题转换，从而给理论的充分发展提供了客观机会。不成熟理论则是缺乏预见的试错法，它只能对偶然的发现或已知事实进行事后的说明，构成退化的问题转换，因而它总是跟在事实的后面设计自己，亦步亦趋。

理论的自我改进机制是由理论结构的完整性来保证的。一般而言，成熟理论是一个由概念结构和辅助性假设所构成的完整体系。概念结构的严谨性、自洽性为未来的科学研究提供了一个确定的纲领，是理论发展的基础，而辅助性假设则把经验事实反驳的矛头引向自身，是理论消化反例的手段。理论体系中概念结构与辅助性假设的内在联系，使得理论具有外部同化和内部调整的双重功能。当理论遇到大量反例时，通过内部调整辅助性假设，一方面使理论免于证伪，另一方面以富有成果的方式扩展理论，这就是理论的自我改进机制。

科学史揭明，当理论遭遇反例时，调整理论的结构，引入某些辅助性假设，往往促进理论的发展。例如，当物理学碰到电子存在负能状态的奇异现象时，许多人认为这一事实无论如何不能纳入原有的电子理论中，而企图放弃这一理论。然而，狄拉克却另辟蹊径。他在电子理论中引入了一个辅助性假设：带负能的一切状态被认为是饱和了的，因此，根据泡利原则，电子要进入其中是不可能的。后来这一假设得到可靠的验证，由此发展了现代电子理论。

通常，借助于辅助性假设，理论和事实之间的矛盾总是能够协调的，问题在于区分科学的调整与非科学的调整。如果为消除反例而提出的假设，只能挽救理论，使理论免于证伪，而不能同时扩展理论，使理论得到新的研究动机，那么这个假设就是特设性的：人为地采用各种各样的认识手段，提出和接受一些高度不可靠的解释，以简单地"迎合"事实。凡是提出这类特设性假设的尝试都是非科学的调整。与此不同，科学的调整是理论的自我改进，它通过引入辅助性假设达到适应反例的存在最后同化反例，使反例转化为预期现象。

总而言之，理论发展的自主性在于理论的发展有它自身的经历，"这个经历所包括的有关因素是：这个理论容纳新的辅助假设的能力；它在竞争的压力下或在实验困难面前赋予自己以新形式；它在事实被发现之前能作出预测的成绩等等。"[1]

以上我们着重阐述了理论对事实的超越性，目的是为了补正传统认识论的失误。正如本文一开始所指出的那样，理论对事实既有依赖性又有超越性。虽然，理论愈是成熟就愈是显现出它自身对事实的超越性，但是，理论对事实的依赖性却始终存在着，只不过表现形式有所不同。经验事实不但对理论传递着真实而丰富的信息，是理论思维进行加工的直接材料，而且对理论的形成和发展起着调整、修正和验证的作用。理论是否具有客观性的主要根据是理论预测新颖事实的能力，只有当一个理论预测到未知的新颖事实，并通过观察和实验得到证实，该理论的客观性才算得到了一定程度的支持和确认，因此，在理论对事实的超越性背后隐藏着理论对事实的依赖性，从而超越性本身只有相对的意义。看不到这一点，把理论对事实的超越性绝对化，就会使理论失去依托，成为一个自满自足的精神实体。

---

[1] 江天骥：《当代西方科学哲学》，中国社会科学出版社1984年版，第269页。

考察前提知识的认识论意义[*]

前提知识是理论结构中的特殊层次，它既不同于理论的经验前提，也不同于它的逻辑前提，或者说它既不是经验上的必需，也不是逻辑上的必然，而是一组预先的假定，即预设。背景知识通常也被看成是某种预设，但是，不是任何预设都构成前提知识。前提知识仅指那些有关本体论和方法论的预设。这类预设充当了科学假设和理论得以在其中得到阐述的最一般的概念图示，提供了理论据以修改和变化的认识标准。科学认识的任何形式都是在某种概念图示和认识标准的基础上完成的。因此，科学认识必须以设定或接受某种前提知识为前提。但是，作为科学认识的先在前提，前提知识本身是未经反思的东西，科学理解所需要的意义框架（由概念图示和认识标准确定）本身不被进一步理解。只有在科学的历史发展过程中根据不断扩充的知识逐渐地审查并揭示那些未经反思的东西，对以前无法说明的前提知识作出阐释、修正甚或抛弃。可见，考察前提知识是一种特殊的认识活动，它通过对前提知识的再认识，揭示其隐含的意义，达到对科学中未经反思的东西的理解无疑。考察前提知识具有十分重要的认识论意义：

首先，考察前提知识以把握科学的概念构架。科学认识是对世界的理论表象，它必须借助于概念构架才能掌握自然之网。问题的关键在于，概念构架本身是如何建立起来的。一般而言，在科学中，个别概念的意义是由它们在整个理论结构中的地位决定的，对某个概念的理解必须以掌握相应的理论为前提。个别概念对整个理论的这种依赖性本质上是由该理论的本体论预设决定的。理论的本体论预设提供一种关于何种类型的实体和过程构成科学探索的对象的基本观念，从而为科学研究划定了可能的事实和

---

[*] 原文发表于《求索》1991年第1期。

可能的问题的范围，并给出了相应的、仅仅为该理论所特有的分解实在的方式。这样，本体论预设便作为概念模型的最一般图示预先规定了在人们关于自然的解释中所使用的那些基本概念的特殊意义和联结自然之网的特殊方式。

由于理论的本体论预设预先规定了概念的意义和联结自然之网的方式，人们在采纳不同的本体论预设时，也就接受了相应的不同概念构架。世界嵌入他们的各种概念构架中，会产生不同性质和程度的变形，因此，人们可以在不同的水平、层次、角度发现世界的多个侧面。正因为如此，科学上的重大进展总是由于提出了一个新的本体论预设，从而使新理论能够从一个新的视角来组织经验材料，并对原有理论加以修正。从物理学来看，在由牛顿力学到电磁力学到相对论力学再到量子力学的整个发展过程中，质变的每一个关节点都是以"物理实在"观念的根本改变为标志的。

在新、旧理论转换时期哲学的介入是不可避免的，因为这种转换涉及理论的概念构架，因而也就必然要引起对相应的本体论预设的重新思索。在科学发展的常规时期，原有理论的概念构架尚能同化经验事实，这时，研究者们对于分析他们使用的那些基本概念，阐明理论赖以成立的那些初始前提，是没有兴趣的。但是，在经验反常突破了原有理论的概念构架之后，人们不得不把注意力转向对理论的前提知识的考察，去探索为消除反常应该在理论更深层次上的本体论内做怎样的修改。在这种情况下，新的本体论预设总是先于新的概念构架被提出，并且后者是以前者为基础的。因此，只有预先考察理论的前提知识，把握概念构架的形式方式和作用方式本身才是可能的。

其次，考察前提知识以理解科学的本性。科学认识是一个自组织、自调节的过程，因而它总是在某种认识标准的基础上完成的。科学的认识标准通常是某些方法论预设，它们暗含一组关于如何着手和深化研究、如何检验和修改理论的规范。例如，按照牛顿力学的方法论预设，自然界是由粒子在空间中的位移所构成的，因此，认识自然也就是认识粒子在空间中的位移组合，并进而建立因果依从关系的直观模型。科学的方法论预设不断地促使人们从某种角度去看待和解释事实，从而形成一定的思维框架，预先大致规定了主体的思路和倾向。因此，方法论预设对于一定科学时期而言是相当先验的，以至于被作为科学的合理性标准。在常规科学时期，主导学科理论的方法论预设常常被假定为科学的必然要求或科学的内在规定性——使科学成其为科学的那些因素，这些因素不会因为我们可能达到的任何新知识而被修改。在人类认识的历史上，科学被绝对化首先和主要是由于某一学科理论的巨大成功使得人们把相应的前提知识无批判地予以接受，并作为一种先验框架。只有在经历了科学革命之后，人们才可能接近或达到对科学的本性的真实理解。

科学革命不仅伴随着理论认识内容的扩大，而且伴随着认识之逻辑手段的丰富以及对科学性的规则和标准的改选。新的认识标准提供了一种参照系，使人们有可能对以往无批判地加以接受的前提知识进行反思，重新作出阐释、修正或抛弃。在相对论和量子力学产生以前，关于欧几里得几何学不可违背的思想；关于空间是绝对虚空的思想；关于实体的所有状态变项必须同时具有确定的值的思想，关于自然的基本规律必定是决定论的思想——所有这些经典物理学的前提知识过去都被人们当作是绝对真理，而今，相对论和量子力学则证明，它们不具有任何普遍性和必然性，其适用性和精确性都是有限的。在这里，考察前提知识对于深刻地理解科学的本性是至关重要的，它使人们认识到：以前被认为是必然真理的许多思想原来并不是必然真理；以前被认为是科学研究的必然要求的许多方法或标准原来并不是必然要求；以前被认为对科学和科学的定义是基本的许多特征原来并不是基本的。

十九世纪，当学者们在把某一概念引入理论时，他们对接受的本体论前提和方法论前提通常是若明若暗、模糊不清的，以至于每个基本的科学抽象都被看成是一种包罗万象的抽象，概念被无限制地加以使用，结果导致认识悖论。但是，理性并不是简单地运用概念，而是理解概念的本性，并根据这种理解来运用它们。与十九世纪不同，考察前提知识以理解概念的本性正是二十世纪科学认识发展的最重要条件。

最后，考察前提知识以阐明科学的评价标准。科学认识是在具体的社会—文化背景中进行的，主体所拥有或所接受的背景知识、经验材料、科学世界图景、价值观念和哲学信仰会深刻地影响他的创造性思维，不同的认识主体可能选择不同的前提知识，由此对应于同一个经验事实必然会出现多种相互竞争的理论。

现代科学认识就微观世界的量子现象提出了多种理论解释的方案。海森堡从原子的间断性观点出发，论述了量子力学的矩阵方案；薛定谔根据波动性观点建立了波动方案；费曼提出解释量子效应的连续性观点，并为此引入"轨道积分"概念创立了量子力学的连续性方案。量子力学的这三种理论方案建立在不同的前提知识之上，但它们在数量形式上却是等价的，并且都能很好地解释同一个经验事实。这样，对于竞争理论的评价，就不能只停留在由经验陈述和分析陈述所构成的二维平面，而要看到第三维：表示前提知识的本体论和方法上的判断和决定。不仅理论内部形式上是否自洽、它与外部的经验事实是否一致是科学的评价标准，理论与作为背景的世界观方法论信念的一致性同样也是科学的评价标准。

一方面，世界观方法论信念为我们提供了看待和解释世界的方式，从而充当科学理论在其中被阐释和理解的最一般图式，同时它处在总的时代精神之中，影响科学家思维的深层结构，得到科学家的"偏爱"，作为主旨、原则、纲要指导科学家对理论的选择。另一方面，那些把与某个世界观方法论信念相一致看成是理论的可接受性的先决条件的人，必然把这种信念本身当作是唯一真实的。对爱因斯坦来说，因果性对任何理论都是真实的，且无一例外。虽然他清楚量子力学的几率解释和经验事实没有矛盾，但是，对他来说，这并不排除把"精确的决定论"应用于微观世界的可能性，他始终认为能够想象一幅基本过程的图像，其进程是被精确地决定的。因此他希望量子力学最终能够从一种更深刻的非几率性理论中推导出来。可见，世界观方法论信念必然会成为评价科学理论的一个参数，有时甚至是至关重要的参数。

霍尔顿曾提出一种"科学主题"观念，这对于我们理解科学理论的评价与前提知识的考察之间的内在联系具有启发意义。所谓科学主题，指的是科学中的基本前提概念，这些基本前提概念在科学史的发展长河中具有相对的稳定性，对科学家的研究方向和思想方法具有决定性的影响。例如，物理学中物质的间断性和连续性、运动的守恒性和因果性等。应用"科学主题"的观念，可以说明科学史上一种似乎令人迷惑不解的现象。这就是历史上许多杰出的科学家在作出了一些开创性工作以后，又转而走向反面，竭力反对别人沿着他所开拓的方向继续前进的主要原因，例如普朗克对量子理论的态度。之所以会产生这种情形，是因为开拓者和他的继承者所遵循的科学主题思想是完全不同的，他们的科学成果实质上是在不同的科学主题思想指导下取得的。

消解逻辑经验主义的方略——预设前提[*]

二十世纪二十年代至五十年代，逻辑经验主义被尊奉为正统的科学哲学，而今其影响已衰微。什么东西使它失去了昔日的光彩呢？答案是预设前提。

逻辑经验主义纲领的核心就是，通过理论—观察的区分来说明"理论术语"是如何以"观察术语"为基础并得到解释的。理论—观察的区分在逻辑经验主义纲领中具有三种哲学功能：（1）充当意义标准：一切有意义的概念或术语都是从经验中获得意义的；（2）充当评价标准：一切有意义的命题或陈述都要参照经验来判断其真与伪、可接受性与不可接受性；（3）充当选择标准：一种"中性的观察"就为比较各种相互竞争的理论提供了共同的基础，依据这种比较选择本身才是可能的。这三种哲学功能都以一种"意义不变性条件"为前提，即假定"一切未来的理论将必定以这样一种方式来表述，以使得它们在说明中的运用不影响所说的东西或要被说明的事实报导。"[①] 显然，一种经验的基础主义不过是一种追求永恒的中性构架的逻辑主义。

历史主义和后实证主义的"新科学哲学"发动了一场对"正统科学哲学"的革命，彻底摧毁了经验的基础主义。"新科学哲学"认为，所有科学术语的意义，无论是"观察的"还是"理论的"，都是由范式或高层背景理论决定的，它们是术语意义的基础或者说是体现术语意义的东西，因此根本不存在着对一切理论有一个共同意义核的中性观察。范式或高层背景理论是理论结构中的特殊层次，它既不同于理论的经验前提，也不同

---

[*] 原文发表于《哲学动态》1992年第4期。

[①] ［美］理查德·罗蒂：《哲学和自然之镜》，李幼蒸译，生活·读书·新知三联书店1987年版，第236页。

于它的逻辑前提；或者说它既不是经验上必需的，也不是逻辑上必然的，而是一组预先的假定，即预设前提。今天，认为存在着某些对科学研究和科学发展来说是根本的预设前提的观点，已经成为科学哲学家们的共识。接受这一观点对于逻辑经验主义是致命的打击，而对于科学哲学从逻辑取向转到社会文化取向则是至关重要的。

首先，科学的预设前提，深藏在一定文化或一定历史时期的知识传统中，是隐含着的理论思维模式。它支配着科学共同体的语言、知觉和实践，并且也为构建经验层次和理论层次设计了语言的、概念的和实践的网络。预设前提与科学理论的关系，不单单像公理与定理的关系，而是有着另一种更深刻的关系。在研究科学知识时，不能简单地把它划分为经验层次和理论层次，而必须考虑到一个为知识传统建立合理性标准和推理方式的知识层次——元理论层次。元理论层次含有指导科学共同体活动的信念之产生、转换、组合和确认所需的基本结构。它尝试性而非强制性地通过类比和暗示去启发人们的思维，它作为一种模式或一种隐喻不是人们惯用的逻辑方法论分析能够反映出来的。具体地说，认识模式、语言规则、学科理想，以及在它们之内本身不作为反思对象的价值观、思维风格、科学世界图景和哲学原则都是科学认识结构中的隐含成分，它们与科学的文化思想背景和社会历史决定性密切相关，是认识的客观因素和必然因素。

其次，科学的预设前提并不是人们通常所说的基本概念和基本理论之类的东西，而是某种更为根本的东西。在库恩那里，"范式"一词包括科学发展过程中的一系列因素，其中有定律、理论、模式、标准、方法、模糊的直觉、明显的或暗含的形而上学信念等等，总之，任何能使科学完成某项任务的东西都可以成为范式的一部分。同样地，费耶阿本德也赋予"高层背景理论"以足够的普遍性，他指出："下面'理论'一词的用法是广义的，包括日常信念（例如物质客体存在的信念）、神话（例如关于永恒轮回的神话）、宗教信仰等。总之，任何关于事实的足够普遍的观点都可称之为'理论'。"[①] 显然，作为预设前提的东西是某种带有"整体性"的东西，它抹掉了那些在各个孤立学科范围内形成的界限和标准，而把文化价值的、社会心理的和实践规范的各种因素综合为一个超逻辑、

---

① [美] 达德利·夏佩尔：《理由与求知》，褚平等译，上海译文出版社1990年版，第85页。

超理论的整体。科学认识之所以不可避免地需要预设前提，就是因为科学认识的社会文化方面乃是科学认识的内在特征，它们和逻辑特征一起构成科学的合理性内容。逻辑经验主义完全从物理—数学知识的语义学结构的逻辑分析中来确定科学的合理性标准，必然把社会文化的因素看成是科学之外东西，看成是非理性的东西。而对预设前提的充分重视则使我们从寻求科学的"形式"特征转向科学的"功能"特征，去研究科学的社会文化背景和历史具体性。这样就加强了对科学理论发展的世界观、价值论、心理学、文化—历史和社会学方面的关注，使从前人们称为"外史的"和"非理性的"东西被纳入科学的合理性内容中。

最后，逻辑经验主义将合理性等同于形式的合理性，信奉一种形式的辩护逻辑，因而认为从方法论考虑，"意义"和"标准"同基本信念是分离的和不相干的。对预设前提的关注则消除了这种人为的分离，从而使方法、意义和标准与科学的背景信念相关联。科学发展的自主性在于，它能够依据背景信念形成自己对问题的看法，对方法的选择，以及对理论的评价。这些程序并不构成"辩护的逻辑"，因为它们完全取决于信念的内容，而不是取决于纯粹的"形式的"考虑。更加重要的是，在科学活动中起作用的不是一种单一的信念，而是一组复合的信念。虽然有些信念比其他信念作用更广泛和更深刻，却没有一个信念以某种单一方式发生作用，来决定处于某个传统中的每项科学活动。科学事业从来不曾是受某种单一的考虑（像可证实性、可证伪性或可观察性等）支配。客观地描述科学事业必须注意"总体的考虑"，而这个"总体考虑"的系统决不是由一组可清楚辨明的规则组成的。即使逻辑经验主义者从科学的能动过程中抽取出可观察性特征及其至上性的要求，他们也没有提出一个在科学中应该明确地遵循的精确准则来。实际上，在一个研究领域中是可观察的东西和在另一个研究领域中是可观察的东西之间，由于背景、信念的作用，可能只有"家族相似"。因此，不可能从科学中分离出一个单一的要素、特征（如"可观察性"），把它作为一种永恒的中性构架。没有必要再去设置一种显然人为的接受标准了，重要的是把科学当作一种客观的历史活动来考察，重建当时决定实践的信念以及当时决定信念的实践。

关于文化的一般规定[*]

"文化"这个概念具有一种独特的不确定性,一方面是因为文化本身具有多重意义和多重功能,另一方面是因为历史学、人类学、心理学、伦理学、美学、社会学和语言学等学科都在从事文化的研究,都给文化下了学科定义,并使定义的内容尽量接近本学科研究文化时所侧重的那个方面。在我们看来,只要不把"文化"概念的某一内容宣布为唯一可行而正确的,从而排斥所有其他表述,从不同侧面对文化作出多角度的理解是完全合理的。从哲学思维视角来看,文化的一般规定应当是下面几种规定的统一:

第一,人类学的文化规定:文化就是一个群体的成员共享的行为模式和总体生活方式。文化说明个人与自然、与他人(社会)、与自己"被人化的"关系的程度,由此文化不仅决定各种生活方式的类型,而且积极参与生活方式的形成、发展和变化的历史过程。活动标准、行为准则、认识模式和交往形式都构成人们的生活方式,而文化离开人们固定的、约定俗成的和富有成效的这些标准、准则、模式和形式就不能发生作用。所以,文化把任何一种社会和个人的生命活动环境的人的"品质"记录下来,并由此通过文化的基本要素、特征、方面的有机联系来维持作为某种完整性的群体和个人的生活方式。

第二,符号学的文化规定:文化是一种由象征符号体系所构成的东西。人类区别于动物的一个根本特征是他们创造了一个思想和语言的符号世界;人类不是生活在物理世界中,而是生活在符号世界中。语言、神话、宗教、艺术和科学都是符号世界构造的参与者,"它们是织成符号之网的不同丝线,是人类经验的交织之网。人类在思想和经验之中取得的一

---

[*] 原文发表于《哲学动态》1992年第12期。

切进步都使这符号之网更为精巧和牢固。"① 文化由四种象征符号构成：1. 价值：将行为和目标分为各种等级的选择命题；2. 规范：与行为交往相关的价值观的特定表现；3. 信仰：关于世界如何运作的存在命题，起到为价值观和规范提供合法根据的作用；4. 表意象征：物质文化的任何层面，如十字架和国旗，常常直接代表了信仰，并隐含着价值和规范。因此，象征符号是内隐价值和意义与外显媒介和载体的统一体。

第三，价值学的文化规定：文化是具体化了的价值的领域，是按照这些价值改造过的人的本质及其环境。并非任何人类活动的产物都具有文化的意义。只有那些具有人的价值，即真、善、美的价值的活动产物才具有文化的意义。文化是受价值引导的生活，文化满足的不是人的生物需要，而是价值需要；价值需要决定文化共同体内的人对理性、感情体验和信仰的要求。每一种文化都会产生自己的价值体系，任何文化现象只能用它本身所从属的价值体系来评价；不同的人接受和采纳不同的价值体系，对同一事物可能作出不同的理解和截然相反的判断，因此没有一个适用于一切社会的绝对价值标准。

第四，工艺学的文化规定："文化"一词在词源学上意味着耕耘、操作。文化就是人作为主体作用于客体，将自己对象化于客体，从而将现实作为我的东西来占有的这种活动，同时也是活动的成果，而且是包含着这种活动和成果的过程。文化是人的本质力量对象化的存在方式，因而能和人本身发生对象性的关系，能在不同世代个体的历史联系中传递，并继续发展。在我们之先，就有历史所给予的文化，即作为所与的文化。我们使它发生作用，在这种文化的基础上构成作为活动的文化。作为所与的文化是作为活动的文化的前提，我们依靠活动产生一定的成果，在这个过程中构成作为成果的文化。作为前提（所与）的文化到作为结果（所产）的文化，这个过程是以活动为媒介，从所与到所产，从前提到结果。这样，作为过程的文化既是"人类历史的经常前提，也是人类历史的经常的产物和结果，而人只有作为自己本身的产物和结果才成为前提"②。

第五，信息学的文化规定：文化是所有非遗传性的信息的总和，以及这些信息的组织和保存方式。同动物仅仅依靠机体内遗传性质的代码不

---

① ［德］恩斯特·卡西尔：《人论》，甘阳译，上海译文出版社1985年版，第33页。
② 《马克思恩格斯全集》第26卷第3册，人民出版社1974年版，第545页。

同，人是创造和使用文化代码的主体，人类创造文化代码的本质是给自身所处的外部世界赋予意义和价值，使之代码化和秩序化。文化活动包括科学、艺术和宗教活动领域，都是超知觉活动，活动目的是从感知经验的"噪音"中抽取层次越来越高的"消息"，也就是在变动不定的信息流中发现进一步理解的不变性质，以使经验变得更可理解。文化活动接收、处理和转换信息的代码是各种超感知—认识领域和理解形式，是超感觉的"思维结构""直觉"和"想象"等，因此，文化活动能够从环境中得到高层次的、更为丰富的信息。

人、文化和价值[*]

一 人、文化和价值的相关性

黑格尔最早把人看作是通过劳动而生成的东西。他强调了劳动作为对象化的作用的两个方面。首先，劳动被界定为中介世界的活动。"中介"这个术语，黑格尔用以表示人类世界是已为活动和目的所转化（中介）了的世界，因而不再是一个自然对象的世界，文化正是这种目的或中介的物化。其次，通过赋予世界以意义，实践活动创造了一个制约人类的"第二天性"。既然制约人类的是人类自己的有目的的活动的外化，人类就是被自己的产物而不是外在的、自然的对象所制约。为此，黑格尔把它称为"第二天性"。例如，法律道德通过教养过程或文化熏陶制约并塑造了人。人类是在自己活动的对象化中实现自身的。"人化自然""第二天性"等概念表明，在人的实践活动中由于活动的对象化，便出现了表征人的本质力量的文化现象。文化世界，而非自然世界才构成人的存在本体。

人、文化和价值有着相互制约的关系，这种关系不是一种人为的结构，而是植根于人的实践和文化创造活动中。马克思说："工业的历史和工业的已经产生的对象性的存在，是一本打开了的关于人的本质力量的书，是感性地摆在我们面前的人的心理学；对这种心理学人们至今还没有从它同人的本质的联系上，而总是仅仅从外表的效用方面来理解……"[①] 马克思在这里所指的，不是狭义的工业，而是泛指人类的对象性活动；这里所说的心理学也不是指研究心理现象的部门科学，而是指关于人的本质力量、关于人的本质的科学。马克思这段话不啻直接指出，"什么是人？"

---

[*] 原文发表于《云南社会科学》1991年第6期。
[①] 《马克思恩格斯全集》第42卷，人民出版社1979年版，第127页。

的问题的答案应该在分析人的社会历史活动中，在人的物质文化和精神文化中去寻觅。人之所以能够形成和造就自己，并创造新的"第二自然"即文化，是因为人是实践活动、认识、道德行为、美的感受和创造的主体。而作为主体，人不仅服从于客观条件和客观规律，而且能合理地和有目的地活动。与人类活动的目的性因素密切联系的正是价值。一种东西，只有当它被认为是有价值的，能够满足这种或那种需要，或者能够使人类生活成为有意义的生活的时候，它才能被承认是活动的目的。如果某种东西被承认和选择为目的，那么它因此也就被认为是有价值的。这也就是说，人类活动的目的决定就是价值决定，目的之所以能对人类活动起作用，不是通过现实的因果关系，而是作为观念的价值起作用。

人、文化和价值的相互制约关系要求我们在社会认识中通过人所创造的文化和在文化中形成和体现出来的价值来理解人，在价值中看到人的文化创造活动的目的和手段，而在文化中看到人按照一定的价值对其自身及其世界的改造。简而言之，就是通过文化和价值理解人，通过人和价值理解文化，通过人和文化理解价值。

二　通过文化和价值理解人

"文化"一词在词源学上意味着耕耘、操作。这本身就包含着文化与人的活动的内在联系。文化作为人的本质力量的对象化，它既是人们特有的活动方式，也是这种活动在各种不同产物中对象化的结果。

人的活动不断从运动的形式转化为存在的形式（对象化存在方式），这就是文化财富的积累。从直接意义说，生产活动产生作为生产手段系统的物化形态的文化，其中体现着人对自然的认识关系和价值关系；交往活动形成作为社会生活调节手段系统的规范形态的文化，其中体现着人对社会客体的认识关系和价值关系；精神生产活动产生观念形态的文化，它是前二者的综合。其中每一种形态都有自己的结构，并存在着贯通于三者的规范，特别是价值因素；三者互为媒介构成作为整体的文化价值系统。

作为活动的对象化的文化价值系统具有社会的客观意义。它们经由社会遗传的机制而传递，在这个意义上是超生物的；它们是独立于个体活动而存在的，并且从外部作用于个人，在这个意义上又是超个体的。人类社会中的每一个人，都既出生于文化环境中，又出生于自然环境中，而他出生的文化环境则支配着他，制约着他的行为。美国文化人类学家杜尔克姆对文化价值系统具有社会的客观意义这一点作了最好的说明,他写道:"当我履行我作为兄长、丈夫或公民的义务时,当我执行我的合同时,我实施的是从外部规定着我本人和我的行动的法律和习俗方面的责任。即使它们符合我自己的情感,而且我在主观上也感受到它们的现实性,这样的现实性仍然是客观的,因为我并不曾创造它们,而只是通过接受教育来继承它们……同样,教会成员也发现其宗教生活的信仰与实践在他出生时就已经是现成的,它们先于他而存在,就意味着也在他之外而存在……因而在这里,存在着行动、思维和感觉的诸方式,它们显示出在个人意识之外而存在这个值得注意的属性。""这些行为或思想的形式不仅存在于个人之外,而且还是有强制力量,并通过这种力量强加给个人,而不受个人意愿的支配……"①

文化直接说明人本身,说明作为活动主体的人的发展的程度,说明这一主体对于各种不同社会领域人类活动的条件和方法掌握的程度。对于人来说,掌握文化就意味着培养一种能力,使过去人类活动的成果"主体化",揭示这些成果所包含的内容并使之成为"自己的东西",使这些文化财富变成自己精神活动和实践活动的基础,成为自己本身发展的手段。文化既培育人,又是人自我表现和显示人类本质的形式。

在人类行为中,除了个人和社会的心理因素外,还存在着一种重要的超心理的因素,即文化继承。文化继承是一种人类特有的社会遗传方式,通过文化继承,各种文化经过历史的积淀,成为人们的行为模式、思维方式和心理特征。因此,不是我们依据思维、感觉和行动的方式来说明文化,而是要以文化为依据,我们才能圆满地解释思维、感觉和行动的方式。

在文化继承中,作为一个民族文化模式的主要体现方式的文化遗产,便被看作是该民族的文化传统。文化传统作为人类实践活动的产物,必然体现人不断扩展自身、完善自身和超越自然状态的冲动和要求,同时,它又有使人适应自然与社会现实状况的特性,以风俗习惯,礼仪制度,伦理道德等形式将人类社会某一历史阶段的生活内容变成一种似乎是永恒的模式。因此,在考虑人们之间的行为差别时,我们可以把人当作常量,而把文化当作变量。野蛮人与文明人,东方人与西方人,中国人与日本人之间

---

① [美]怀特:《文化的科学》,曹锦清等译,浙江人民出版社1988年版,第142页。

的行为差别，是由他们各自的文化传统所决定的，而与他们之间的生物学差别即解剖学、生理学或心理学方面的差别不相干。因而解释人类行为的关键问题就在于，提出一个与环境决定论截然不同的理论视角。我们不是以断定一个民族是有生气的、活泼的、欢乐的和富有创造力的，而另一个民族则是沉默的、迟钝的、平凡的和缺乏想象力的，来解释各民族之间的文化差别，而是认识到他们之间的行为差别是由激励着他们的各自的文化传统所引起的。我们是根据诸民族各自的文化以解释他们的行为，而不是根据诸民族各自的"心理状况"来说明他们的文化。特殊的"心理状况"是文化在人类心理方面的表现，而不是文化本身的起因。

三 通过人和价值理解文化

所谓文化，就是具体化了的价值的领域，是按照这些价值改造过的人的本质及其环境。人由于文化而和纯粹的自然相区别，把现实作为属于我的东西来占有，并从人的观点（或者也可以说是从合目的的观点）把它真正当作文化来评价。在文化当中有许多加速和延缓社会发展进程的因素。运用工具的能力就是一个这样的因素。在我们的文化中这个因素发展成了强大的当代技术力量。还有更多的因素如社会风俗、调整人际关系的规范制度以及人们交往的形式等等。超出这些因素，在这些因素之上，有一套发挥决定性影响作用的因素，正是它影响到任何一种特定的技术、规范制度和交往的持续存在、增长或衰败。这就是在这一个社会中占主导地位的一套价值标准。归根到底，文化是受价值引导的体系。文化同人类生物需要的满足无关，同人类再生产的需要也无关，文化满足的不是躯体的需要，而是价值标准的需要。价值标准决定文化实体内人对理性，感情体验和信仰的需求。一切文化都同这种超生物的价值标准相适应。当代人类学家们正在详细规定一套基本的、普遍的、世界各地人们共同遵循的价值标准，即生存、相互合作、养育儿童、崇拜超越世界的实体、避免苦难、避免非正义和痛苦的价值标准。表面的形式不同，而深层结构是异质同型的。人类分散居住在各处，但作为一种社会的文化存在物，人类追求相同的目的，有着共同的价值取向。因此，任何特殊的民族文化除了其民族性外还具有某种人类性，正是这种人类性决定了各民族文化相互间是可以通约的和可以比较的。

人，像俗话说的那样，是两个世界的居民。人是具有物质器官、本能欲望及生理局限的一种生物有机体。因此，人又创造、利用、控制着一个更高层次的世界并且也被这个世界所控制。这个世界就是表达各种价值——科学的、美学的、道德的和宗教的文化世界。价值是人们所追求的东西，因此，它支配和控制着人的行为。在西方，为什么在生活富裕和高标准的时代里，生活会变得没有目标和意义，而在经济、技术资源相对贫乏的那些时代里生活反而有意义，有目标呢？原因之一就在于，其文化世界因为不能更好地体现人的价值而行将崩溃。尼采把这种现象称为虚无主义。在西方社会中，作为经济符号的货币已经丧失了它同现实的联系，纸币则更不再代表一定量的黄金或商品，而是接二连三地遭到重新估价和贬值。美术、音乐甚至教育、科学也有丧失其固有的价值只剩下实用的或势利的价值的趋势。艺术通常应当是特定文化在特定时期里的代表形式，而如今的"艺术"，似乎就是刊登在杂志上的商业广告。

在文化中，人的需要、目的和价值是客观化的，用马克思的话说，它们恰如一本摊开着的关于人的本质力量的书那样摆在面前。社会认识应该揭示文化作为人的自我创造所具有的人类主体意义，应该从文化的创造者和需求者的角度弄清楚文化的价值，在此基础上，对社会进行一种文化批判，以便从文化的性质和意义中确定社会的进步程度和个人的生活类型。

四　通过人和文化理解价值

一个人的文化不像一件衣服那样可以随时扔掉，换上另一种新的应时的生活方式。尽管对某些人来讲这一点似乎过时和可笑，但对其主人却有着重大意义。这当然有许多原因，但其中最重要的一条就是价值。每种文化就像一座巨大的冰山，在准则、规范、行为方式的表面下有着一整套价值系统。这些根据中有一些是社会成员容易说明的，而另一些则是人们没有意识到的。每种文化都有自己的价值取向，只理解一个社会在情感上和理智上的主导潮流，才能对个人的行为作出具体评价。

每一种文化都会产生自己的价值体系，任何文化现象只能用它本身所从属的价值体系来评价，不同的人接受和采纳不同的价值体系，对同一文化现象可能作出不同的理解和截然相反的判断，因此没有一个对一切社会都适用的绝对的价值标准。把一种文化的固有观念与价值标准当作客观的、绝对的标准，以此来衡量和评判其他的文化，实际上是一种文化帝国主义。而以外来文化的标准来否认自己的文化传统，只会导致自己文化的日趋式微。

  在社会认识中，人们的价值观的影响是无法忽视的。如果一个"客观的观察者"会完全脱离所研究的主题，而且不让价值观影响他的观察，那是根本不可能的。当然，这并不意味着要放弃对客观性的追求，但也不是表明社会科学家可以随意蔑视他在其他社会中遇见的风俗、惯例和传统，并把自己的价值观强加于所研究的对象身上。真正严肃的社会科学家首先得认清自身的价值观，识别而不是否认自己观点的影响，然后以宽容和尊重的态度对待其他文化。

人与自然的新对话及其文化内涵[*]

一 人与自然的新对话

近代科学的基础在于发现人与自然进行通信的新的特殊形式,也就是说,在于相信自然能够对实验所提出的问题作出回答。实验方法是由近代科学建立起来的人与自然对话的主要方法。牛顿力学借助实验方法开创了与自然的一次成功对话,然而,这次对话的首要成果就是发现了一个沉默的世界——机械力学的世界图景。它向人们展示出一个僵死的被动的自然,其行为就像是一个自动机,一旦给它编好程序,它就按照程序中描述的规则不停地运行下去。在这种意义上,与自然的对话把人从自然中孤立出来,而不是使人和自然更加密切。这就产生了传统认识论的"神目观":与自然的对话,就是处于自然之外的上帝式的绝对观察者,"按照原样描述世界"。绝对观察者之所以是绝对的,是因为他不依赖于任何文化特异性和个人特异性,排除所有人类的和主观的因素,清除一切或明或暗的先有信念。传统认识论的"神目观"没有给主体性留下任何存在余地,主体的参与程度成了损害客观性的尺度,成为谬误的尺度。

现代科学建立起人与自然的新对话关系,用"参与者"代替"观察者",用"人—自然"框架代替"神目观"。相对论首先确认,选择确定的参照系,是人与自然进行对话的先决条件;量子力学进一步证明,实验仪器本质地进入到物理实在的理论表象中,不同类型的实验仪器会造成关于物理实在的不同映象。这样一来,现象、事件呈现什么样子,取决于我们对实验仪器的选择,对所提问题及可能回答的方式的选择。"我们所观测的不是自然界本身,而是由我们用来探索问题的方法

---

[*] 原文发表于《探索》1993 年第 3 期。

所揭示的自然。"① 现代科学就是以这种选择提问的方式来向自然界寻求答案的，自然界事先不存在什么确定的答案，我们选择的提问方式影响着答案的形成。

这种人与自然的新对话关系使实验方法真正成为一种艺术：实验方法是选择一种有趣问题的艺术，是考察由此而成立的理论框架的一切推论的艺术，是考察自然能以所选理论语言来作出一切可能答案的艺术。一方面，在这种情况下，人整个地参与到与自然对话的结构关系中，自然不能"从外面"来加以描述，不能好像是被一个旁观者来描述，必须用"参与者"代替"观察者"，以便确认人的主体地位。另一方面，在人与自然的对话中，人们不能只做他高兴的事，不能强迫自然只说他爱听的话，他逼迫自然作出回答的手段越是成功，他实际上就是在进行更大的冒险和作更加危险的游戏。"这也意味着我们不能随意地操纵自然，我们必须更加精确地识别什么对于我们是可能的，而我们是嵌入在我们所描述的自然之中的。"② 因此，要用"人—自然"框架取代"神目观"，在"人—自然"框架中，正如玻尔的著名论断："我们既是演员又是观众"，而在"神目观"中，我们至多只是观众。

二 "参与者"的文化内涵

在与自然的对话中，人作为参与者既不是笛卡尔的"我思"，也不是康德的"先验自我"，而是文化人类学意义上的某种语言共同体中的一员。我们的实验是我们向大自然提出的问题，而在我们的理论中，我们就是力图用一种保证着无歧义的和客观的经验交流的语言来叙述我们从大自然那里得到的答案。如果说实验对话是科学文化的基本特征，它构成了科学成果的可传授性和可再生性的基础，那么经典物理学的惯常术语和概念就是保证科学成果在主体间进行交流的不可或缺的文化条件。玻尔明确指出："不管现象超出经典物理解释的范围多么远，对于现象的说明也必须用经典术语表示出来。论证很简单：我们把'实验'一词理解为这样一种情况，在该情况下我们可以告诉别人我们曾经作了什么和学到了什么。从而关于实验装置和实验结果的说明就必须通过经典术语的适当应用而以

---

① ［德］W. 海森堡：《物理学与哲学》，范岱年译，商务印书馆1981年版，第24页。
② 普里戈金：《时间之探索》，转引自《世界科学》1981年第5期，第54页。

一种无歧义的语言表达出来。"①

海森堡曾说过:"玻尔主要是一位哲学家而不是一位物理学家。"作为哲学家,玻尔的主体属于自从康德以来就被一般人称为"先验"的那种东西,亦即指出,无歧义交流可能性的先决条件就是,无论所涉及的现象超出普通经验的范围有多么远,在交流中也必须利用日常概念。当玻尔接受"日常概念"的先验必要性时,他已经发现了关于人类知识的先决条件的某种"迄今没被注意到的"东西,这就是个体认识主体对于某种语言共同体的依赖关系和从属关系。从文化人类学角度看,科学家个人之所以不能拒绝日常概念的应用,是因为科学文化本身选择了日常概念作为科学共同体内"无歧义交流的条件"。

一般而言,语言、共同体、文化三者是同构的。语言在人类历史上首先是作为一种全新的、类的个体的彼此交往的形式而产生的,因而语言是人的类属性。一定的语言就是一定的共同体的存在,语言的差异性使不同的共同体相互区别开来。作为人的类属性,语言注定是公共的、主体间性的,不存在一种只表达私人领域的私人语言。文化同语言是内在统一的:一方面,语言是文化的一种结果,由一种成员听说的语言是这些成员的文化整体的反映;另一方面,语言又是文化的条件,我们主要是通过语言来了解自己的文化。当个人与一种语言建立联系时,也就与一种文化建立了联系。个人因而得到某种文化的影响,参与这种文化的创造,从而成为具有文化素质的个性主体。

人与自然的对话必须借助语言,以语言为中介。而语言的使用就使个人不可避免地从属于某种共同体,在行为方式和思维方式上与该共同体保持一致。同时,个人通过语言领悟某种文化的品性、智慧、价值观,由此个人便存在于由该语言所形成的文化传统之中,这样,人参与自然的对话,既受某种共同体的制约,又受某种文化传统的制约。"视界"这一概念最能说明参与者自身体现出的这种人类学特征和文化学特征。

"视界"一词是用以描述对话的文化背景特征和受共同体约束之特征的。人与自然的对话总是在确定的视界中进行的,"任何时候我们都是被关在我们的理论框架之中,即我们的预期框架、我们的以往经验框架、我

---

① 转引自《科学与哲学》第 3 辑,第 163 页。

们的语言框架中的囚徒。"① 当然，我们随时都可以超越这个视界，但那时我们会发现我们又进入另一个视界。一个人是不可能把自己与自己的视界完全分离开的，如果认为自己的视界并不影响他的描述，那他不过是在欺骗自己。按照海德格尔的说法，没有什么认识是没有前提条件的，所有理解都以先前的掌握，以一种作为整体的前理解为前提。由于前理解总是在限定着我们的认识，所以要压制每一个理解的"主观"决定因素是不可能的。然而，视界的选择在个人方面又决不是随意的，视界本身是由语言所形成的共同体和文化传统历史地给予的。个人在学习、掌握和使用语言的过程中，一方面他参与到某种共同体之中，用"行话"来交流思想，从而也就选择了相应的"语境"；另一方面他受到某种文化传统的熏染，不知不觉地按照这种文化的标准、规范去思考和解答问题，从而也就选择了相应的"立场""观点"和"方法"。

视界的这种选择带有超个体意志的无意识性，因而视界本身对于个人来说不完全是一清二楚的。语言有一种"自我遗忘"性质，人使用语言关心的是如何用语言表达思想，而不是首先去思索语言自身存在的问题。这种"自我遗忘"同样出现在视界中，视界作为理解框架起作用时，通常自身却不被理解，尤其因为视界是人的存在方式历史地给予的，超越了个人的自我意识范围。正因为如此，伽达默尔宁愿把视界看作是那些影响思想但又保持为无思想的前概念、前判断或偏见、先见。这些东西包括个人能够意识到的历史文化成分与不能意识到的历史文化成分，个人永远无法摆脱它们，因为这就是他在历史中的存在状态。

视界作为认识的先决条件具有文化无意识特征。笛卡尔的"我思故我在"把自我意识当作认识的起点，现在应该倒过来，主体首先是"我在"然后才是"我思"，"我思"本身是"我在"的一个存在方式。传统认识论从"我思"入手，因而把认识仅仅理解为一种内在的精神过程。当代认识论放弃由主体意识作为认识起点的传统取向，从"我在"入手，把认识本身作为人的历史存在方式和文化表现形式加以研究，"共同体""范式""传统""偏见""先见""前理解"等等明显具有文化人类学意义的范畴已成为当代认识论研究的基本理论框架。

---

① [英]波普尔：《科学知识进化论》，纪树立编译，生活·读书·新知三联书店 1987 年版，第 302 页。

三 "人—自然"框架的文化内涵

在牛顿力学时代，理性主义者们强调自然定律的普适性和永恒性，力图寻求包罗万象的图式和普适的统一框架，把所有事物逻辑地或因果地相互联系起来。美国未来学者托夫勒认为，西方工业文明所信奉的法则是标准化、专业化、同步化、集中化、好大狂和集权化。这七个原则有一个共同的核心，这就是理性所内蕴的抽象普遍性。这种基于抽象普遍性的理性原则所追求的最高目标乃是"最终抛弃所有的特殊性，创造出一种人类的文化，这种文化符合一个人类的思想，它对所有的人都是相同的。因此，也应由一种世界语言来代替许多民族的语言。"① 人与自然的对话就是一元的、单向度的，"人—自然"框架就只有一种语言（数理语言）、一种文化（科学文化）和一种模式（实验方法）。

二十世纪四十年代以来，一般系统论、信息论、控制论、耗散结构论、博弈论、协同论、突变论和超循环论等等学科相继建立，开辟了一个"系统时代"，人类科学的发展经历了由齐一性、永恒性和简单性向多样性、暂时性和复杂性的深刻转变，其根本际志是经典科学的普遍性理想的式微和现代系统思维方式的确立。按照系统思维方式，所有事物都有系统属性，认识的对象既可以是客体——系统本身，又可以是关系的系统、根据和决定的系统、亚系统、超系统。人们在按系统方式认识事物的时候，从事物相互关联的网络中区分出确定的"质的交叉点"，从而完整地考察被选出来的客体。这样，系统的具体确定方式便赋予具体客体以一个明确的参照系，并规定该参照系的质、界限、度，借此人们就可以在不同的水平、层次上发现世界的多个侧面，获得关于同一事物的多侧度的知识。在"系统时代"中"最为适宜的精神和人类经验的故事是结构主义和系统论的故事"②。这样，人与自然的对话就不再是一元的、单向度的，而是多元的、多向度的，"人—自然"框架也不可能只有一种语言、一种文化、一种模式，而可能有多种语言、多种文化、多种模式。

伽利略认为，自然不仅是用一种可被实验解释的数学语言写出的，而

---

① [德] 兰德曼：《哲学人类学》，阎嘉译，贵州人民出版社1988年版，第29页。
② [美] 欧文·拉兹洛：《系统、结构和经验》，李创同译，上海译文出版社1997年版，第10页。

且实际上也只有一种这样的语言。然而，现代物理学则证明，自然这本书也可以用类似东方禅宗文化的语言来解读。禅宗用说公案来传授教义，所谓公案是一种精心设计的荒谬的谜，为了使禅宗的弟子以奇特的方式认识到逻辑推理的局限性，它们要设计成使学生在停止思维的一刹那正好不用语言体验到实在。公案往往有唯一答案，一旦找到这个答案，它就不再似是而非了，而成为一种深刻的有意义的陈述。量子力学在形成初期就面对与公案相似的各种佯谬，同禅宗一样，真理隐藏在佯谬背后，无法用惯常的思维方式来解答，只能用新的意识来理解，这就是保持两极张力的互补性意识。玻尔充分认识到他的互补性概念与东方文化的一致性。当他在1937年访问中国时，他对量子力学的解释早已精细周到。古代中国关于对立两极的概念使他深受震惊，从此以后他对东方文化一直保持着浓厚兴趣。当他被封为爵士而必须选择一种盾形纹章的主要花纹时，他就选中了中国的太极图来表示阴阳的互补关系，同时还加上了"对立即互补"的铭文。玻尔承认，在古代东方文化与现代西方科学之间有着深刻的协调性。

人的文化存在形式表现在人的实践、交往、精神生活在历史上变换着的诸形态之中，神话、宗教、文学、艺术和科学每一个都有它自身的语言，并且用这种语言创造并设定了一个它自身的世界。对于人的心智来说，只有具备确定形式的东西才是可以把握的，而每一种存在形式又都以某种独特的把握方式，都以某种独特的语言为其源头活水，现代人类文化哲学对神话、宗教、原始思维等的研究获得突破性进展，其根本原因就在于，首先确认除科学的语言形式外，还有其他类型的语言形式，它们同样具有认知功能。逻辑实证主义把形式化语言当作人类有意义的话语规则，用科学的标准来衡量各种话语的意义，这实质上是反文化的。

托马斯·库恩用"不可通约性"的概念确认了"人—自然"框架的多元性和各种语言的不可比性。他写道："不可通约性指的是没有公度。应用于科学理论意欲提示出，需要陈述一个科学理论的语言很像诗的语言。某些陈述，使用一种理论的语言不可能以确定真值所需要的精确性翻译为另一种理论的语言。""不可通约性就是不可翻译性。"[①] 传统认识论

---

① 转引自《自然辩证法通讯》1992年第2期，第12页。

追求一种可公度性,它把自然科学看作知识的范型,文化的其他领域必须依照这个范型加以衡量。其哲学主题就是致力于把各种话语都翻译为统一的科学语言,以使"实质的说话方式"转化为"形式的说话方式"。当代认识论确认各种文化形式之间不存在一种可公度性,各种话语无非是各种生活形式,因而不可能依照一种共同的标准加以翻译,认识论的根本任务已不是寻找一种"完善的辞典"进行翻译,而是在某一文化的"正常话语"之外充分注意其他文化的"反常话语",学会在不同语境中进行对话的艺术。

关于科学主义与人文主义的认识论思考*

科学主义与人文主义是当代哲学的两大思潮,这两股思潮各有自己的一整套方法、一整套语言以及各自的领域。笔者试图从认识论角度对科学主义与人文主义作一番审视,提出以下五点关于认识论研究的看法。

第一,作为一种哲学思潮,科学主义不只是片面地、不适当地夸大自然科学的地位和作用,本质地看它是在工业文明和现代化中起支配作用的科学文化的理论形态。哲学不是研究"纯"科学,而是研究科学的某种意象。科学的意象与科学的实在内容不同,科学的实在内容是一个关于研究对象的客观陈述体系,而科学的意象则决定于科学在某个时代的社会文化结构中的特殊地位,它直接反映的是科学文化,而不是科学本身。

工业文明和现代化是建立在科技生产力形态之上的,并且是按照科技理性的逻辑运作的,科学主义者们虽然把数理科学作为研究典范,然而他们的真正旨趣却是要使科学成为人类的唯一文化形式,他们不仅要依照科学的精神与原则安排人类生活的社会模式(如孔德的社会静力学),而且也想安排人生的精神模式。卡尔纳普的《哲学与逻辑语法》、石里克的《普通认识论》、维特根斯坦的《逻辑哲学论》《哲学研究》都是试图解决人的精神模式而写的。科学主义的主流派——逻辑实证主义要"拒斥形而上学",一心想驱除诸如心灵、意识、意志、灵魂和自我之类的形而上学"幽灵",其办法是把这些概念的内容融化在关于可以辨认的特定操作、行为、能量、技巧等的陈述中。然而,如此融化本身就现实地发生在科学文化居主导地位的工业社会中。"工业社会拥有种种把形而上的东西改变为形而下的东西、把内在的东西改变为外在的东西、把思维的冒险改

---

* 原文发表于《贵州社会科学》1993年第6期。

变为技术的冒险的手段。"① 因此，无论从内容还是从形式看，科学主义都是在工业文明和现代化中起支配作用的科学文化的理论形态。

第二，当代西方哲人都认为，人类的文明经历了三个大的发展阶段，首先是神话般的信仰阶段，其后是哲学反思的形而上学阶段，最后是经验科学的实证阶段。处于实证阶段的哲学，科学主义注定是主流，人文主义则是末流。在这种文化背景下，伟大的哲学家比渺小的哲学家高明之处就在于，他们不是随波逐流，人云亦云，而是清醒地看到科学主义中潜藏着的文化危机，现象学大师胡塞尔在其《欧洲科学危机和超验现象学》一书中尖锐地指出，实证主义的泛滥，使得科学观念被实证地简化为纯粹事实的科学，只见事实的科学造成了只见事实的人；科学的"危机"表现为科学丧失生活意义。

主体性之谜是一切谜的谜中之谜，一切个别的文化危机都应联系到这个主体性之谜来加以认识。在海德格尔看来，科学技术绝不只是一种历史的社会现象，它首先是一种思维方式，即把人抽象出来作为一个能思维的主体，而把世界理解成这个思维主体的认识对象，理解为与人相对的对象性实在。这种对象性思维是科学的长处，确保它能够以自己的研究方式进入其对象领域，在其中安居乐业。但是，对象性思维把主体人与生活世界分离开以后，所有属于人与世界的统一体的东西，都成了研究、计算的对象，这就使人们忘却了自身作为人存在的真正意义。因此，海德格尔认为，西方文化的真正"危机"，是一种"思维方式"的危机，它表现在对待"人"的问题上，也表现在对待"世界"的问题上。

所谓科学主义就是科学理性之实体化为"自然主义"和"客观主义"，在自然主义和客观主义中忘记了主体性，忘记了人类的精神，使科学脱离了它据以产生的具体的人类经验之流，脱离了它的生活世界之根。作为科学主义的对立面，人文主义不是一般地拒斥科学，而是要使科学重新回到生活世界中去。自从胡塞尔首次从哲学原则上提出"生活世界"概念以来，"生活世界"已成为现代人文主义的一个基本范畴，探索返回生活世界之路则是它的哲学主题。所谓生活世界就是指一种最内在地理解的、最深层地共有的、由我们所有人分享的信念、价值、习俗，是构成我们生活体系的一切细节之总和。语言是人的生活形式，是人接触历史和文

---

① ［美］马尔库塞：《单向度的人》，刘继译，上海译文出版社1989年版，第210页。

化的方式，它自身就具有生活世界性，自身就是生活世界的解释。正因为如此，各种现代人文主义哲学都不约而同地把语言看成是最基本的研究对象，以探究语言之谜来扩展对人的全面理解。现代哲学发展中的"语言学转向"本质上是使哲学深入生活世界的领域，探索人的主体性在由语言构筑起来的文化世界和意义世界中的实现方式。

第三，当人类的文明处于经验科学的实证阶段时，主导的文化形式必然地是科学文化，而不是人文文化。在这种情况下，实现科学"真正的"概念，是自然科学及其在经济与技术中的应用，在英语世界中唯有各门自然科学才真正叫作"sciences"（科学）。与此相反，各门人文科学（humanities）却需要一种哲学论证，以便确认自己的合法地位。人文主义哲学的一个任务就是为人文科学的合法性辩护，保证它在自然科学之外存在的权利。

自然科学取得富有成果的进步，得益于它拥有一套专门方法，自然科学"优越于"人文科学的地方似乎也在于此。所谓科学主义，根据权威的韦氏英语大词典的界定，是指"自然科学的方法应该被应用于包括哲学、人文学科和社会科学在内的一切研究领域的理论观点，和只有这样的方法才能富有成果地被用来追求知识的信念"。最初，人文主义哲学家在捍卫人文科学的合法地位时，力图论证人文科学拥有不同于自然科学的特殊方法。新康德主义者李凯尔特提出，人文科学采用个别化方法，描述独特的、唯一的文化现象；自然科学则采用普遍化方法，揭示一般的自然规律。早期解释学家提出与自然科学相区别的"精神科学"范畴，着力探讨理解的"技法"，试图建立某种关于技法规范的体系来描述精神科学的方法程序。尽管这些人文主义哲学家是在探索不同于自然科学方法的人文科学方法，然而，他们暗中却接受了一个科学主义的信条，即任何学科只有在拥有自己的方法的情况下才能证明自己的合法性。循着这种方法论中心主义的思路走下去，人文科学不可能真正在哲学上确认自己的合法地位，因为人文科学的重要特点在于主体对所研究客体的参与性，而方法的中介作用恰好排除了这种参与性。

现代解释学的出发点仍然是人文科学，但它无意去更新自然科学与人文科学间古老的方法论之争，而是从根本上否定方法论中心主义，另辟蹊径。伽达默尔的名著《真理与方法》，其意义是否定性的，而不是肯定性的，他在该书中着力阐明解释学不是一种获得真理的方法，解释学现象基本上不是一个方法的问题。伽达默尔认为,凡是真理的,不一定用方法来得到;凡是用方法得到的,不一定是真理的。这是一种全新的思路,它使人们意识到那种被方法论争辩掩盖的东西,这种东西与其说是划定科学范围的东西,不如说是先于科学并使之得以可能的东西。这种东西就是人类对世界的总体经验,是人的存在方式历史地给予的各种社会文化条件。这样,人文科学就走出了方法论中心主义的阴影,而与自然科学之外的经验方式接近了,即与哲学经验、艺术经验以及历史经验本身接近了。这些经验就是那些不能用科学方法手段去证实的真理的经验方式,它们对于人类文化的不可或缺性本身就确认了人文科学的合法性。

第四,多数人认为,人文主义是本体论哲学,科学主义是认识论哲学,这种看法恐怕欠妥。科学主义与人文主义的对立是科学文化与人文文化冲突的极端表现,而无论是科学文化,还是人文文化都要处理主观与客观、理智与直觉、知识与价值的矛盾关系,由于这些矛盾关系本身是文化的深层结构,如何处理它们不只是认识论问题,同时也是本体论问题。科学主义在自身的框架内无法解决这些矛盾关系,人文主义针对科学主义的困境,从别的角度提出问题,很可能为更深刻地理解认识的本质提供新的思路。

综观西方哲学,有一个难题始终困扰哲学家的思考,即如何在知识化的宇宙中安排价值的问题,亦即如何安排人的意志活动,如何安排人的理想、需求、目标,以及人所追求的生活意义。科学主义认为人的理性唯一地就是自然科学的理论理性(或逻辑理性),按照这种理论理性,知识和价值是完全对立的两极:知识是关乎事实的,价值是关乎目的的;知识是实证性的,价值是非实证性的;知识是可以进行逻辑分析的,价值是无法进行逻辑分析的;知识是理性的,价值是非理性的。价值的地位在科学主义的理性框架中一直无法安顿,得不到基本的解决,人文主义在知识化的宇宙中安排价值的努力,就是要超越科学主义的理性框架,扩大理性本身的意义。在这方面有两条基本思路,一条是实用主义的思路,让知识包容而非排除价值的领域,用"信知"取代"理知",把"理论理性"扩大而包含宗教性、社会性、道德性及艺术性,使科学成为意志运用理性思维实现自我的方式。另一条是解释学的思路,恢复欧洲文明中自亚里士多德以来称为"实践哲学"的传统,让"实践理性"取代"理论理性",去统括人的判断力的整个其他领域,行动、知识、信念、价值观在其中是有机地结合在一起的。可见，人本主义在知识化的宇宙中安排价值的本体论努力，导致了具有积极意义的认识论结果，即打破了自然科学的理论理性的一统天下，使理性本身有了多方面的要求：理论理性，实践理性，工具理性，价值理性等等，理性的意义被扩大了，理性多元化、多值化了。

第五，人们不可能设想有这么一种文化，在这种文化中，科学既是一个组成部分，同时又是这种文化的全部。既然如此，科学主义面对人文主义的责难与挑战，最终不得不改变自己的形式，愈来愈融进人文主义的内容。维特根斯坦的哲学就是典型。他的早期哲学根据理想化的形式要素去设想语言和世界，是标准的科学主义，而他的后期哲学把语言和世界理解为是受固有的规范所指导的人类实践，提出"语言是人的生活形式""语言游戏""家族相似"等重要思想，与人文主义的"生活世界"十分接近。从逻辑的理想到人类的规范，这就是他的哲学发展历程。科学哲学中也发生了类似情况，这就是从逻辑主义到历史主义的转化。历史主义的代表人物库恩认为科学本质上是一种人文事业，科学不是由方法、逻辑、理性所串起来的东西，而是受一组特定的信念、价值、规范的引导，而它们又是由共同体生活形式所构成。

科学主义与人文主义的融合尤其表现在所谓划界问题的消失。科学主义为了维护科学的至上性和不可超越性，特别关注科学与非科学的划界问题。最初，逻辑主义者用划界观点砌成墙壁，用合理性的标准与规则挖成壕沟，把科学之城包围起来，并且用方法论的禁条阻隔非科学的进入。但是，这是一座死城，它切断了科学与生活世界的活生生的联系。后来，历史主义者逐渐着手拆毁墙壁，填平壕沟，打破科学与非科学的僵硬界限。科学家的城市终于门户开放，建立了同周围精神文化领域的联系，并使之充满现实的活力。而今，科学哲学家们普遍认识到，科学无非就是人类原始整体文化母体的产儿，科学与宗教、艺术、神话、文学、哲学之间的关系有待重新审视。科学哲学经历的这种变化是一种理性限定的突破，因为理性本身也是一种自我限定，这种限定到一定程度就会被突破，最后又回到哲学的整体意识中去。要超越科学主义与人文主义的对立，哲学工作者需要一种整合性思维，对自然科学与人文科学同等倚重，在主观与客观、理智与直觉、知识与价值之间保持必要的张力，善于从人类的各种主要活动与主要文化形式之间发现重要的类似之处。

略论科学哲学化*

本文认为，在哲学实证化的同时，科学哲学化大致从三个方面表现出来：第一，现代科学以批判的反思活动的加强为特征，并且以对概念本性的研究为内容，因此，科学知识也具有哲学知识所特有的元理论的特点。第二，现代科学活动乃是体系性、系统性的活动，不可避免地需要并构造出一些超经验的原则，因此，科学活动也具有哲学活动的性质。第三，现代科学的数学化趋势及概念格式塔转换使得科学向自己提出了解释的要求，这种解释涉及哲学的"逻各斯"及语义学问题，因此，科学解释也具有哲学解释的意义。

二十世纪，在知识整体化的趋势中，哲学科学化和科学哲学化是同一过程的两个方面。在哲学日益实证化亦即科学化的同时，科学哲学化已露端倪：现代科学开始独立地由自己提出并解决各种具有哲学性质的一般性问题，它自身就履行着哲学的某些职能，显现出哲学的某些本质特征。科学哲学化表明，哲学不是外在于或超越于科学的某种东西，而是科学所要从事的一项自然的和必需的事业，对于科学哲学化的理解，不仅要以认识哲学的本性为前提，而且还要以认识科学的本性为前提。

哲学的起点是概念，它是对"思想"的思想，对"认识"的认识，哲学在反思认识本身的同时，提供一种关于知识本身的知识，使人们对知识的本性有所领悟。因此，哲学按其本性来说是一种具有反思性质的元理论。现代科学以批判的反思活动的加强为特征，并且以对概念本性的研究为内容，在这方面，现代科学充分显示出哲学反思的性质和元理论的功能。

二十世纪，相对论和量子力学都是在批判地分析和深刻地反省牛顿力

---

* 原文发表于《陕西师范大学学报》（社会科学版）1989年第3期。

学赖以建立的各种基本概念的基础上产生的,对此,海森堡写道:"凡是逻辑上能够脱离经典概念的地方,这种地方的确定便每每成为现代物理学的实际核心,狭义相对论的核心,就在于我们断定了两个发生在不同地点的事件的同时性是一个很成问题的概念。同样,对于量子论来说,非常重要的一点,就是我们确定了要同时谈论一个粒子的精确位置和精确动量是毫无意义的。"① 现代科学中批判的反思活动之所以加强,是由于在理论中发现了深刻的矛盾,不仅理论的个别原理和个别结论是有问题的,而且整个理论赖以建立的基础或前提也是有问题的,各门具体科学无论在广度或深度上,都在沿着研究并认清自己的逻辑基础的道路向前发展。科学越是达到成熟的阶段,就越是对自己的基础,即对它的整个理论大厦树立其上的那些基本概念发生浓厚兴趣和给予极大关注。由于"基础问题"日益被纳入科学研究的领域,对"思想"的思想,对"认识"的认识这样的哲学反思便越来越成为科学家自觉的活动。科学家们普遍地意识到,当问题发生于理论内部并触及其逻辑基础时,如果不预先对理论的基本概念作出逻辑分析,那么就不可能为问题本身提供连贯而恰当的解决。由此,科学的"自我意识"正在形成,科学认识到自己不仅是认识的一种手段,而且是认识的一个客体。

但是,构成理论基础的基本概念在理论本身的范围内显然是不可能得到充分认识的,根据哥德尔的不完全性定理,这些基本概念是否具有可靠性和真理性的问题,已经超出了理论本身的范围,而属于元理论这样的哲学问题。对科学理论的基本概念的逻辑分析,必然要引起对相应的哲学范畴的重新思考,引起对那些在整个自然科学中具有初始的方法论前提作用的哲学原理的重新思考。因此,如爱因斯坦所说,"当代物理学家们必须研究的哲学问题比前辈要广泛得多和深刻得多,物理科学本身的困难将迫使物理学家们这样做"②。

科学的理论活动要受大多数人意识不到的那些凝结着认识论和方法论要素的元理论的制约。元理论的功能在于:第一,它们通过提供范例为具体理论的建构指出明确的线索,起着示范作用;第二,它们规定着问题的

---

① [德] W. 海森堡:《严密自然科学基础近年来的变化》,《海森堡文选》翻译组译,上海译文出版社1978年版,第44页。
② [苏] 拉扎列夫:《认识结构和科学革命》,王鹏令译,中国社会科学出版社1985年版,第26页。

转换方式，把科学的问题与非科学的问题加以区分，并确定哪些问题是常规问题，哪些问题是反常问题；第三，它们设定了相应的解释性结构，这一解释性结构尝试性而非强迫性地通过类比和暗示启发人们的思维。可见，元理论决定着理论思维模式，涉及科学的样式和知识的本性。正因为这样，随着元理论的变化，不同历史时期人们对所谓的事实、问题、理论、方法都有不同的理解。二十世纪的科学革命本质上是理论思维模式的转换，它是以那些凝结着认识论和方法论要素的元理论的变革为标志的。相对性原理、互补性原理和测不准原理等等的提出，集中反映了这个时代思维方式的特点。随着元理论的变革和理论思维模式的转换，科学的样式也发生了变化，科学对于理解什么和如何理解，有了新的尺度或标准，由此扩展了对知识的本性的认识。

现代科学的特征是，产生了一些作为知识的特殊形态的元科学，它同研究知识的本性和性质有关，同研究知识构成的特点和获取知识的途径有关。像爱因斯坦提出的相对性原则和玻尔提出的互补性原则，涉及我们是根据何种方式、借助于何种智力手段和物质手段获得知识的问题，因而不仅是关于客体的知识，而且是关于客体知识的知识。现代科学向自己提出的问题，不仅有我们关于对象知道了些什么的问题，而且还有我们如何知道这些东西的问题。科学不只是描述科学之外的东西，它还想知道，它自己是什么样的。而当科学对自己的本性作出理解时，它实质上提供了一种关于知识本身的知识，从而发挥着哲学的元理论的功能。

二

哲学是在最普遍最广泛的形式中对知识的追求，因此，哲学活动可以被看作是为了提供一套原则所作的尝试，根据这些原则，任何现象或经验就都可以理解。现代科学活动乃是体系性、系统性的活动，理论科学家把自己的思想、观点尽可能地制成一个和谐的整体，以使自己关于各种现象的认识系统化。由此，科学活动不可避免地需要并构造出一些超经验的原则，这些原则既是本体论，同时又是方法论，因而是一种哲学性质的原则，因此，科学活动也具有哲学活动的性质。

科学活动总是以某种本体论的预设为前提，一个科学家建立或发明科学理论往往用潜藏的实体或深层的作用机制解释现象及其关系或变化。就一个科学理论而言，往往正如罗素所说，其中的"前提既不是经验上的必需，也不是逻辑上的必然，原来却是一组预先的假定"①。这些假定即意味着该理论所赖以为基础的本体论规定，科学的本体论规定为科学家们提供一种关于何种类型的实体和过程构成科学探索的对象，因而也提供了概念模型的最一般的图式，影响科学家的思想方法的深层结构。正因为如此，科学上的重大进展是由于作出了一个根本上是新的本体论规定，从而使新理论能够从一个新的角度来组织经验材料，并对原有理论加以修正。例如，牛顿理论的经验内容并没有被相对论改变多少，但是它的本体论规定，如绝对空间、绝对时间（包括绝对同时性）、不可破坏的微粒、超距作用等都被抛弃了。

现代科学正在空前地趋于深化和统一，科学家们通过假定更深一层的实体类型和作用机制对旧理论已说明的现象作出新的解释，把旧理论整合、归并到新理论之中。为此，科学家们在解决具体的科学问题时不得不注意普遍的东西，深入研究最深刻的哲学本体论问题。这是二十世纪最伟大的物理学家爱因斯坦、玻尔、海森堡等人之所以成为新型的学者，即成为物理学家兼哲学家的根本原因。他们的贡献不仅在于创立了新的科学理论，而且在于改变了世界的科学图景。今天哲学关于时间与空间、连续性与非连续性、因果性与随机性、潜存性与实存性的本体论，无非是相对论和量子力学的科学世界图景的另一种理论表现。因此，本体论规定是科学的内在要素，科学不仅要描述世界的状况是怎样的，而且要尽可能地探明世界为什么是这样而不是那样的。

科学的本体论规定由于提供了一种关于何种类型的实体和过程构成探索活动的对象，必然会不断地促使人们从某种角度去看待和解释事实，从而形成一定的思维框架，预先大致规定了主体的思路和倾向。因此，科学的本体论规定同时具有方法论的性质，它为理论分析创造条件并提供了一般的科学背景，暗含一组关于如何着手和深化研究，如何检验理论等方法论规范。科学的研究传统就是有关研究领域的一组本体论和方法论的"做"和"不做"，它抽象地说明世界由什么组成，应如何进行这样的研

---

① 转引自［美］霍尔顿《物理科学的概念和理论导论》上册，张大卫、戴念祖译，人民教育出版社1983年版，第325页。

究。例如，牛顿力学的研究传统规定，自然界是由粒子（质点）在空间中的位移组合所构成的，因此，认识自然界也就是认识粒子在空间中的位移组合，并进而建立因果依从关系的直观模型。

波普尔认为，"不少形而上学教条……能被解释为方法论约定的典型实体"，它们激励科学家寻找某种东西，它让科学家觉得有待发现的那种东西就存在那里。决定论相当于"决不放弃寻求自然规律"那样的方法论约定，机械论则意指"在你的前提中，决不允许出现神秘的质、超距作用、瞬间传递或任何其他偏离接触作用原理的东西"。因此，科学的研究传统在相应的科学发展阶段上形成一些普遍的思想倾向，它们构成一定的哲学时期，带有这一时期在人类活动的一切领域包括在科学中所特有的思维方式，牛顿力学的研究传统形成了十九世纪线性因果决定论的思维方式，而量子力学的研究传统则形成了二十世纪非线性多元决定论的思维方式。

三

思想就是使用语言，而哲学是对"思想"的思想，它不得不涉及语言的问题。自从赫拉克利特宣称世界各种事物和过程中普遍存在一种"逻各斯"以来，哲学就与语言结下了不解之缘，因为"逻各斯"这一古希腊词同时就包含"语词"和"思想"两种含义。哲学研究语言的目的在于揭示语言背后的概念实体，就是说，通过对语言的解释去领悟那些反映事物的客观逻辑的思想。因此，哲学致力于对语言的解释，哲学就是解释学。一方面，现代科学数学化的趋势已使数学形式成为表达科学知识的普遍语言，为了把抽象的数学形式转换为有具体内容的科学知识，必须经过相应的解释；另一方面，现代科学革命引起概念格式塔的转换，对于旧理论的综合是由于初始理论的语义变化而发生的，有关理论术语的语义解释已成为科学活动的一种形式。由于这两方面的原因，科学开始向自己提出了解释的要求，并以一种新的方式履行起哲学的解释功能。

在科学领域中，解释的传统含义被理解为寻找现象的原因和规律的科学说明，在这方面，科学的解释尚不具有哲学解释的意义。但是，随着现代科学数学化趋势的加强，科学的解释表现出新的功能，它通过对科学知识的数学概念及形式表述的认识意义作出语义解释，确立其研究对象的客观结构和规律，并提出与之相符的概念—理论原则。这样，科学的解释本质上就触及哲学的"逻各斯"，而具有哲学解释的意义。科学对知识的数学表达式的语义解释之所以具有哲学解释的意义，根本原因在于，数学形式与客观结构同构。诚然，离开概念—理论原则，数学表达式就毫无意义，但是，如果科学知识有任何成效的话，那么能和它的数学表达式联系在一起的认识意义就是唯一的。量子力学特别明显地具有这样唯一性特征。哥本哈根学派对量子力学的数学表达式所作的语义解释，由此而提出的量子跃迁语言、不确定性原理和互补性原理，已在物理学界得到普遍的采用，并深刻地影响着二十世纪科学思维的风格和科学研究的范式。随着科学知识日益数学化，科学解释越来越接近哲学解释，科学解释所追求的目的，不仅是理解伴随新理论的创立而引进科学中的数学表达式的物理意义，而且还要分析新理论的认识论特征，表征新时代的自然科学的思维风格。

任何理论都是一种相对封闭的知识体系，这种知识体系拥有自己的语言和使用该语言的某些特殊规则。理论术语的意义是由该理论自身的一系列词句所给予的；理论中个别术语的意义是由它们在整个理论结构中的地位决定的，因此，理解某个理论术语必须以掌握相应的理论为前提，例如，为了理解牛顿的"力"和"质量"的意义，必须掌握牛顿第二定律。由于理论术语对理论有依存性，科学革命本质上是概念格式塔的转换，在新理论内部，旧的理论术语、概念具有了新的关系，从而获得了新的意义。因此，前后相继的理论是不可通约的，二者没有"共同的语言"。托勒密理论中的"行星"与哥白尼理论中的"行星"不具有相同的意义，牛顿理论中的"质量"与爱因斯坦理论中的"质量"也不具有相同的意义，由于理论、意义的不可通约性，对科学术语的准确理解不得不考虑前后相继的理论，进而考虑不同的知识背景。这样，科学解释就涉及哲学语义学的问题，诸如这个或那个概念的含义是什么？这个概念的含义同那个概念的含义处于什么关系？这个命题有什么含义？这个命题的含义是否包含在那个命题的含义之中？这个命题所说的比那个命题所说的更多吗？这两个命题所说的是可以相容的吗？科学解释在判明这些语义学问题的同时，不仅把被解释的东西纳入科学之中，而且一般地纳入人类智力发展的总过程中。在促进对人类思维的一般理解方面，科学解释显然具有哲学解释的性质。

科学解释包含着某种哲学上的预设，因而它本身是具有哲学含义的。如果对某个理论的解释，只是其直接的逻辑结果，而不用附加任何哲学的预先假定，那么解释所导致的任何结论都将是这个理论的一个推论，而不会引出任何哲学含义。然而，对量子产力学的解释则表明，理论的哲学含义在很大程度上取决于所采用的特定的预设。爱因斯坦之所以反对量子力学，关键在于量子力学不符合他对实在的理解。"爱因斯坦的基本观点是：量子论的中心是，发生什么事物依赖于观察者选用什么事物去测量，这与合理的实在论思想是相悖的。"因此，在科学解释中，一个理论的有哲学意义的结论是与解释相关的，就是说解释的结论与解释的前提（通常是某种哲学上的预设）自我相关。正因为如此，理论的哲学含义随不同的解释而有很大的不同，每个哲学结论必须被限制于相应的某个解释，对于这个解释来说，这个结论才是有效的。

现代语言哲学观[*]

一 "语言学转向"

二十一世纪初，西方哲学历经了"语言学转向"，它作为"认识论转向"的逻辑结果本质上是一种哲学主题的转换。

众所周知，近代以来的西方哲学经历了一场"认识论转向"，而康德雄心勃勃的"纯粹理性批判"正是以宣称对人类"知识""理性"作了彻底的"批判"考察从而完成了这一转向。康德的《纯粹理性批判》可以归结为两种基本的思路：一是让"人性"成为人的认知可能的基础，一是让"理性"成为人的认知可能的根据。这两个思路的逻辑结果最终使《纯粹理性批判》转变为文化批判与语言批判。

按照第一个思路，康德把抽象的"我思""先验的自我"规定为"人性"，把一种逻辑学的人当作人的认知可能的基础，因而认识论被归结为解答"先天综合判断如何可能？"的问题。这样，一方面，"人性"被抽象化、逻辑化了，脱离了与人的文化世界的内在联系；另一方面，认识论仅仅研究数理科学，而人文科学则被排除在外。但是，"人是文化的动物"，人类文化的各种形态都是人的本质的自我确证，因而是"人性"的内在规定。一种人的哲学不仅是一种科学哲学，同时也是一种艺术哲学、语言哲学、神话哲学……一句话，人的哲学归根结底不能不是一种人类文化哲学，只有人类文化哲学才可以真正展示人性的广度和深度。同时，如果认识论只是研究数理科学知识的性质和条件，那么，不管我们给"认知"下一个多么宽泛的定义，它都只不过是人的心智得以把握世界的诸多形式之一。作为一个整体的人类精神生活，除了数理科学的认知形式外，还有神话、语言、宗教、艺术等认知形式，它们同样也都具有把特殊

---

[*] 原文发表于《南京社会科学》1992年第4期。

提高到普遍的功能，只不过它们获得普遍的方法与逻辑概念和逻辑规律迥然不同而已。因此，认识论应当"扩大"，"扩大的认识论"是关于科学，同时也是关于一切文化原理的理论。这样，康德的"纯粹理性批判"必然地要转变为一种文化的批判。

康德的"纯粹理性批判"还藏着另一种转变的可能性，这与第二个思路相关。康德确认先天的知性范畴和时空范畴是人的认知可能的根据，经验的对象本身是经验的主体所建立起来的，因此，必须区分现象与物自体。从某种角度看，康德的贡献在于他指明了"经验知识"的有限性，否定了那种建立无限知识为目标的"形而上学"，康德是在理性（思想）范围内划定人认识世界的界限的。但是，思想本身要认识世界只能通过语言，而语言自身特性又规定和阻滞着思想对世界的认识。从这个意义上说，语言的界限就是思想的界限，亦是人认识世界的界限。在维特根斯坦看来，语言是命题的总和，而命题则是思想的可知觉的形式，因而，可思想的就是可说的，不可思想的就是不可说的。凡是可以说的一般都可以说得清楚，而对于不可说的，我们必须保持沉默。因而语言的界限也就是世界的界限，我们无法超越。这样，在康德那里存在的现象与物体的界限，在维特根斯坦那里就变成可说的与不可说的界限。维氏的目的是要表明，思想表达的边界只能划定在语言的范围内，但"语言是乔装的思想。这样，由衣着的外在形式不能推出衣内的思想形式，因为衣着的外在形式不是用于揭示身体的形式，而是为了完全不同的目的。"① 要抛开这种外在形式，首先必须审视语言。因此，"全部哲学是对语言的批判"。这样，康德的"纯粹理性批判"就转变为一种语言的批判。

从康德的"纯粹理性批判"转变为文化批判和语言批判，乃是同一过程的两个方面。因为文化同语言是内在统一的：一方面，语言是文化的一种结果，由一种成员所说的语言是这些成员的文化整体的反映；另一方面，语言又是文化的条件，我们主要是通过语言来了解自己的文化的。因此，"语言学转向"本质上是文化批判和语言批判相互交融的过程。在这一过程中，文化批判以语言分析为手段，而语言批判则以文化考察为前提，二者互相促进，既加深了对语言的认识同时也扩大了对文化的研究。

与传统哲学不同，现代哲学解释学看待语言，是同时考察历史、理解

---

① ［奥地利］维特根斯坦：《逻辑哲学论》，贺绍甲译，商务印书馆1996年版，第41页。

和存在三个方面在语言中交融,理解之所以可能是因为语言提供了心理和文化上的基础,保留在语言中的历史、文化和传统先在地规定了解释者的理解视野,以"先觉""先识"构成解释者的"前理解"结构。语言的局限,也是历史和理解的局限。从根本上讲,它们同时是人的历史存在的局限,这种对语言的不同看法根源于传统哲学是从知识论的角度看待语言,而现代哲学解释学则是从人类文化哲学的角度看待语言。文化是人的本质力量的对象化,它必然地要把语言看成是人的存在形式,从人的现实活动方面去理解语言。这是现代语言哲学观的基本特征。而"人是具有语言的存在""语言是人的生活形式""诗是人类的母语!"这三个命题集中地表达了现代语言哲学观的基本内容。

二 人是具有语言的存在

对于亚里士多德关于"人是理性的动物"的经典定义,伽达默尔则给予了定义不同的解释。他从语言学的角度确定"逻各斯"至少有四层含义:思想、规律、观念和语言。"不过,事实上这个词的最初的含义是指语言",伽达默尔因此重新下了定义:"人是具有语言的存在"。

过去,我们一直把语言视为思想交流的媒介,这已成为深入人心的观念。伽氏关于"人是具有语言的存在"的思想,从根本上改变了传统语言观,这样,语言就不再是人使用的工具,相反,人是在语言中存在着的。

人创造了语言,语言创造了人。语言对人的创造具有本体意义。首先,一切以遗传变异为基础的物种进化都被以语言交流为基础的社会历史所取代;其次,在非人的动物界中所看到的那种有形的尝试和失败已经被推论代替了,也就是说,尝试和失效全部用语言符号来进行;最后,语言使真正的目的性活动成为可能,未来的目标预先在思想里以观念的形态出现并决定实际的行动。

语言创造了人,人在语言中存在着,具体表现在以下三个方面:

第一,语言是人的类属性。

本体论的基本事实是:类,它在个体中直接就是现存在,同时个体的存在及其过程又显示了类属性的同样特征。自然事物(物种)与社会事物(共同体)类属性有质的差异。

语言在人类历史上首先是作为一种全新的、类的个体的彼此交往的形式而产生的,因而语言是人类的属性。一定的语言就是一定的共同体的存在,作为人的类属性,语言注定是公共的,主体间性的,不存在一种只表达私人领域的私人语言。当我们使用任何一个词进行交往时,对这个词的一致使用不随个人的私人表象变化,正是这种一致语言的个别使用者与一个语言共同体联系起来,并规定我们有共同的统一世界。这种一致是同我们的语言一同被给予的,因为语言本身就是把个体的活动成果和力量融会成类成果,是人的"社会遗传"的基本形式。

语言的形成与劳动和分工的最初要求密切相关,随着劳动和分工的发展,语言本身的多样性以及他人彼此间质的差异也不断扩大,但是,所有这些差异都具有一种内在的统一性,它们毫不例外地都是可翻译的。语言作为社会交往形式,作为社会生活中共同活动和共同生活的普遍媒介,正是在"可翻译"中成为人类社会发展中类过程的统一性标志。在不同的国度或民族之间,它们在词的使用方而总是"可翻译的",因为所有人的行为都体现出某种类属性,因而解释这种行为的各种看法就可以用不同的语言来翻译和理解。所以语言的可翻译性实际上是语言作为人的类属性的表征。

第二,语言建立起个人与文化的联系。

文化是一种巨型语言。当个人与一种语言建立联系时,也就与一种文化建立了联系,个人因此而得到某种文化的影响,参与这种文化的创造,从而成为具有某种文化素质的个性主体。同时,个人通过语言,与由语言所创造的科学、艺术、宗教、哲学等文化世界沟通,并用一般概念进行思考,建立对普遍事物的抽象把握能力,从而领悟某种文化的品性、智慧、价值观,由此个人便存在于由语言所建构的文化世界之中。

伽达默尔曾说,语言是储存历史和传统的水库。每一代人同历史建立联系的一个最重要方式,是学习和使用语言。语言使我们同人类的全部历史建立并保持了思想、文化、情感方面的联系。在语言中,活跃着一个民族历史文化,没有这种作为语言内涵的历史文化,任何理解的可能性都会消失殆尽。理解语言,同时就是理解文化和历史。人的"真实世界"就是不知不觉地建立在人类语言习惯之上的。

第三,语言支配着人们的思维。

语言是我们接触历史和文化的方式,在这一意义上,语言也联结了历史和现实的人。在此过程中,语言必然将它的特性注入思维中,使思维的存在与变化都受到语言的牵制和限定。

当代法国哲学家福柯在其名著《词与物》中建立了一种知识考古学，其目的在于力图揭示支配各种话语和各门学科的知识密码以及这些密码的各种配置。

知识考古学的核心概念是"知识型"，它类似于库恩的"范式"，大致可释义为：它是某一时代决定各种话语和各门学科所使用的基本范畴的认识论的结构型式，支配各种话语和各门学科的深层隐蔽的形式规划，制约各种话语和各门学科的知识密码的根本配置。特定时代的知识活动皆受制于特定的知识型。人类思想史的裂变是知识型发生格式塔转变的产物。

福柯关于西方知识型转换的探讨从一定程度上表明，语言是一种特殊的"编号"，其中反映某一类型文化的固有特征，特别是与社会信息的储存与传递有关的那些固有特征。因此，特殊的语言类型便在属于特定历史类型的社会精神文化和社会物质文化的所表现形式中显示出自己的支配作用，从而构成一定社会历史类型的思维结构。

传统哲学忘却了语言正是存在的属性，它首先作为人的存在状态，同时才应用为表达存在的形式。马克思在《德意志意识形态》中首次用实践的观点考察语言现象，实际上已经包括把语言当作人的存在形式的思想。因此，重要的问题是从"语言王国"降到现实生活中来，从实践活动的结构分析入手考察语言。这是现代语言哲学研究的迫切任务。

三 "语言是人的生活形式"

与传统哲学家不同，当代分析哲学家首先确认传统哲学家想透过语言去把握语言背后的实在这种思路从根本上就是错误的。分析哲学家说，像真理、美、正义这些词并不依附于任何独立存在的事物。语言是人类的创造，我们创造了这些词，而且还规定了它们的用法，理解一个词的意义也就是懂得如何运用它。词的意义仅仅是它的所有可能的用法的总和，而不是什么独立存在的东西。

"意义即用法"，在维氏看来，语言不只是一种描写事物的工具，它整个地参与构成社会生活的全部多样性的活动。因此，语言必须被看作是社会实践的手段，认识一种语言就是认识用该语言进行的实践活动或维持的"生活形式"，每一个词都深深嵌入"生活形式"的语境中。维氏着眼于语言的使用，认为语言像游戏一样，是一种没有共同本质的复杂的现实活动,语言的用法、词的功能和语境等像棋子走法、棋式一样,都是无穷多的。

维特根斯坦的语言观强调语言是人的生活形式,理解语言就是在各种语词中寻找人类行为的特殊方式,这一点对于社会认识是非常重要的。人的"生活世界"既在语言中出现,又对语言出现。每一个语言共同体都生活在多少不同于其他语言共同体的社会中,这些差别既反映在语言共同体的文化组成成分中,也在它们的语言中出现和存在。不懂得一个民族的语言而对它的文化作出一定的描述,这显然是不可能的。

人的行为的主要特征在于,它是以人用来支配行为的人造符号为中介的。语词表现为一种特殊的行为的社会机制,只要语言在起作用,在发挥其功能,我们就应当把语言当作是受固有的规范所指导的人类日常生活来理解。

在社会生活中,普通的确定的各种事实的日常语言,不仅是人们社会交往的媒介,而且是一些实际的保证。这些实际保证是我们一切思想和行动、说话和判断的基础,而且规定了我们把什么视为正常的东西。可以说,日常语言就是社会生活中的"正常的界限",超过这个界限,就会使我们失去相互了解的可能性。

传统哲学静止地和孤立地考察语言现象,离开了人的生活背景而孤立地考察语言现象,势必使语言研究走向自我封闭。现代语言哲学研究的一个基本特征就是,对人的"生活世界"给予高度关注。把语言分析纳入"语境"之中。

四 "诗是人类的母语"

卡西尔认为,言语并非植根于生活的散文性,而是植根于生活的诗性上,因此,必须在主观感受的原始能力中,去寻找言语的终极基础。这也就是说要探索言语的文化根源。

二十世纪,在哲学向语言学转向中,现代西方人实际上转到了两种完全不同的方向去:以罗素等人为代表的英美理想语言学派是要不断地扩大语言的逻辑功能,因而他们要求概念的确定性、表达的明晰性和意义的可证实性;而当代欧陆人文哲学家却恰恰相反,是要竭力地淡化语言的逻辑功能,因此他们所诉诸的恰恰是语词的多义性、表达的隐喻性、意义的可增生性。

语言转向中的两种方向，既反映了科学主义与人本主义的对立，又反映了在人类文化中实际上存在着科学语言与人文语言两个基本类型。科学语言致力于消除歧义性，使一个符号只有一个意义，使人们不能用几种不同的方法采同一符号。表现为对精确和严密的要求；与此不同，人文语言致力于从一词多义中获得意义效果，保留歧义性以使语言能表达罕见的、新颖的、独特的人生体验。语词的多义性、表达的隐喻性、意义的可增生性也就是人文语言的特征。

在日常的社会生活中，每个人都参与很多不同的社群、社会环境，它们要求发展和使用适合于环境的各种代码，而且说话人的语言能力就在于根据代码的细微变化去表达。作为具有共性的语言，在被个人使用的过程中，同时是个人对语言在理解中进行接受和改变的过程，个人的独特体验、情绪和思想，在个人的语言表达中，不时地引起句法、语文等的微妙变化。词不达意、言不尽意的现象，乃是个人使用语言必定会发生的个性与语言共性的冲突。一旦个人感受到他表达的语言与他的意图之间有了距离，而又无法让语言与他的意图完全吻合，便有"言不尽意"之叹。

人文语言的歧义性、隐喻性具有积极价值，这种歧义性、隐喻性与人文语言表达可进入无限多语境的能力有关，因而就是与语言的创造性有关。意义不确定性，对语境的敏感性，从科学语言来看是严重的欠缺，但对于人文语言来说却具有重要的功能作用。因为意义的变化，特别是为数众多、范围广泛的意义置换，再加上多种释义的可能性就为人们多方面地表达和描述社会生活的丰富性提供了手段。人文科学要反映人们的真情实感，揭示社会生活的丰富性，最终必须用人文语言来书写。形式化的科学语言切断了与日常语言的联系，因而也就不能用来表达和描述多种多样的社会生活经验。

重要之点还在于，我们必须认识到，在人化自然中存在着具有不同质的"实在"层次，这些不同的层次需要用不同的方法和不同的语言来把握，并非现实中的一切事物都能通过最适合于自然科学的形式化语言为我们所把握。假如展示实在层次也是艺术的功能，那么艺术作品一定具有象征特征。人的活动的本质表现在人的实践、交往、精神生活在历史上变换着的诸形式之中，神话、宗教、文学、艺术和科学每一个都有它自身的语言，并且用这种语言创造并设定了一个它自身的世界。对于人的心智来说，只有具备确定形式的东西才是可以把握的，而每一种存在形式又都以某种独特的把握方式,都以某种独特的语言为其源头活水。现代人类文化哲学对神话、宗教、原始思维等的研究获得的突破性的进展,其根本原因就在于,首先确认除科学的语言形式外,还有其他类型的语言形式,它们同样具有认知功能,逻辑实证主义把形式化语言当作人类有意义的话语规则,用科学的标准来衡量各种话语的意义,这实质上是反文化的。

论符号的认识功能[*]

通常人们认为，符号的认识功能仅在于它是人类借以传递、存贮和加工信息的主要手段。符号的认识功能无疑是包含这一方面的。但是，符号是主体和客体之间认识关系和本身得以确立和实现的中介，因而符号的主要认识功能应是分化功能、内化功能、社会化功能与信息化功能。

一 符号的分化功能

主、客体之间认识关系的确立是以主、客体二者的分化为先决条件的。主、客体的分化不是与人类从自然界中提升出来同步发生的。外部世界客观存在着这个经验事实并不构成主、客体分化的前提条件。事实上，原始人所感知的外部世界与我们所感知的物理世界全然不同。对原始人来说，纯物理的现象是没有的，每个存在物、每种自然现象都具有各种神秘性质。这是由于原始人的具有神秘性质的集体表象普遍投射到外部世界的结果。个体发育重演着系统发育的某些特征。儿童智力发育的早期阶段也存在着类似原始思维的一种自我中心化，即把主观的心象投射到外部对象上的倾向。由此可见，外部对象客观存在是一回事，意识到外部对象的客观存在又是一回事。只有意识到外部对象的客观存在，人才能在他与物的对象性关系中把物客观化，真正把它作为客体加以对待。因此，意识到外部对象的客观存在乃是主、客体分化的前提条件。

要意识到外部对象的客观存在，必须从反映和被反映者的关系上把对象的映象与对象本身加以区分，否则就不可能意识到对象的客观存在。在原始思维和儿童的自我中心化中，对象的映象和对象本身是未加区分而浑然一体的，正是二者的被等同，造成了主观映象被投射到外部世界，客观

---

[*] 原文发表于《人文杂志》1989年第2期。

对象被主观化。对象的映象是人的心理形成物，要把这种映象同对象本身区分开来，必须借助于一种既不同于对象，也不同于人自身的表达观念映象的客观形式，这就是符号和符号系统。

符号只是人为地约定的指称对象的标志物，它和对象之间并没有由它们的本性所决定的内在的必然联系，虽然符号不同于它指称的对象，但是，符号又与它指称的对象具有确定的联系。创造和使用符号的一定人类群体，总是约定俗成地把关于各种对象的信息固定在相应的符号中，使后者成为前者的信息的载体。因而，符号能够成为主体借以反映对象的工具。然而，当主体借助于符号来进行反映的时候，主体在反映过程中所操作的，不再是对象本身，而是它的代替物——有一定意义的符号的映象。用符号来表示对象的映象，乃是把认识的对象同认识本身区别开来的必要条件。由此必然造成两方面的分离：第一，既然对象是以符号的形式被反映到主体头脑中的，而符号又与它所指称的对象具有客观的外在差别，因此，主体借助符号来反映外部对象的观念活动，也就超越了主体与外部对象之间的实际相互作用过程，反映主体才能在意识水平上把自己从自然界、从周围对象中划分出来，从而意识到自己作为认识主体的存在。第二，由于对象的映象采取了符号映象的形式，即通过符号间接地起作用，这就使主体的观念映象，借助符号而扬弃了与对象的直接联系，由此反映主体才能在反映过程中把对象的映象与对象本身加以区分，从而意识到对象的客观的存在——作为主体认识对象的客体的存在。显然，正是借助于符号和符号系统，人才能把对象的映象和对象本身加以区分，借此意识到外部对象的客观存在，作为其结果，主体和客体才得以分化。

当一个人还不能借助与对象本身不同的符号来进行反映的时候（例如原始人与儿童就是这样），他是不可能把对象的映象和对象本身真正区分开的，因为他还缺乏进行这种区分的必要手段。但是，一旦借助符号来进行反映，反映的内容对人来说，就可以用客观的形式表现出来，在这种情况下，人不仅得到作用于他的外部对象的映象，而且他在用符号来称谓对象的同时，也能获得理解自己映象的客观内容的可能性。因此，符号具有分化功能，它使人意识到外部对象的客观存在，从而造成主体和客体的分化。

二 符号的内化功能

主体与客体的分化从个体发育方面来看同时就是主体自身的建构。主体自身的建构是通过一种内化而完成的。所谓内化指的是一种过渡，由于这种过渡的结果，人作用于对象的外部活动转变为在智力水平上进行的运演操作。外部活动是通过符号作为中介而内化的。符号具有空间上的分立性和时间上的永久性两个特性，由此，主体借助于符号把那些在空间上具有不确定性和在时间上具有变异性的外部对象，当作是具有分立的确定性和持久性的东西加以把握，从而把外部活动的相对稳定的形式结构从变动不居的客体内容中分离出来，使之内化为智力的运演操作。可见，内化表现形式是人的智力的根本特征，而符号则是内化表现得以实现的基本条件。符号之所以是内化表现得以实现的基本条件，根本原因在于，外部活动的符号化必定使活动本身经历一番改造，使之转化为智力的内在规定。我们可以联系智力的本质特征进一步揭示符号的内化功能。

智力的第一个本质特征是概念性抽象，即通过概念去获取和巩固普遍知识，从概念里面提取抽象推理的因子，在外部活动的感知水平上不可能有概念性抽象。各种心象尽管有某种概括性，整体上仍未超出对象的直观。心象中一般、共相与个别、殊相是浑然不分的。这是因为心象是对象的直接映射，与对象有同构关系，例如在原始思维中，原始人的心象概念（与抽象概念相区别）在表示各种事物时非常具体，只要说话人一提及它们，关于它们的清晰准确的心象立刻就在他的意识中显现出来。然而，原始人没有抽象概念，他们虽然对每种灌木、橡胶树等都有专门的称呼，但他们没有"树"这个词。因为他们还缺乏摆脱具体对象对思维活动的束缚，突破直观的界限的必要手段——符号。与心象不同，符号与它所指称的对象不具有同构关系，符号并不直接由该对象所决定，这就使得符号能够摆脱对象对自身的限制，为在思维中分化和抽象出不同对象的一般和共相提供无限的可能性。符号不仅能把一般、共相从对象中分离出来，而且能把它们摄取、固定下来，使之转化为逻辑运演的环节或因子。因此，外部活动以符号为中介的内化实质上是概念化，也就是把活动的格局转变为概念的构架。

智力的第二个本质特征是，智力能为解决思维所遇到的问题选择必要的东西，并为此而进行操作。知觉则做不到这一点，它不可避免地会受到对象的各种因素的制约，很难停留在对象的某些因素上，而把其他因素置之度外。智力与知觉的这种质的区别根源于智力是以符号为中介去把握对象的，因而能够超越对象的时空限制，获得较大的自由度。首先，知觉总是依赖于感觉领域，服从提供给人们直接知识的客体，相反，智力则能够借助于符号化过程唤起不在眼前的客体，即使客体在眼前，智力也仅仅根据符号及其关系间接地把握客体。其次，知觉场效应不仅依赖于客体的直接呈现，而且以客体之间空间的相邻和时间的相近为限定条件；相反，由于符号在空间上具有很大程度的分立性和在时间上具有一定程度的永久性，所以，智力能够借助于符号把研究对象与其邻近的客体分离开来，独立地思考它们。最后，知觉可以象征表达对象，但是，象征表达本身与对象还是未分化的，二者可以置换。相反，由于符号与它所指称的对象分化开来，智力借助于符号所进行的操作也就获得了相对独立性。因此，外部活动以符号为中介的内化是使操作（最初是外部操作）在智力水平上获得相对独立性，使其在解决思维所遇到的问题时具有较大的自由度。

智力的第三个本质特征是，智力可以处理假设，具有超前反映能力。知觉总是局限于感知的事实，因而对它来说不存在任何理想对象。但是，符号化思维则要求在现实与可能、实际事物与理想事物之间作出鲜明的区别，符号与对象之间指称与被指称的关系具有人为性，没有创造和选择某种物质的东西作为符号并赋予它以一定意义的人，这种关系就是不存在的，因此，符号并不是物理世界中的某种现实存在，而是人赋予其一定意义的理想对象。在符号化思维中，对象与符号之间的分化导致现实性与可能性之间的区别变得异常明显。言语病理学研究失语症时揭示出，在符号化思维的功能受到障碍的情况下，现实性与可能性之间的区别就变得不确定。失语症患者根本不能处理任何仅仅是"可能的"事情。例如，一个右手麻痹的半身不遂的患者，不会说"我能用右手写字"，但是，他能够毫不费力地说："我能用左手写字"，因为这对他来说是一个事实的陈述，而不是一个假设。与此相反，符号化思维的功能则使思维主体能够处理各种假设，从而把思维世界中有限的现实世界提升出来，置于无限的可能世界中，使思维获得一种超前反映的能力。因此，外部活动以符号为中介的内化是思维超出事物的具体内容，而朝着建构理想对象的方向发展。

三　符号的社会化功能

人是在社会的普遍联系中进行活动的，作为认识主体的每个人必须利用社会地形成的普遍性的认识形式和认识手段，诸如概念、范畴、逻辑规律、知识成果等等，舍此，任何个人都不能从事本质上是社会性的认识活动。社会地形成的普遍性的认识形式和认识手段只能通过某种社会性的普遍性的物化形式加以掌握。这样的物化形式唯一的就是符号和符号系统。

人的认识就其实质而言乃是一种社会的过程，必然需要符号、符号系统作为交往的手段。因为符号和符号系统在其起源及其主要功用方面就是社会性的。符号不仅是社会性的交往手段，同时也是普遍性的物化形式。符号作为社会性的交往手段之所以能够履行自己的职能，只是因为社会大多数人所理解的思想——概念的结晶通过符号的形式固定下来，为了实现社会的精神交往，必须使由于许多人的认识活动的成果而产生的某些普遍性的东西用符号系统物化出来，否则社会的精神交往就会失去依托而成为不可能。

通过社会性的普遍性的符号和符号系统，首先是个体的认识成果转化为人类的知识财富。由于符号具有普遍化作用，因此，当个体的认识成果以符号、符号系统加以表达时，个体认识中最具个人特色的东西几乎都失掉了，保留下来的思想——概念的结晶则成为不依赖于个体的人类普遍认识形式。借助于符号、符号系统，个体的认识活动的结果融合在人类的发展着的认识的总系统中，同时认识活动所特有的个体特点被抹去，个体的认识社会化而为人类的认识，由此人的认识就由个体扩大为类的认识，并使这种认识采取社会遗传方式实现自己的发展。个体的认识也因此超出它的个体局限，在积累起来的人类认识的基础上丰富起来并得到提炼。

既然社会性的普遍性的符号、符号系统能够使个体的认识转化为人类的认识，那么，通过理解既有符号和符号系统，个体也能掌握物化于其中的社会地形成的普遍性的认识形式和手段。符号系统这种社会性的物质外壳乃是巩固社会认识成果的系统，对个体来说，它本身还是外部作用的强大系统。符号系统在凝聚许多代认识活动的成果的时候，就像外部世界的对象直接作用它那样，决定着个体的认识活动。由社会实践的总和所揭示出来关于客观世界的属性、本质和规律的观念形态，被改造和凝缩在符号系统中成为"社会实体"。每一个体在从事实际的认识活动之前必须把它看作是不依赖于自己的精神财富或思想资料,用自己的认识活动去加以掌握,并将它应用于解决他所面临的新的认识课题的思维活动中。在符号系统中还隐藏着社会地形成的操作方式,借助这些操作方式人们改变和认识着周围现实。从认识的系统发育来看,人的逻辑思维形式乃是人类实践的操作方式经过无数次重复而积淀下来的结晶,但是,从认识的个体发育来看,能否正确运用思维规则,并为此而进行各种运算,则是在使用同样符号、符号系统的人们所组成的社会群体中,通过某种强制而学来的。这种强制乃是符号自身的一种物理事件,掌握一个符号、符号系统,一个理解什么、如何去理解的方式便被交给了掌握者。

总之,理解和掌握符号、符号系统,既是个体认识转化为人类认识的社会化机制,同时也是人类认识转化为个体的作为认识主体的本质力量的社会化机制。

四 符号的信息化功能

拥有自己本质力量的认识主体所从事的认识活动无非就是获得关于客体的信息并经过大脑的加工处理将它转换为观念内容。主体在大脑中不仅要借助于符号来思维加工处理信息,而且要选择符号来巩固思维结果传递信息。可以说,认识活动是一种携带信息的符号操作。

在认识过程及其结果中,信息是由符号所携带的,符号是信息的物质载体。因此,人们有可能在并不和客体本身直接接触,而只是和代表这些客体的符号相接触的情况下反映客体。就是说,在并不面对客体而只是面对符号的时候,人们也能形成关于客体的观念映象。现代认识手段包括以电子计算机为核心的各种信息处理和传播的手段,它们的出现直接导致所谓"信息社会"的出现,而经过它们处理和传播的信息,都是以符号的形式出现在人们面前。由此,人们由面对客体进行反映越来越多地变成面对符号进行反映,也就是认识对象日益被符号化。

符号由于它所具有的物质形式与信息含义两个方面,它可以特殊身份作为认识活动的起点。它的物质方面可以现实地作用于人的感官,使认识活动得到"诱发";而它的含义方面则将人对符号的感性形象引向它所指称的对象的观念形态,使人的认识进入对对象之信息的加工处理活动。由此可见,符号将认识对象引渡到认识活动之中的过程,也就是符号通过它的物质方面作为载体而携带信息输入到人脑中去的过程。因此,认识对象的符号化本质上是通过符号来实现的信息化。

我们生活在一个不断地实现着信息交换的世界之中，但是，生命有机体和人类利用信息的方式有着根本的区别。生命有机体对信息的利用是自发的，并受它们机体的生存和种的繁殖的这种直接需要的制约。而人类对信息的掌握和利用则不受物种的限制，可以掌握和利用物质世界大量潜在的信息。其所以如此，是因为人类能够创造和使用符号。

符号的特性是用一个起指代作用的物质的东西来代表一个抽象概念，符号是概念的感性表现。概念作为对象的概括性反映，在符号中固定下来，获得物质的表现，具有外部刺激的全部特征。因此，符号与信号不同，信号与符号属于两个不同的领域。信号是物理世界的一部分，符号则是人的意义世界的一部分；信号是"操作者"，符号则是"指称者"。动物不能对符号作出丝毫反应，因为它们生活在单纯的物理世界中，相反，人生活在一个意义世界中，这就是一个使人类认识经验能够被他所理解和解释、联结和组织、综合化和普遍化的符号世界，对于生活在符号世界中的人来说，符号的作用不是机械式的信号，而是一种全新的思想工具。借助于符号化过程，个人能够依据人类认识经验以一种新的视角看待对象世界，不断地获取新知识，减少关于对象的观念的不确定性，开启物质世界大量潜在的信息。这种借助于符号化过程普遍地获取客体的信息，乃是符号的信息化功能。

在人的符号世界中，人的认识所关心的是隐藏在这些物质形式背后的符号的含义。符号的含义本身是关于客体的信息，因而人通过符号来获取客体的信息，是通过对符号含义的理解来实现的。在从符号到符号的含义从而向客体的信息的转换过程中，个人的心理状态和背景知识以及符号在其中被运用的语境，都深刻地影响着人们对符号含义的理解，从而参与到信息的转换中。因此，符号的信息化功能是在认识主体能动地理解和解释确定的符号、符号系统的创造性活动中实现出来的。